Bettina Pohlmann
Frühstück mit Giraffen

Buch

Eine Weltreise als Familie: Ist das überhaupt machbar? Mit fast 50 Jahren hat Bettina Pohlmann beschlossen, dass es machbar sein muss und sich auf neue Pfade begeben. Zusammen mit ihrem Mann, zwei Kindern (4 und 9 Jahre alt), mit Rucksäcken, Schulbüchern und Kuscheltieren und der Sehnsucht nach dem Abenteuer Leben. Und das Abenteuer stellte sich schnell ein, ob in Südafrika beim Übernachten im Nationalpark inmitten wilder Tiere, beim Schwimmen im höchsten und längsten Pool der Welt in Singapur, in der Nähe der faszinierenden Eisriesen am Himalaya in Nepal oder beim Beobachten des beeindruckenden Sternenhimmels über den Wüsten der USA. Bettina Pohlmann begab sich auf diese Reise, um die Schönheit dieser Welt zu sehen, und erhielt unendlich intensive Momente mit ihrer Familie. Erlebnisse, die sie alle nie vergessen werden. Und die Mut machen, selbst den ersten Schritt auf dem abenteuerlichen Weg zur Weltreise zu machen.

Autorin

Bettina Pohlmann, geboren 1965 in Hamburg, wurde die Liebe zu fernen Ländern quasi in die Wiege gelegt, denn ihre Eltern lernten sich auf einer Reise kennen. Nach dem Abitur und während ihres Studiums zog sie immer wieder mit dem Rucksack durch die Welt. Sie arbeitete viele Jahre bei Radio und Fernsehen und unterrichtete an verschiedenen Akademien die Fächer Dramaturgie und Regie. Seit 2006 dreht sie TV- und Kinodokumentationen im In- und Ausland. Bettina Pohlmann lebt mit ihrem Mann und ihren beiden Töchtern in Hamburg.

Bettina Pohlmann

Frühstück mit Giraffen

7 Reisetaschen, 5 Kontinente, 154 Tage –
eine Familie reist um die Welt

blanvalet

Textnachweise:
Das Zitat von David Foster Wallace auf Seite 114 stammt aus:
»Schrecklich amüsant, aber in Zukunft ohne mich.«, übersetzt von
Marcus Ingendaay, marebuchverlag, Hamburg 2011.
Das Zitat von Andreas Altmann auf Seite 114 stammt aus
»Gebrauchsanweisung für die Welt«, Piper Verlag, München, 2012.

Verlagsgruppe Random House FSC® N001967

1. Auflage
Taschenbuchausgabe
Copyright © 2018 by
Blanvalet Verlag in der Verlagsgruppe Random House GmbH,
Neumarkterstr. 28, 81673 München
Redaktion: Angela Kuepper
Umschlaggestaltung: semper smile, München
Umschlagmotiv: © privat; © semper smile; © Shutterstock/arigato
Fotos S. 1–9 und 12–16: © privat
Fotos S. 10–11: © www.franksiemers.com
NG · Herstellung: wag
Satz: Uhl + Massopust, Aalen
Druck und Bindung: GGP Media GmbH, Pößneck
Printed in Germany
ISBN 978-3-7341-0539-5

www.blanvalet.de

Für Antonia und Helen. Die ihre Eltern manchmal für verrückt erklären, aber trotzdem immer mitkommen.

Für Frank. Der mitkommt, obwohl er sicher ist, dass es verrückt ist.

Für meine Eltern, ohne die diese Reise nicht möglich gewesen wäre. Und die im Geiste mitgereist sind.

Für alle, die offen für die Welt sind. Und manchmal vielleicht verrückt.

Inhalt

Vor uns die Welt
*»Ich komme nicht mit!« * Fingerrouten *
Gate closed* 9

Kapitel 1: Südafrika
*Wunderding Kompressionstüte * Safari im Nachthemd *
Merry Christmas mit Drahttanne* 21

Kapitel 2: Singapur und Indien
*150-Meter-Pool * Winkende Delfine * Auf Baustellen
schlafen* 57

Kapitel 3: Nepal
*Inmitten von Eisriesen * Elefantentrip *
Wärmflaschen im Bett* 88

Kapitel 4: Vietnam
*Reisen und Urlaub * James Bonds Felsen *
Kafka in Vietnam* 113

Kapitel 5: Kambodscha
*Vier im Urwald * Posen wie Tomb Raider * Same same* . . 127

Kapitel 6: Australien
*In den Klauen der Familie * Haiattacken *
Plastikplanen* 142

Kapitel 7: Neuseeland
Das große Staunen 162

Kapitel 8: Cook Islands
*Mit Puna zu den Riesenschildkröten * Fisch-TV **
Kaputte Füße 227

Kapitel 9: Westen der USA
*Wüste und Schnee * Hitchcocks Vögel **
Strecke machen 243

Kapitel 10: Kanada: Vancouver und Vancouver Island
*Das Haus am See * Angeln ohne Fische **
Traurige Nachrichten 266

Kapitel 11: New York
*Wohnungsodyssee * George, oh Clooney **
Abschiedsschmerz 275

Nach der Reise
*Nazilieder * Der Kopf in Neuseeland, der Körper*
an der Kasse 295

Kleiner Reiseguide 309

Danksagung 317

Vor uns die Welt

Wir stehen vor einer Tresortür mit winzigem Fenster und starren ins Innere des Flugzeugs. Wie in einem Film und in Zeitlupe sehen wir – Frank, Antonia, Helen und ich –, wie die Crew diskutiert und dabei in unsere Richtung zeigt.

Frank macht einen zaghaften Scherz: »Vielleicht sollten wir mal klingeln.«

Ich, da ich immer alles glaube und meine Nerven blank liegen, frage zurück: »Echt? Gibt es hier eine Klingel?«

Nein, der A380 hat keine Klingel und auch keinen automatischen Türöffner, und er kann auch nicht mal eben anhalten, wenn man zu spät ist und noch reinhüpfen will. Wenn ein Flieger wegfliegt, ist er weg. Wir wollen rein. Wir wollen auf Weltreise. Leider stehen wir auf der falschen Seite der Tür.

Vielleicht ist unsere Reise hier zu Ende, bevor sie überhaupt losgeht. Denn beim Umsteigen in Frankfurt stellten wir plötzlich fest, dass die Zeit verdammt knapp war für den Anschlussflug nach Johannesburg. Fünfzig Minuten sind am Frankfurter Flughafen nur etwas für geübte Sprinter. Frank und ich röchelten, der Atem dampfte, noch zweiundzwanzig Gates, noch einundzwanzig… Antonia und Helen lachten, sie hatten großen Spaß auf den Laufbändern, aber wir, die Eltern, kamen ganz schön ins Schwitzen. Als wir nach einer gefühlten Unendlichkeit an unserem Gate ankamen, sahen wir zunächst – niemanden. Doch dann entdeckten wir ein wedelndes weißes Taschentuch. Eine Frau in Uniform schwang es wie einen Staubwedel hastig hin und her. Meinte sie etwa uns? Ja, meinte sie. Denn als wir auf sie zukamen, atmete sie hörbar erleichtert auf.

»Wie schön, dass Sie da sind! Wir haben gerade das Gate geschlossen, ich hoffe sehr, man lässt Sie noch rein.«

Das hofften wir auch und rannten durch den leeren, nicht enden wollenden Finger Richtung Riesen-Jumbo.

Vor uns haben wir nun also das derzeit größte Flugzeug der Welt beziehungsweise dessen schwere Tresortür. Dahinter die Crew, die sich immer noch berät.

Plötzlich bewegt sich etwas. Die Tür zum Himmel wird geöffnet, und wir bekommen Einlass. Zitternd gehen wir zu unseren Sitzen. Das war knapp. Unsere Weltreise kann unglaublicherweise losgehen. Nicht nur gedanklich, sondern in echt. Denn wir sind mit an Bord. Nur Sekunden später rollt das riesige Flugzeug gen Startbahn und hebt ab Richtung Johannesburg.

Im Flieger schließe ich die Augen und denke an die letzten Wochen zurück. Die wüstesten unseres Lebens, denn die vielen Vorbereitungen unserer Reise haben uns stündlich altern lassen, während gleichzeitig mit jedem Tag die Vorfreude wuchs. Wer einmal etwas Abenteuer in seinem Leben haben will, braucht bloß eine Weltreise mit zwei Kindern und die Untervermietung der Wohnung zu organisieren, da hat man garantiert keine Langeweile mehr. Jetzt sitze ich krank und schlapp im Flieger, und statt ausgelassener Vorfreude auf eine aufregende Reise, die spannendste meines Lebens wahrscheinlich, wünsche ich mir fast, mich zu Hause aufs Sofa zu legen. Endlich ausruhen! Warum nicht doch einfach mal Sesselsitzer sein, warum immer Abenteuer haben wollen und das Hier und Jetzt leben, warum der ganze Stress? Doch nein. Frank und ich lassen die letzten Wochen einfach sacken und stoßen auf uns an. Geschafft! Man darf sich ruhig mal ein bisschen selbst feiern. Dass wir jetzt tatsächlich in diesem Flugzeug sitzen und neben uns unsere Mädchen. Dass wir das große Glück haben, alle zusammen diese Reise antreten zu dürfen und einen Teil der Welt zu erkunden. Es fällt mir noch schwer zu realisieren, was das jetzt eigentlich heißt, fünf Monate fort zu sein, in die Ungewissheit zu fliegen und alle paar Wochen in einem anderen Land zu leben.

Zuerst war da so ein vager Wunsch, eine verrückte Idee, ein Sich-in-die-Ferne-Träumen. Das Wort »Weltreise« war noch gar nicht geboren, als ich dachte, wie großartig es doch wäre, wie aufregend, als Familie für einige Zeit ins Ausland zu gehen. Oder gar die Welt zu umrunden! Kein verlängerter Urlaubstrip, sondern eine richtige *Reise*.

Fragen nach dem Sinn des Lebens werden heutzutage immer wichtiger. Was bleibt eigentlich am Ende? Der Lounge Chair? Die aufgeräumte Wohnung? Oder ist da noch etwas anderes? Fragen, mit denen unsere Eltern sich nur selten beschäftigt haben.

Wir sind die Generation der um die Fünfzigjährigen. Wir sind viele. Und suchen jeder für sich die individuelle Freiheit, indem wir irgendwann, meist auf halber Strecke, eine bewusste Zäsur setzen. Oder uns einen Traum erfüllen. In Franks und meinem Fall bedeutet das, dass wir auf Weltreise gehen. Zusammen mit dem Wichtigsten und Besten, das wir hervorgebracht haben in unserem Leben: Antonia und Helen.

Frank und ich haben manchmal darüber diskutiert, ob man eigentlich reisen muss, um glücklich zu sein. Definitiv nein. Man kann seine Herausforderungen auch zu Hause suchen und daran wachsen. Wenn man offen ist für das Neue, das Leben. Doch der Wunsch, einmal gemeinsam als Familie für längere Zeit die Welt zu bereisen, sich eine Auszeit zu nehmen vom Alltag, war zumindest bei mir immer vage vorhanden. Irgendwann erzählte ich Frank von meinem Traum, gemeinsam um den Globus zu fliegen.

»Lustige Idee«, fand er, »aber wie soll das gehen? Wie wollen wir das finanzieren? Und was ist mit unseren Jobs?« Er brachte mich schnell aus meiner Traumwelt auf den harten Boden der Tatsachen zurück.

Wir sind beide Freiberufler. Das heißt, wir verdienen mal mehr, mal weniger gut, oft Letzteres. Dafür lieben wir, was wir tun, es sind unsere Traumberufe. Frank ist mit Leidenschaft Fotograf, und ich drehe Filme, Reportagen und Dokumentationen im In- und Ausland und schreibe. Beide reisen wir in unseren Berufen und arbeiten immer mal wieder in anderen Ländern. Jedes Mal jedoch, wenn ich Frank von einer langen Auszeit als Familie vorschwärmte, wandte er ein: »Klingt toll, aber…« Natürlich hatte er recht. Der erste Gedanke war immer: Woher das Geld nehmen?

Nachdem meine Eltern verstarben, erbte ich zusammen mit meinem Bruder ein Haus und Depots. Es war keine Riesensumme, aber doch so viel, dass man sich schon mal hinsetzt und überlegt, was man Sinnvolles damit anstellen könnte. Ich beschloss, den Großteil in eine Immobilie zu investieren, einen Rest jedoch zu behalten und meine Ersparnisse zu plündern, damit wir tatsächlich eine Weltreise machen könnten.

Als ich Frank meine großartigen Pläne bei einem abendlichen Restaurantbesuch darlegte, hörte er sich meine aufgeregten Ausführungen in Ruhe an, um dann zu sagen: »Darf ich kurz unterbrechen? Das klingt alles ganz toll, aber du hast etwas Entscheidendes vergessen, fürchte ich. Was ist mit der Schule?«

Oh. Pause. Ja, stimmt, da war doch was. Wir haben ja Kinder. (Kleiner Scherz.) Helen war zu dem Zeitpunkt vier und ging in die Kita, das würde kein Problem sein. Aber Antonia? Als wir die Reise planten, war sie neun, ging in die dritte Klasse der Grundschule und war eindeutig schulpflichtig. Ich dachte, wir nehmen Antonia nach Abschluss der Grundschule für ein Jahr raus aus dem Schulsystem. Wäre doch gelacht, wenn das nicht ginge. Sie war schließlich die Jüngste in ihrer Klasse und könnte dann einfach ein Jahr später auf die weiterführende Schule gehen. Doch so easy ist das natürlich nicht. In Deutschland herrscht durchgehende Schulpflicht.

Bei mir ist es oft so: Ich habe eine Idee. Und wenn ich eine Idee habe, setze ich alles daran, diese auch umzusetzen. Das habe ich wahrscheinlich von meinem Vater, ein echter Sturkopf, der immer, wenn er eine Idee, einen Traum hatte, diesen gegen noch so große Widerstände realisieren wollte. Und wenn er ihn doch mal aufgeben musste, dann folgte schnell ein neuer Traum. Bei Frank hingegen ist es so: Er hat eine Idee und wägt erst einmal ab. Vorteile gegen Nachteile. Was ja durchaus Sinn macht. Während ich eine Idee habe und mich dann ohne Wenn und Aber darauf stürze. Und ich habe viele Ideen…

Aber eine mehrmonatige Weltreise, das muss ich zugeben, ist schon eine Nummer größer als eine Spontanparty oder ein paar Überraschungstage in Andalusien, mit denen ich meinem Mann mal aufgewartet hatte. Doch Frank gefiel der Gedanke an eine lange Reise zu viert, und so war der Entschluss bald gefasst, wir wollten es angehen. Franks Bedingung: Ich würde in erster Linie die Reise alleine planen. Immerhin würde er mit auf Weltreise gehen, das allein wäre schon mal die halbe Buchung. Antonia und Helen, auch da waren wir uns einig, wollten wir erst einmal nichts davon erzählen, nur einigen wenigen Freunden, die dann auch gleich konkrete Hilfestellung bei der Planung gaben. Denn wie sollten wir bloß eine zeitweilige Schulbefreiung bekommen? Wir wollten zwischen vier und sechs Monate fort sein, je nachdem, welchen Zeitraum die Schulbehörde uns genehmigen würde. Länger war für Frank allein wegen seines Jobs nicht machbar. Über mehrere Monate führten wir Vorgespräche mit Antonias Lehrern und der Direktorin, stellten Anträge bei der Schulbehörde und warteten. Irgendwann glaubten wir nicht mehr an eine positive Rückmeldung seitens der Schulbehörde und planten einen Rucksackurlaub in Griechenland.

Und dann kam, exakt einen Tag, nachdem ich die Flüge nach Athen gebucht hatte, die Zusage der Schulbehörde. Wir waren sprachlos. Und gleichzeitig fast irre vor Glück. Dieses Glücksgefühl der Vorfreude hielt die nächsten Monate über an. Wir würden eine Weltreise machen, wir vier, unsere kleine, große Familie! Der Traum würde wahr werden. Also einmal schlucken und die Athen-Flüge stornieren, aber okay, shit happens.

Fast wie früher: Man schulterte den Rucksack, stieg in ein Flugzeug, flog ins Ungewisse, und das Abenteuer konnte beginnen. Bloß dass jetzt Gummibärchen, Stofftiere und Schulbücher mit an Bord sollten. Und man mit Ende vierzig den Rucksack vielleicht nicht mehr ganz so lässig tragen würde wie früher. Wir sind keine Hippies. Alternativ angehaucht vielleicht, wobei die Betonung auf »gehaucht« liegt. Wir fahren alle vier fast ausschließlich Fahrrad in der Stadt, ich trinke gerne mal einen Ingwertee, praktiziere Power-Yoga und hupfdohle ein bisschen (Ballett), Frank joggt. Wir leben recht friedlich in unserem netten Hamburger Stadtteil, der wegen der hohen Altbau-, Café- und Kinderdichte gerne mit dem Berliner Prenzlauer Berg verglichen wird. Wir sind auch keine Hardcore-Traveller, die es aufregend finden, im Vorweg absolut nicht zu wissen, wo sie landen werden. Für uns stand fest: Wir würden nicht mit dem selbst gebauten Bus durch Indien oder Ostanatolien oder in die Mongolei reisen. Obwohl das sicher auch sehr spannend wäre. Außerdem wollten wir möglichst auf die Malaria-Gebiete verzichten.

Wenn man uns zu dem Zeitpunkt gesagt hätte, dass wir in einem wackeligen Einbaumboot über einen Fluss mit Krokodilen paddeln würden, die tatsächlich nicht aus Plastik sind, sondern echt – die Krokodile –, und dass wir auf einem Elefanten reiten würden, der gerade an jenem Tag überhaupt keine Lust auf uns haben und dieses deutlich zum Ausdruck bringen würde, und dass wir mehrere Tage in der Gluthitze auf einer Baustelle nächtigen und Wochen später bei zwei Grad ohne Heizung übernachten würden, wären wir dann trotzdem geflogen? Ja, unbedingt. Solche Ereignisse hätten niemals dazu geführt, die Reise nicht anzutreten, denn, klar, was kann nicht alles passieren. Eindeutig überwiegen jedoch die beeindruckenden Erfahrungen, die intensiven Begegnungen, die Naturerlebnisse. Außerdem: Zu Hause kann auch viel passieren, die meisten Unfälle geschehen bekanntermaßen im Haushalt …

Die Vorfreude auf die Weltreise war nach der Zusage der Schulbehörde fast irreal, und in jener Zeit schwebte ich täglich sieben Zentimeter über dem Boden. Nichts konnte mich mehr erschüttern. Zunächst. Denn die erste Reaktion von Antonia war ernüchternd. Als wir ihr endlich freudig mitteilten, dass wir alle zusammen einmal um die Welt reisen würden, lautete ihr erster Kommentar: »Das könnt ihr ja machen, aber ich komme nicht mit. Ich bleibe hier.«

Ich fragte noch mal nach: »Wie bitte?«

Antonia blieb dabei: »Ich gehe doch zur Schule. Ich kann nicht einfach fünf Monate nicht zur Schule gehen! Dann krieg ich richtig Ärger, was glaubt ihr denn!«

Wir fragten uns, von wem unsere Älteste wohl dieses erstaunliche Pflichtbewusstsein hat. Und konnten sie zum Glück beruhigen, dass sowohl mit ihren Lehrerinnen als auch mit der Schulbehörde alles abgesprochen war. Als Antonia jedoch mitbekam, dass sie keine totale Auszeit von der Schule hätte, sondern während der Reise unterrichtet werden würde, und zwar täglich, außerdem alle Klassenarbeiten und Tests mitschreiben würde, verfinsterte sich ihr Gesicht.

»Wer unterrichtet mich denn dann? Du etwa, Mama?« Ich nickte. Kurze Pause. Grübeln. Dann stammelte Antonia, ehrlich entsetzt: »Oh Gott.« Pause. »Und Papa etwa auch?« Ich nickte. Schallendes Gelächter ihrerseits.

Ich schwieg betreten. Was für ein Bild hatte unser kleines, großes Mädchen von uns, ihren gereiften, überaus schlauen und bildungsnahen Eltern?! Das konnte ja lustig werden. Aber wir würden beinhart dranbleiben. Unterricht musste sein. Vor allem Mathe, denn Antonia sollte die vierte Klasse möglichst nicht wiederholen müssen, sondern nach der Reise die letzten Wochen in ihre alte Klasse zurückkehren und danach nahtlos in die weiterführende Schule gehen. So unser Plan.

Glücklicherweise konnten wir sie dann doch noch zum Mitkommen bewegen. Frank glaubte zu jenem Zeitpunkt allerdings immer noch nicht daran, dass wir diese Reise wirklich antreten würden, dass wir das Abenteuer nicht nur planten, sondern auch tatsächlich durchzögen. Das war für ihn, den Realisten, eine völlig abstrakte, total verrückte und nicht realisierbare Idee, wie er heute sagt – während ich gedanklich schon in Neuseeland saß und eifrig plante. Denn mit der Zusage der Schulbehörde konnten wir uns endlich an den aufregendsten und schönsten Teil der Reiseplanung wagen: Wo wollten wir eigentlich schon immer mal hin? Neuseeland war klar, das war seit Langem mein ganz großes Traumziel gewesen, und niemals dachte ich, dass ich dieses Land einmal bereisen würde. Frank fand Bolivien spannend, ich Patagonien, aber wohin in Asien? Und wohin sollten wir fliegen, nachdem wir Neuseeland bereist hätten? Richtung Osten, so viel stand fest, denn die Flugrichtung gibt das Round-the-world-Ticket einem vor. In 154 Tagen einmal um die Welt. Elf Länder in fünf Monaten. Das war der Plan.

Dann las ich einen Artikel über die Cook Islands und war total fasziniert. Dort sollte es eine der schönsten Lagunen der Welt geben. Mussten wir hin! Also eine Round-the-world-Route wählen, welche die Cook Islands anflog. Und so setzten wir uns eines Abends im Sommer auf den Balkon, Frank und ich, holten den Globus und meinen alten Schulatlas raus, süffelten Weißwein und fuhren mit dem Finger über die Karten.

Schrieben Traumziele auf, strichen andere, fügten neue hinzu. Ein großer Kinderspaß, sich einfach so zu überlegen, wo man mindestens ein Mal hinwill im Leben. Irgendwann standen Nepal und der Himalaja fest, das war ebenfalls schon immer ein Sehnsuchtsziel von mir gewesen, und schließlich überlegten wir die beste Südafrika-Route.

Schon bald stapelten sich unzählige Reiseführer auf dem Esszimmertisch. Ich besuchte verschiedene Reisebüros und recherchierte im Internet nach Round-the-world-Tickets, der Taschenrechner wuchs an meiner Hand fest. Da eines der Wunschziele Südafrika war, würde das Ticket leider teurer werden. Denn jeder Abstecher, der einen von der Linie des Äquators entfernt, kostet zusätzliche Meilen und somit: Geld. Doch das war es mir wert. Irgendwann hatte ich vier Tickets gekauft, und dann herrschte nur noch die reine Vorfreude bei uns, denn Reisen, das bedeutet für uns nicht nur, die Welt zu sehen, sondern vor allem, die Magie des Lebens zu spüren.

In den Wochen vor dem Abflug war jeder Tag ein Adrenalinstoß pur. Riesige Listen klebten an meinem Schreibtisch, von denen ich täglich Dinge strich. Geschafft, weitermachen, nächster Punkt. Denn ohne Vorleistung keine Weltreise: Impfungen absolvieren, Auslandsreisekrankenversicherung (das Wort bitte einmal rückwärts buchstabieren) abschließen, Unterkünfte für die erste Nacht buchen, Visa beantragen.

Trotz vieler Erfolge: Die To-do-Liste wurde länger, nicht kürzer. Immer wieder fielen uns weitere Dinge ein, die noch flugs erledigt werden mussten, ein Abo, das stillgelegt werden sollte, eine Unterlage, die wir noch brauchten. Und wehe, es behauptet noch einmal jemand, es sei ganz easy, eine Wohnung unterzuvermieten. Ein positiver Nebeneffekt war: Wir misteten aus. Warfen weg, verschenkten, packten Kisten für den Flohmarkt, brachten vieles zum Secondhandladen.

Unsere Wohnung hatten wir über eine Agentur angeboten, die uns von Freunden empfohlen wurde und die ausschließlich an Firmen vermietet.

Wir schliefen nicht mehr, wir räumten. Und dann war auch noch Advent. Und den Nikolaus, den wollten die Mädchen natürlich auch nicht verpassen. Dummerweise hatte ich den Abflug auf den 7. Dezember gelegt. Immerhin – laut Helen würde Weihnachten ausfallen, denn: »Der Weihnachtsmann kommt nicht nach Afrika, weil die Rentiere dann ja schwitzen.«

Schnell noch ein paar Kleinigkeiten zu Nikolaus besorgt, der Adventskalender für die ersten sieben Tage war schon fertig, fehlte noch der Familienkalender, eine Art Jahresplaner für die Küche, den ich alljährlich mit Familienfotos des letzten Jahres verziere. Zum Glück konnte ich die Monate Januar bis April für das nächste Jahr weglassen.

Frank guckte erstaunt: »Den willst du auch noch basteln? Du hast dir ja einiges vorgenommen…« Stimmte. Ein bisschen viel vielleicht. Aber was man hat, hat man. Ich war im Arbeitsrausch und nicht mehr zu bremsen.

Eine Woche vor dem Abflug fotografierte ich schnell noch einige Reiseführer ab und kämpfte mit der Technik: Wie bekam ich die Bilder aus der Kamera auf mein iPad? Der Laptop sollte zu Hause bleiben. Aber: Wie speicherte ich jetzt unsere Dokumente? Und vor allem: wohin? Ich kaufte also Wolken. Eine Cloud und noch eine. Scannte, fotografierte und kaufte Bytes. Probierte die Festplatte aus, die nur mit Wi-Fi funktioniert, aber dafür ohne Kabel, und stellte fest, dass ich meinen USB-Stick gleich zu Hause lassen konnte, denn der ließ sich nicht ans iPad anschließen. Und wo war eigentlich der Akku…?

Ein paar Tage vor der Abreise veranstalteten wir dann eine Abschiedsfeier von unseren Freunden, die uns kleine Glücksbringer für die Reise schenkten. Und vor allem das Gefühl, dass sie sich mit uns freuten. Antonia und Helen zelebrierten ihre Abschiede ebenfalls. Wir sahen sie kaum noch. Von der Übernachtungsparty zum Keksebacken – natürlich mit Übernachtungsparty.

Mit den Mädchen fuhr ich ein letztes Mal zu meinem Lieblings-Outdoorladen und kaufte schnell noch ein paar Reisebegleiter, mit denen wir entspannt im Himalaja hätten zelten können. Die Verkäufer waren schuld. Sie sahen so aus, als hätten sie gerade zu Fuß Russland durchquert, und da wollte ich nicht als Memme gelten. Also kaufte ich nicht nur einen Kulturbeutel, sondern packte noch lässig Pulsmesser und Marschkompass mit ein.

Die Mädchen und ich testeten die Eiskammer, Antonia drehte die Windmaschine auf, und ich sah uns gedanklich bereits auf dem Hausboot in Vietnam in der Halong Bay bei scharfem Wind.

Während Antonia anschließend mit Helen an der Kletterwand turnte, griff ich flugs nach Funktionsunterwäsche, Trekkingsocken, Moskitoschutz, Deckenhaken, Mini-Reisespielen und – frohlockend – Kompressionsbeuteln. Denn damit ließ sich angeblich das Volumen der Klamotten, also das Packmaß, schrumpfen, indem man die Luft aus der Tüte presste und die Sachen zusammenstauchte. Super. (Das Gewicht der Klamotten verringert sich dadurch leider nicht…) Bloß einen Tagesrucksack, nein, der kam mir nicht auf den Rücken! Die muskulöse Verkäuferin, die schon Afrika per Fahrrad durchquert hatte, wie sie nebenbei erwähnte, zog einen leuchtend roten Rucksack aus dem Regal und hielt ihn mir vor die Nase: »Der hier ist solide. Kommt aus Deutschland. Kannst du nichts mit falsch machen.« Doch als ich beharrlich schwieg, guckte sie mich prüfend an und meinte: »Nee, seh schon. Is nich so dein Ding.«

Die Frau hatte Menschenkenntnis. Ich würde nur ungern durch meine Heimatstadt Hamburg mit einem Tagesrucksack laufen, warum also sollte ich das in New York, Singapur oder Kapstadt tun? In der Stadt, egal welcher, trage ich nur Schultertasche oder Beutel. Doch so schnell gab die Verkäuferin nicht auf, sie blieb beharrlich. »Und in Nepal, da kannst du ja gar nicht ohne… stell dir vor, ein Abgrund, dein Kind rutscht, und du hast keine Hand frei…«

Irgendwann stand ich also mit dem Daypack an der Kasse. Neben einem Rucksack mit Rollen, der eigentlich kein Rucksack, sondern ein Koffer mit Rucksackfunktion ist, aber das ist eine andere Geschichte. Dann packten wir Probe. Ich war gespannt, ob Handtücher mittels Kompressionsbeutel tatsächlich zur Größe von Unterhosen schrumpften und – falls es klappte – ich noch ein schwarzes Kleid mit ins Gepäck schmuggeln konnte. Denn wir waren beim Konsul von Neuseeland eingeladen. Und die schönen Sandalen vom letzten Sommer vielleicht auch? Stopp! Ein Ziel dieser Reise sei hiermit schon genannt: all das nicht mehr zu benötigen. Und später mit nur einem kleinen Koffer/Rucksack für die ganze Familie auszukommen. Träumen aber darf man ja erst einmal… Ich beherrschte mich, doch die Sandalen passten noch rein, irgendwie. Und das schwarze Kleid, logisch.

Kapitel 1: Südafrika

Wunderding Kompressionstüte * Safari im Nachthemd *
Merry Christmas mit Drahttanne

Der Tag X. Ich habe mehrere Medikamente gegen die Grippe eingeworfen, und Frank sieht aus wie der Tod auf zwei Beinen, denn uns hat's beide erwischt. Seit zwei Tagen streiken unsere Körper, wollen ins Bett. Wir jedoch wollen auf Weltreise. Bei 15 Grad und Nieselregen brechen wir in Hamburg auf. Der Taxifahrer auf der Fahrt zum Flughafen erzählt uns erst einmal etwas über Südafrika.

»Was wollt ihr denn da? Alles nur Verbrecher, wahnsinnig gefährlich, an jeder Ecke lauern Gauner.«

Antonia fragt irritiert: »Warum fliegen wir denn da hin, wo Verbrecher sind?«

Wir versuchen sie zu beruhigen: »Nein, nein, er meint nicht die Gegend, in die wir fahren, da gibt es keine Verbrecher. Nirgends.«

Der Taxifahrer fährt munter fort: »Sobald man auf die Straße geht, muss man Angst haben, ausgeraubt zu werden. Da kann man doch keinen Urlaub machen.«

Frank erwidert trocken: »Wir machen ja auch keinen Urlaub.«

Der Taxifahrer fragt zurück: »Wieso, was macht ihr denn?«
»Eine Weltreise.«

Der Taxifahrer schweigt einen Moment, dann sagt er: »Warum fliegt ihr nicht einfach nach Mallorca? Schön warm, man kann sich prima erholen – und muss keine Angst haben, erschossen zu werden.«

Bis zur Ankunft am Flughafen setzt er seinen Monolog über das gefährliche Südafrika fort.

»Na, dann kommt mal lebend zurück!«, ruft er uns hinterher, und Antonia guckt etwas verunsichert.

Dann checken wir tatsächlich ein, wir vier, und knipsen noch schnell ein Foto von uns mit dem ganzen Gepäck: zwei große Rucksäcke von jeweils neunzehn Kilo, drei kleine Tagesrucksäcke, eine Kameratasche und ein Kinderkoffer. Die Weltreise kann beginnen.

Im Flieger lassen wir Hamburg, dann Frankfurt, Deutschland und Europa für lange Zeit hinter uns. Und konzentrieren uns auf das, was kommt. Huhn mit Reis und Karotten. Prima Start in eine Weltreise, findet Antonia, denn sie mag alle drei. Helen isst prinzipiell nichts Farbiges, Gummibärchen ausgenommen, und beschränkt sich auf das Huhn und den Reis. Danach gucken Antonia und Helen Zeichentrickfilme, Frank einen Thriller, und ich versuche irgendwie die Augen zu schließen, um ein bisschen Schlaf zu bekommen, doch da Familien gerne in Hörweite zueinander platziert werden, bekomme ich mit, wie Mama und Papa in der Vorderreihe verzweifelt und leider vergeblich versuchen, ihren Nachwuchs vom Schreien abzuhalten. Hinter uns werden gerade Windeln gewechselt.

Ich erinnere mich, dass Antonia einmal auf dem Rückflug von Mallorca nach Hamburg vom Start bis kurz vor der Landung durchschrie (bei der Landung war sie dann vor Erschöpfung eingeschlafen, und wir mussten sie wecken – ein großer Spaß). Noch deutlicher habe ich vor Augen, wie einige der anwesenden Passagiere uns beim Aussteigen mit ihren Blicken am liebsten massakriert hätten.

Du machst eine Weltreise, sage ich mir jetzt, deine Kinder lieben es mittlerweile zu fliegen, also mach dich locker und guck einen Film. Was Besseres kann man eh nicht machen im Flieger, am besten die Kino-Neuheiten und im Original, anschließend noch etwas einlullende Musik aufs Ohr und zumindest versuchen, ein bisschen wegzudämmern. Ich träume gerade von einem Bären, der vor unserem Zelt steht, weil er Hunger hat, als Frank mich weckt und mit einem lauwarmen Brötchen wedelt. Noch eine Stunde, dann landen wir in Johannesburg, dem ersten Ziel unserer Weltreise.

Draußen blendet uns die Sonne bei 25 Grad. Wir lassen Johannesburg und die flache Hochebene schnell hinter uns und befinden uns kurz darauf inmitten der schroffen Berglandschaft der dreitausend Meter hohen Drakensberge von Mpumalanga. Der Blick geht immer wieder ins Weite. Doch auch die nahe Umgebung ist spannend, denn den Straßenrand säumen die für Südafrika typischen Affenbrotbäume. Unsere Mädchen sind guter Dinge, singen auf der Rücksitzbank und halten Ausschau nach fremden Tieren.

»Gibt es hier auch Löwen?«, fragt Antonia. Wir verneinen. Löwen bekommen wir, vielleicht, erst später zu sehen, in einem der Nationalparks.

Plötzlich müssen wir bremsen, vor uns taucht eine gigantische Nebelwand auf, die sich langsam über die Straße schiebt. Am Horizont leuchtete gerade noch das Grün der mit Farnteppichen bedeckten Wälder. Es sieht aus, als hätte jemand eine Nebelmaschine angestellt, doch die Schwaden sind echt. Als danach kurz die Sonne durch den pechschwarzen Himmel dringt, spielt Südafrika mit seiner Farbpalette: leuchtend rote Erde, sattgrüne Berge, endlos scheinende graubraune Sumpflandschaften. Wir halten an und klettern einen Hügel hoch.

»Die Bäume sehen lustig aus, wie riesige Pilze!«, ruft Helen, als sie in der Ferne wuchtige Affenbrotbäume entdeckt.

Als wir über die Ebene blicken, sind wir wie berauscht. Zwischen Felstürmen wachsen Farne und wechseln sich ab mit bizarren Säulen aus Stein. Die Drakensberge gehören seit dem Jahr 2000 zum UNESCO-Weltkulturerbe und sind ein Paradies zum Wandern. Vor vielen Jahren war ich schon einmal in

Südafrika, jedoch nur ein paar Tage in Mpalanga. Das, was ich versäumt habe, möchte ich jetzt mit meinen Liebsten nachholen. Den Krüger-Nationalpark werden wir allerdings auslassen müssen, was sehr schade ist, denn dort hatte ich damals auf Bäumen schlafende Leoparden gesehen, Löwenfamilien und Elefantenherden und wäre gern noch einmal zurückgekehrt, aber die Malariagefahr ist einfach zu groß, vor allem zu dieser Jahreszeit. Es soll jedoch andere Parks geben, die etwas kleiner, aber hoffentlich nicht minder spannend sind, wo keine Malariagefahr besteht.

Nach zwei Stunden Weiterfahrt verdunkelt sich der Himmel erneut, und die Temperatur sinkt auf zwölf Grad. Völlig übermüdet nehmen wir die ersten Eindrücke wie in Trance wahr: Frauen, die Eimer auf dem Kopf tragen, barfüßige Kinder, die mit Plastikflaschen kicken, Männer, die Gras von Hand sensen. Und immer wieder Ansammlungen von Wellblechhütten. Wir gucken, fahren und verfahren uns. Die Straße wird plötzlich immer schmaler, die Anzahl an Hütten nimmt zu, plötzlich laufen Ziegen und Hühner um uns herum und viele Kinder. Die Straße besteht jetzt nur noch aus eimergroßen Schlaglöchern, und wir kommen lediglich im Schritttempo vorwärts. Je weiter wir fahren, umso zerrupfter werden die Hütten und umso größer die Schlaglöcher. Plötzlich geht gar nichts mehr, vor uns sitzt ein Paar vor seiner Hütte. Die Straße ist zu Ende, wir sind in einer Sackgasse gelandet. Antonia und Helen lachen. Wir lachen etwas gequält zurück. Wo sind wir? Das Smartphone aus der Tasche ziehen, nach Wi-Fi suchen, um sich den Weg anzeigen zu lassen? Oder lieber nicht? Wir gucken kurz auf die Karte, dort ist diese Ortschaft nicht verzeichnet. Also freundlich winken und wenden. Die Kinder auf der Straße winken fröhlich zurück.

Frank gehört zu der letzten Gattung seiner Art, zu jener Sorte, die sich lieber verläuft, als nach dem Weg zu fragen. Vor uns, in etwa einhundert Metern Entfernung, befindet sich eine Weggabelung. Ich zeige nach links und strecke den Arm aus.

»Müssen wir nicht da längs? Da vorne geht es anscheinend in die Berge.« Frank runzelt die Stirn. Es ist ihm unangenehm, wenn man mit den Armen fuchtelt, anstatt deutlich auszusprechen, wohin die Reise geht. Also: »Die E 248 in südwestlicher Richtung, dann drei Kilometer auf der B 212 nach Osten und schließlich über die Ü 15 auf die N 18.« Ich stattdessen fuchtele. Und liebe bildhafte Wegbeschreibungen wie: »Beim sonnengelben Haus mit den schmutzigen Gardinen abbiegen bis zur Eisdiele von Luigi mit den lustigen Froschschirmen auf der Terrasse und dann beim Spielplatz mit der großen Rutsche anhalten.«

Ich suche auf der Straßenkarte nach den winzig gedruckten Straßennummern. An der Tankstelle mit den zwei Zapfsäulen und dem roten Eisschild sind wir vorhin offensichtlich falsch abgebogen. Bloß wie wir jetzt weiterfahren sollen, weiß ich grad nicht so genau. Nach gefühlt einer Stunde befinden wir uns wieder auf der großen Straße Richtung Osten und atmen erleichtert auf. Noch mal gut gegangen. Nicht überfallen worden, der Tank ist gefüllt, und das Auto fährt. In die richtige Richtung, hoffentlich.

Wie oft wurden wir zu Hause gefragt, ob wir wirklich mit Antonia und Helen nach Südafrika wollen, ob es nicht viel zu gefährlich sei? Und dann noch in die Gegend von Johannesburg? Nach diesen doch recht häufigen Einwänden bekamen wir selbst leise Zweifel, ließen uns aber nicht entmutigen. Schließlich waren wir beide schon einmal in Südafrika gewesen. Ich hoffe bloß, dass wir auch Schwarze kennenlernen; das letzte Mal wohnte ich in einem gemischten Viertel, und da entstand automatisch ein Kontakt.

Bisher ist mir auf Reisen nie etwas wirklich Lebensgefährliches passiert. Ich bin sehr oft alleine gereist und manchmal vor Ort getrampt, habe spontan privat übernachtet, das Internet gab es noch nicht, und vorgebucht hatte ich auch nichts, außer den Flug. Das letzte Erlebnis allein in der Fremde hatte ich in Peking. Ich war schwanger mit Helen und auf Drehreise und fuhr mit einem öffentlichen Bus zur chinesischen Mauer. Nach dem Besuch der Mauer hielt der Bus in the middle of nowhere, und alle stiegen aus. Ich stand plötzlich am Rande einer mehrspurigen Straße auf einem Parkplatz, umgeben von Betonburgen. Und hatte keinen Schimmer, wo ich mich befand, geschweige denn, wo die Innenstadt von Peking war. War das hier überhaupt Peking? Oder schon eine andere Stadt? Es dämmerte bereits, ich sprach verschiedene Menschen an, die an Bushaltestellen warteten, doch niemand verstand Englisch. Die Schriftzeichen an der Bushaltestelle konnte ich wiederum nicht lesen, geschweige denn wusste ich, welchen Bus ich überhaupt nehmen musste.

In dem Moment überkam mich eine große Ruhe. Ich dachte nur, irgendetwas wird jetzt oder später passieren. Weil es immer so gewesen war, auf all meinen Reisen. Ich würde sehr wahrscheinlich nicht die ganze Nacht in der Eiseskälte (es war Mitte Januar) dort stehen müssen, und wenn doch, dann würde ich auch das überleben. Oder ich träfe einen Engel. Der Engel kam tatsächlich, in Gestalt eines Motorradfahrers mit Anhänger. Ich hielt dem Mann die Visitenkarte meines Hotels vor die Nase, er überlegte kurz, dann sprach er mit seinem Nebenmann, der ebenfalls auf einem Motorrad unterwegs war, und nickte. Offenbar kannte er die Adresse. Für mich war es Glück pur, dieses Nicken. Jemand verstand mich und wusste sogar, wo ich hinwollte!

Es wurde eine der unvergesslichsten Fahrten meines Lebens. Rückwärts im Anhänger sitzend, spielte sich vor meinen Augen das Leben von Peking ab. Während der Fahrt konnte ich den Menschen, die hinter mir auf Motorrollern oder Fahrrädern fuhren, direkt in die Augen blicken. Gleichzeitig durfte ich im Vorbeifahren in das Gesicht einer faszinierenden Stadt schauen, in Ecken und Winkel, die ich als normaler Tourist wahrscheinlich nie zu Gesicht bekommen hätte.

Irgendwas ergibt sich also immer. Dieses Vertrauen haben wir beide, Frank und ich. Als wir endlich unser Tagesziel, den

Ort der Fliegenfischer, Dullstroom, in knapp zweitausend Meter Höhe erreichen, wird es bereits dunkel. Die Mädchen, die auf dem Rücksitz geschlafen haben, sind wieder wach, denn ein kleines Inferno erwartet uns. Es blitzt und donnert, und als ich aus dem Auto steige, um den Schlüssel für unsere Unterkunft zu holen, bekomme ich eine unfreiwillige Dusche. Und blicke in eine Wand aus Wasser. Ich hole einen elektronischen Schlüssel in Form einer Chipkarte und steige durchnässt wieder ins Auto.

Wegen des sintflutartigen Regens erkennen wir die Straße kaum, geschweige denn die Häuser. Wir halten die Chipkarte in der Hand, mit der wir das automatische Tor zu unserer Unterkunft öffnen sollen. Irgendwann finden wir es, bloß es öffnet sich nicht. Nichts zu machen.

Also wieder zurück. Im Restaurant, wo wir die Chipkarte bekommen haben, brennen mittlerweile überall Kerzen und Gaslampen, und im Kamin flackert ein Feuer. Der Wirt kommt auf uns zu.

»Sorry, wir haben keinen Strom mehr. Der wird hier mehrfach am Tag abgestellt, das Land muss Energie sparen, das hatte ich vergessen, Ihnen zu sagen. Am besten, Sie warten einen Moment. Trinken und essen Sie etwas, wenn Sie mögen, in einer Stunde werden wir wieder Strom haben.«

Die Mädels spielen Abklatschreime vor dem Kamin, bekommen Kuscheldecken gereicht und anschließend Huhn, Kartoffelbrei und Bohnen, Antonias Lieblingsessen. Auch Helen liebt Huhn und Kartoffeln. Also sind beide happy, auch wenn Omas »braune Soße« fehlt. Auf die werden sie die nächsten fünf Monate verzichten müssen, aber das werden sie schon von selbst herausbekommen… Frank und ich trinken Rotwein und lassen uns erschöpft, aber zufrieden in die tiefen Sessel fallen. Genießen die Ruhe. Keine Musikbeschallung. Kein Lärm nirgends. Nur das Knistern vom Kamin. Und Menschen, die leise miteinander sprechen. Die erste Hürde haben wir geschafft, denke ich, jetzt kann das Reisen beginnen. Fünf Monate lang

Abenteuer erleben und die Welt sehen dürfen. Es ist tatsächlich wahr geworden! Und dann ist es plötzlich da: ein kleines Zucken und ein großes Gefühl von Glück.

Kurz darauf, ich komme gerade mit einer Gaslampe von der Toilette, wo überall Kerzen brennen, geht das Licht wieder an, Musik ertönt, und Hektik macht sich breit. Der Strom ist wieder da und das Gewitter vorbei. Der Moment der Stille auch.

Sobald wir in unserer Unterkunft sind, ein kleines Haus mit großem Garten, legen sich Antonia und Helen eng aneinander gekuschelt ins Bett, gucken Rugby im Fernsehen und versuchen anhand der Bilder die Regeln zu verstehen.

Wir vier schlafen tief und lange in unserer ersten Weltreisenacht, bis uns am ersten Morgen in Afrika fremdartige Vogelstimmen wecken. Die Mädchen laufen im Nachthemd in den Garten und kommen mit der Botschaft zurück, dass die Sonne scheint. Also schnell Rollos hoch, raus und gucken.

Die erste Unterkunft macht es uns leicht, in Südafrika anzukommen. Im Garten begrüßt uns eine exotische Blumenpracht; hochgewachsene Proteen, die Nationalblume Südafrikas, gelbe Strelitzien und knackblaue Hortensien. Dazwischen Johannisbrotbäume in leuchtendem Rot und das Ganze gebettet in eine Hügellandschaft, die ans schottische Hochland erinnert.

Es duftet aus allen Ecken, und wir blinzeln in die Sonne, denn diese haben wir seit Wochen nicht mehr gesehen. Stimmt, wir sind im afrikanischen Hochsommer gelandet!

Auch die knalligen Farben im Garten sind eine Umstellung, in Hamburg dominierte zuletzt die dort typische Winterfarbe Grau. Immerhin gab es Abwechslung: Grau mit Sturm oder Grau mit Regen. Jetzt ist die Welt also bunt, als hätte jemand, während wir schliefen, mit einer Farbpalette gespielt. Ein perfekter erste Weltreise-Kaffee, aber jedes Getränk hätte wahrscheinlich fantastisch geschmeckt an diesem aufregenden Morgen.

Weil wir zwei Nationalparks und die Unterkunft am Blyde

River Canyon aufgrund der Hochsaison von zu Hause aus gebucht haben, steht die Route im nördlichen Südafrika grob fest. Die Entfernungen sind glücklicherweise machbar, sodass wir nicht hetzen müssen, allerdings können wir nicht tagelang an einem Ort verweilen.

Dafür bekommen Hirn und Seele fantastische Bilder geliefert. Das Grün der Farne und Akazien und das Rot der Erde. Irgendwann tauchen im Hintergrund hohe Gebirgszüge mit abgerundeten Felsen auf, die an afrikanische Rundhütten erinnern, die *three rondavels* an der Panorama Route in der Nähe des Krüger-Nationalparks. Die Gegend ist zwar touristisch erschlossen und gilt neben der Garden Route im Süden als eine der beliebtesten Landschaften Südafrikas, bis auf wenige Ortschaften ist sie jedoch nur dünn besiedelt. Dementsprechend leer sind die Straßen.

Der Horizont scheint endlos. Für uns als Großstadtbewohner ist es eine Wohltat für die Augen, in die Ferne gucken zu können, ohne dass der Blick von Häusern verstellt wird. Diese Fernsicht weitet den Blick, in jeder Hinsicht, Alltagsgedanken treten in den Hintergrund, für einen Moment wird alles relativ, verliert an Gewicht, und man selbst wird Teil der Natur.

Gestärkt vom Frühstück schrauben wir uns über Bergpässe und haben immer wieder Ausblicke über das halbtropische »lowveld«, eine Landschaft aus üppigem Grün. Nur am Aussichtspunkt God's Window haben wir Pech. Eigentlich könnten wir siebenhundert Meter tief in den drittgrößten Canyon der Erde gucken, doch stattdessen sehen wir: Nebel. Dichten Dunst, der in der Schlucht hängt, und es sieht nicht so aus, als würde er sich bald verziehen. Der Ausblick ohne besonderen Anblick hat trotzdem seine Reize, vor allem die kleine Wanderung durch einen Regenwald oberhalb der Schlucht finden Antonia und Helen spannend, weil sie über Steine klettern können, über Holzstege balancieren und Pflanzen entdecken, die sie bisher nur aus dem Troparium kannten.

Helen guckt sich irritiert um: »Die Vögel sind aber laut!«

Antonia bleibt ebenfalls stehen. »Klingt ganz anders als bei uns. Sind das Papageien? Sind die echt?«

Auch ich bin irritiert und gucke nach einem Lautsprecher im Geäst. Werde natürlich nicht fündig, denn der Dschungel ist echt, genau wie die Vögel.

Die letzten sechs Kilometer zu unserer Lodge fahren wir über eine schmale rotstaubige Schotterpiste. Überall stehen Schilder mit der Aufschrift »Danger, wild animals«. Ein wildes Tier haben wir zwar noch nicht gesehen, aber ich muss auch nicht als Erstes von einem Nashorn empfangen werden. Endlich kommen wir an das erste Gate. Dann das zweite. Und dann sind wir da. In einem prächtigen Garten mit kleinen Rundbungalows werden wir die nächsten drei Tage wohnen. Wenn wir bisher noch kein Afrikafeeling gehabt hätten, hier wird es einem mit jedem Detail präsentiert. Auf den Betten liegen Zebradecken, und in jedem Raum befinden sich duftende Blüten und vermitteln so etwas wie Safarifeeling. Im Fluss beim Pool direkt vor unserem Eingang sollen Krokodile und Nilpferde schwimmen. Helen möchte sie gerne füttern. Davon raten wir ihr ab. Stattdessen müssen wir unseren Pflichten nachkommen und unseren ersten Einsatz als Hilfslehrer vorbereiten. Antonia ist wenig erfreut, verständlicherweise, aber noch recht gespannt.

Wir beginnen mit einer Deutschstunde, denn darauf hat Antonia am meisten Lust. Wir machen also einen sanften Einstieg in den »Weltreise-Schulalltag«, wie er uns von der Behörde auferlegt wurde. Da wir aufgrund der Fahrt schon zwei Tage im Verzug sind, müssen wir etwas mehr Stoff nachholen.

Am Abend möchte Antonia ihre Erlebnisse aufschreiben. Sie macht sich zuerst Notizen von Hand, dann tippt sie alles in mein iPad ein. Doch das Tippen dauert zu lange, also überlegen wir, in welcher Form Antonia ihre Nacherzählungen und Aufsätze für die Schule in Zukunft schreiben kann. Aber glücklicherweise hat das noch etwas Zeit.

Nebenbei lernt Antonia praktischerweise »englische Konversation«, denn am nächsten Morgen führt sie mit einem der Angestellten ein erstes Gespräch in der Fremdsprache, weil sie ein dringendes Anliegen hat. Auf dem Gelände der Unterkunft gibt es zwei Pferde, und da die Mädchen ganz erstaunlicherweise Pferde lieben und – noch erstaunlicher – am liebsten jede selbst eines besäßen, sind sie überglücklich, als sie ohne Sattel auf einem der Tiere sitzen und sogar ein paar Schritte reiten dürfen. Am Nachmittag machen wir kleine Touren in die Umgebung, spazieren durch die Dörfer, lassen den Blick in die Ferne schweifen und sind zunächst einfach nur da. Eindrücke einsaugen. Gesunden. Genießen. Reisen – wir tauchen ganz langsam ein in dieses wunderbare, seltsam andere Leben.

Meine ersten Tage
(von Antonia)

Zuerst hatte es sehr doll geregnet. Und als Mama den Schlüssel für unsere Unterkunft holen wollte, war ich total müde von der Reise. Deshalb habe ich gesagt: Ich wäre jetzt gerne in Hamburg. Und dann ist auch noch der Strom ausgefallen! Doch am nächsten Tag haben wir den wunderschönen Garten von unserem Haus gesehen und fuhren über eine Holperstraße zu unserer nächsten Unterkunft. Hier gibt es Krokodile und Nashörner. Ich habe aber noch keins gesehen. Nur gehört.

Die Heimat ist nach den elf Stunden Flug und den ersten Tagen in Südafrika nicht nur physisch, sondern auch mental weit weg. Wie sehr, wird uns klar, als wir eines Morgens in Thabazimbi unterwegs sind, unserer kurzzeitigen Heimat in Limpopo. Wir wollen ein paar Dinge besorgen und umfahren gerade eine große Baustelle, bestaunen die Frauen, die Reisig und allerlei andere Dinge elegant auf dem Kopf transportieren, ohne dass etwas runterfällt, als Franks Mobiltelefon klingelt.

Moin aus Dithmarschen. Ein Kumpel, der nebenbei ein paar Gänse hält und den Termin für die jährliche Weihnachtsgänsübergabe klarmachen will. Wir haben 31 Grad, die Klimaanlage im Auto läuft auf Hochtouren, und Weihnachten ist für uns gefühlt gerade so weit weg wie unsere Familienbäckerei in Eimsbüttel. Doch plötzlich platzt die Heimat mit all ihren Traditionen in unseren neuen südafrikanischen Groove. Normalerweise liebe ich Weihnachten. Aber dieses Jahr wird es keine feierlichen »Oh Tannenbaum«-Klänge geben. Auch wenn wir in einem christlichen Land sind, wollen wir das Fest sehr klein halten, Frank hätte es am liebsten ganz ausfallen lassen. Sogar die Mädchen reden in diesen Tagen kaum von dem für sie normalerweise wichtigsten Fest – neben ihrem Geburtstag natürlich. Na gut, ich gebe zu: Ich habe heimlich drei oder vier Pixi-Weihnachtsbücher eingepackt. Und Weihnachtslieder auf mein Smartphone geladen. Nur so für den Fall, dass uns die Weihnachtsrührseligkeit im fernen Afrika überfällt.

Denn es hilft ja nichts – das himmlische Fest steht logischerweise auch in Südafrika vor der Tür. Oder vielleicht gerade hier? Im Supermarkt tönt ein weihnachtlich gestimmter Bill Crosby aus den Lautsprechern, die Kassiererinnen tragen blinkende Schneeturbane, und mein Blick fällt auf die unzähligen Christmas Crackers, Knallbonbons in unterschiedlichen Variationen, die sich im Eingangsbereich des Supermarkts türmen. Und die wir sicher kaufen werden für Heiligabend, denn so ganz will ich das Fest ja nun auch nicht umgehen.

Deshalb haben wir ein paar Geschenke dabei: einen Mini-Stoffhund, eine Mini-Puppe und für Antonia ein – Tablet. Damit sie ihr eigenes Lesegerät hat, ihren Freundinnen E-Mails schreiben kann und damit die Mädchen ab und zu etwas darauf spielen können, auf langen Autofahrten später sicher ganz hilfreich.

Was uns in den ersten Wochen unserer Reise immer wieder verwundert und gleichzeitig eine ungeheure Entspanntheit mit sich bringt, ist die Tatsache, dass wir nicht wie sonst ein paar Tage oder Wochen reisen, sondern mehrere Monate. Das ist für Frank und mich immer noch nicht ganz greifbar. Dass wir für Monate nicht nach Hause kommen werden. Allerdings auch sehr viel reisen werden, nur selten lange an einem Ort verweilen. Das könnte recht stressig werden, aber wir sehen es als einmaliges Experiment. Vieles, was sonst wichtig ist in den kürzeren Urlauben, verliert auf einer Reise wie dieser an Bedeutung. Das Wetter zum Beispiel. Es sei denn, wir geraten in ein Unwetter. Oder einen Schneesturm. Letzteres wäre vielleicht eine ganz interessante Erfahrung, denn T. C. Boyle, mein persönlicher Schreibgott, sagte mal, es gäbe für ihn nichts Besseres, als bewusst einen Schneesturm zu erleben. Er würde sich dann unter seinen Lieblingsbaum setzen, den Schnee und die Kälte spüren, dazu ausreichend Whiskey trinken und sich in dem Moment so lebendig fühlen, der Natur so nah wie sonst nicht. Irgendwann würde er dann meist einnicken, und wenn er aufwachte, fühle er sich quicklebendig und könne besser schreiben. Ich wünsche ihm noch viele Schneestürme, dem großartigen Mann, damit wir noch viel von ihm lesen dürfen. (Okay, das mit der Lebendigkeit hängt wahrscheinlich davon ab, wie viel Whiskey er bei seinem jeweiligen Waldgang intus hatte, aber der Gedanke ist zunächst nicht schlecht.)

Das Spannende auf unserer Reise wird auch sein, sich selbst zu beobachten in bestimmten Situationen. Wie verhält man sich bei Stress? Genauso wie zu Hause? Oder gelassener? Wobei wir beim Knackpunkt wären, bei meinem persönlichen und ultimativen Ziel dieser Reise: mich in Gelassenheit zu üben. Ich möchte es zumindest versuchen. In jedem Land werde ich daran arbeiten, mich nicht über Kleinigkeiten aufzuregen. Dinge einfach zu nehmen, wie sie eben sind. Entspanntheit. Gelassenheit. Achtsamkeit. Wär doch gelacht, wenn ich das nicht hinkriege…

Wenige Tage nach unserer Ankunft ist klar: Das Afrika-Virus hat uns gepackt. An der Uni habe ich damals erfahren, dass wohl jeder seinen zweiten Kontinent hat, für den sein Herz schlägt. Bei mir waren es immer Neuseeland, obwohl ich noch nie dort war, und das südliche Afrika. Eine fantastische Landschaft voller Kontraste. Die Menschen freundlich und entgegenkommend, obwohl die meisten von ihnen zu jenen gehören, die in Townships leben, in Wellblechhütten, denn eine Mittelschicht gibt es in Südafrika kaum. Entweder ganz oben oder ganz unten. Die meisten Schwarzen zählen zu Letzteren.

Antonia und Helen nehmen das alles mit Staunen und Neugier zur Kenntnis. Ganz ohne Wertung.

»Guck mal, die Frau trägt ihr Baby auf dem Rücken und eine Tasche auf dem Kopf!«

Und wenn wir zum ungezählten Male Menschen fast reglos unter Bäumen sitzen sehen oder an der Straße, meint Antonia: »Die warten bestimmt auf den Bus«, und Helen: »Oder auf den Papa, und der kommt gleich und holt sie ab.«

Obwohl in Reiseführern immer wieder gewarnt wird, Südafrika sei gefährlich, fühlen wir uns sehr wohl. Und sicher. Mein zwanzig Jahre alter Stoffbeutel aus Indonesien kommt hier super zum Tragen. Der Daypack wartet noch auf seinen Einsatz, die Kompressionsbeutel verringern zwar tatsächlich wie von Zauberhand das Packvolumen, erweisen sich aber als etwas umständlich, da das Packen ziemlich viel Zeit in Anspruch nimmt. Geklaut wird auch nichts, im Gegenteil, uns werden sogar Dinge hinterhergetragen. Nach dem Besuch eines Restaurants in der Gegend von Botswana, wo wir fast die einzigen Gäste sind, verschwinden wir in die Dunkelheit. Zum Glück haben wir Taschenlampen dabei. Plötzlich höre ich ein Rufen. Ich drehe mich um und sehe, wie eine junge Schwarze auf mich zugelaufen kommt. Sie hält etwas in der Hand. Meine neue Spiegelreflexkamera. Die hatte ich offensichtlich am Stuhl hängen lassen …

Wir sehen erstaunlich wenig Touristen, obwohl die Sommerferien in Südafrika gerade begonnen haben. Oft sind wir sogar die einzigen vor Ort und fragen uns, wo die anderen alle sind. Im Süden am Meer vielleicht. Kapstadt ist wahrscheinlich doch beliebter als die Gegend um Johannesburg. Dazu kommen verrückte Wetterphänomene, denn das Wetter schlägt hier lustige Kapriolen. Der Tag startet mit Hitze, tiefblauem Himmel, Schäfchenwolken. Plötzlich kommt Wind auf, dunkle, fast schwarze Wolken ziehen über den Himmel, es gibt ein heftiges Gewitter und sintflutartige Regenschauer, gepaart mit einem Temperatursturz um die 15 Grad. Das passiert innerhalb von zwei Stunden. Dann ist wieder alles wie vorher.

In den ersten neun Tagen unserer Reise machen wir einen großen Bogen entgegen dem Uhrzeigersinn einmal um Johannesburg herum. Nach einigen Tagen am Blyde River Canyon in den Drakensbergen fahren wir nach Limpopo, Richtung Botswana und erreichen unseren ersten Nationalpark: den Marakele NP nordwestlich von Johannesburg. Wie so oft gestaltet sich die Fahrt länger als geplant. Anhalten, gucken, fotografieren, doch noch eine kleine Wanderung einschieben, eine Essenspause, holprige Fahrten über Straßen, die erst noch gebaut werden müssen, und Schilder, die entweder gänzlich fehlen oder abgeknickt sind. So wird jede Fahrt zum kleinen Abenteuer. Im Reiseführer steht, die Straßen in Südafrika seien generell in einem guten Zustand. Das mag für die Hauptrouten stimmen und für die Garden Route, sobald man aber in eine etwas abgelegenere Gegend fährt, ist vom Asphalt auf den Straßen oft nicht mehr viel übrig.

Endlich erreichen wir den Park. Es ist kurz vor sechs am Abend. Die Sonne geht bald unter, aber wir werden noch bei Licht durch den Park kommen und vielleicht sogar das ein oder andere Tier sehen.

Der Wärter guckt auf die Uhr. »Just in time, we close the gate in ten minutes.«

Ich habe ein Zelt gebucht, zwar mit Kochgelegenheit, aber es gibt im gesamten Park keine Möglichkeit, sich anderweitig zu verpflegen. Kein Café, kein Laden, nichts. Nur Natur pur. Das ist natürlich großartig. Die Mädchen sind begeistert.

Weniger großartig ist es, wenn man außer ein paar Salzstangen und einem Glas Marmelade keine Essensvorräte mehr hat. Wir haben vor lauter Routenplanung und Staunen unterwegs komplett das Einkaufen vergessen. Der vielleicht aufgrund seiner Uniform zunächst streng wirkende, aber nette Ranger zeigt auf einen kleinen Laden gegenüber vom Park, daneben entdecken wir noch einen Imbiss.

Frank prescht also los, angefeuert von den Mädchen, die ihm hinterherschreien: »Du schaffst es, du schaffst es, lauf Papa, lauf!«

Ich erledige derweil die Formalitäten am Gate. Frank bestellt beim Imbiss schnell mehrere kleine Gerichte und springt während deren Zubereitung kurz in den Supermarkt. Punkt sechs Uhr ist er zurück. Das Gate schließt sofort hinter uns. Das war knapp! Denn in der Dunkelheit darf man zum Schutz der Tiere nicht mehr durch den Park fahren. Umso erleichterter sind wir über unsere Nahrung und darüber, nicht mit Marmeladesalzstangen als Abendbrot ins Bett gehen zu müssen. Frank konnte sogar noch zwei kühle Biere auftreiben nebst Limonade für die Mädchen, außerdem Huhn mit Reis sowie ein Nudelgericht mit Gemüse. Von Salzstangen zum Festmahl.

Ich habe die Unterkunft im Park bereits im Sommer gebucht, weil wir gewarnt wurden, die Nationalparks seien in der Hauptsaison alle ausgebucht. Doch als wir durch den Park fahren, entdecken wir kein weiteres Auto. Dafür laufen uns Zebras über den Weg, darunter auch Neugeborene, die wie Plüschtiere aussehen. Die Mädchen sind entzückt. Wir auch. Danach entdecken wir Antilopen und einige Gnus, und nachdem wir durch ein weiteres Gate gefahren sind, lugt plötzlich ein riesiger Elefant durchs Gebüsch. Wir halten an und lassen langsam das Autofenster hoch. Bei Elefanten weiß man ja nie so genau, was als Nächstes kommt, deshalb lieber jetzt nicht laut niesen. Ein Elefant kommt selten allein, weil Elefanten Herdentiere sind, deshalb können die anderen nicht weit weg sein. Leider können wir nicht länger warten, denn wir haben noch ein ganzes Stück Wegstrecke vor uns, die Piste ist staubig und uneben, und es dämmert bereits. Wir schleichen also im Schritttempo weiter.

Nach einer halben Stunde Fahrt erreichen wir einen See und unser Zelt. Dort werden wir die nächsten Nächte verbringen. Das Zelt hat vier schmale Betten, eine Dusche, einen Waschtrog und Holzfußboden. Safarifeeling. Die Küche befindet sich in einem kleinen Nebenzelt mit Blick auf den See, wo gerade die Sonne fantastische Farben in den Himmel zaubert. Wir hören plötzlich Tiergeräusche, die wir nicht zuordnen können – ein Löwe scheint glücklicherweise nicht darunter zu sein. Und auch hier: kein Mensch weit und breit. Die anderen Zelte, die sich in angenehmem Abstand am See verteilen, sind bis auf eins nicht bewohnt. Wir sind unter uns, wir, die Natur und die Tiere.

Unsere erste Nacht in einem Safarizelt, umgeben von Löwen, Elefanten und Giraffen. Bisher haben wir es noch nicht einmal auf einen Zeltplatz nach Klein-Plunkau geschafft. Aber eine Reise wie diese verführt dazu, Neues auszuprobieren, Dinge zu testen, um die man als Familie vorher einen Bogen gemacht hat. Reisen wie diese schaffen Möglichkeiten zur Veränderung. Als Reisender gewinnt man an Klarheit. Betrachtet Dinge von außen. Und sich selbst genauso.

In Südafrika an diesem See im Marakele Nationalpark wird uns ganz deutlich vor Augen geführt, wie sehr wir alle vier die Natur brauchen. Und Momente der Stille. Vielleicht rührt daher auch meine Urangst vor deutschen Campingplätzen. Weil es oft eng ist und laut und man sich auf der Pelle hockt, und wenn mich eine Sache abschreckt, dann sind es große Menschenansammlungen und ein gegenseitiges Aufeinanderhocken. Zelten und Camping stehen wie gesagt eher unten auf meiner Wunschliste der bevorzugten Reisearten. Zelten in freier Natur, ohne dem Nachbarn auf die Fußnägel zu schauen und ohne Kofferradio in Hörweite – gerne. Zelten auf einem engen und penibel angeordneten Campingplatz mit Schlangestehen zum Zähneputzen, womöglich bei Nieselregen neben Gerd und Gisela, die ihr blitzsauberes Auto so parken, dass sie es immer im Blick haben – das habe ich noch nicht ausprobiert. Obwohl das dann vielleicht das echte Abenteuer wäre! Für mich zumindest. Wir können eh nicht mitreden, denn unser Zelt hat einen Holzfußboden nebst Dusche und Klo und ist etwas für Weicheier und Warmduscher und deshalb gar kein echtes Zelt. Und somit ist es natürlich lachhaft, den Vergleich zu Hardcore-Campern zu ziehen.

Diese Art von Naturerlebnis jedoch, diese Stille, die vermisse ich manchmal in Hamburg. Denn wir wohnen mittendrin, in der Großstadt, und wir haben das Glück, alles zu Fuß oder per Fahrrad erledigen zu können. Und wir haben das Pech, weil dieses Leben in einer beliebten Gegend unflexibler macht. Wir hätten Angst, umzuziehen mit der Gewissheit, nicht mehr zurückzukönnen, weil wir keine bezahlbare Unterkunft mehr finden würden.

Über die Natur und unser Großstadtleben in Hamburg spreche ich mit Frank, als die Mädchen bereits im Zelt schlafen. Zeit zum Reden, ohne nebenbei die Waschmaschine leeren zu müssen oder Schulbrote zu schmieren – herrlich. Wir sitzen jeder mit einem Bier auf unserem kleinen Holzdeck am See, und vor uns leuchtet der Himmel drogengleich. Am gegenüberliegenden Ufer des Sees entdecken wir plötzlich größere Tiere, die anscheinend zum Trinken gekommen sind. Impalas? Gnus? Nashörner? Dummerweise haben wir vergessen, ein Fernglas einzustecken, doch dann fällt mir meine Kamera mit dem Teleobjektiv ein, und so kann ich mich als Afrikaexpertin ausgeben, denn aufgrund der langen Hörner erkenne ich sogar, dass es sich bei den Tieren um männliche Kudus handelt. Obwohl es in Wahrheit wahrscheinlich Rehe waren, aber egal. Einmal habe ich während einer Zugfahrt mit Freundinnen doch tatsächlich ein Reh mit einem Kaninchen verwechselt, zumindest erzählt man mir das immer wieder gerne und lacht schallend, während ich gequält zurücklächele. Doch im Moment bin ich stolz, denn ich habe bereits einige der afrikanischen Tierarten steckbriefartig gelernt. Und so ein Viech in freier Wildbahn zu sehen, wissend, dass ebenfalls Löwen in der Nähe sein könnten, das sind Momente, für die es keinen Fotoapparat gibt, da zählen nur Schauen und Genießen.

»Hier wird's gemacht, hier passiert's«, sagt Frank und drückt damit alles aus. Irgendwie möchte ich den Moment, die Gerüche, die Geräusche, die Schönheit der Landschaft im Hirn speichern. Erinnerungen verändern sich, las ich unlängst, und setzen sich aus vielen Dingen zusammen, aus Fotos, Sinneswahrnehmungen und Erzählungen. Man muss dann nur aufpassen, dass aus den Kudus, die wir gesehen haben, nicht irgendwann Löwen werden.

Davon leben wir ja später, wenn wir alt sind und vielleicht nicht mehr so gut sehen können, von unseren Erinnerungen. Deshalb gilt es, so viele wie möglich davon zu sammeln. Begegnungen, Erlebnisse, Bilder, Sinneswahrnehmungen. Diese Reise ist für mich wie ein großer Korb mit Deckel, in den wir die Erlebnisse reinpacken, um später immer wieder welche rauszuholen. Ähnlich wie es die kleine Maus Frederick in dem Kinderbuchklassiker tut, die ihren Mäusekumpels zur Überbrückung des langen, dunklen Winters in der Höhle das Gefühl von warmen Sonnenstrahlen auf der Haut beschreibt, die leuchtenden Farben von Blumen und Gras und den Geschmack von frischen Sommerbeeren.

Die Giraffe
(von Antonia)

Heute um 7.00 Uhr hat Papa Fotos gemacht, und wir anderen waren alle noch im Schlafanzug und wollten gerade das Frühstück vorbereiten. Nach ungefähr zehn Sekunden kam Papa wieder. Mama dachte, er hätte etwas vergessen, doch er war ganz aufgeregt und sagte: »Kommt schnell mit und vergesst eure Kameras nicht!«
Helen und ich sprangen barfuß ins Auto, bei Mama dauerte es etwas länger, weil sie sich noch umgezogen hat. Und dann ist Papa losgefahren. Auf einmal dachte ich, ich seh nicht richtig. Vor uns auf dem Weg stand nämlich eine Giraffe. Die war ungefähr 6 Meter hoch!

Früh am nächsten Morgen fahren wir im Schritttempo los und fragen uns, was Frank bloß Aufregendes gesehen hat. Als wir langsam um die Ecke biegen, ragen vor uns plötzlich gefleckte Beine in die Höhe. Eine baumhohe Giraffe, mitten auf der staubigen Sandpiste. Es ist das größte Tier, das wir auf unserer bisherigen Reise gesehen haben. Im Schlafanzug. (Wir, nicht die Giraffe.) Na ja, nicht ganz. Ich habe es gerade noch geschafft, das Nachthemd gegen Rock und T-Shirt zu tauschen.

Die riesige und sehr hübsche Giraffe guckt uns aus langen Wimpern an. Helen will Fotos machen und erwischt immer nur die Beine des Tiers, deshalb nehmen wir sie nach vorne auf den Schoß. Wir glotzen. Die Giraffe glotzt zurück. Wie bescheuert müssen wir aussehen, vier Menschen in einer Blechkiste, die auf ein einzelnes Tier starren. Irgendwann geht die Giraffe wiegenden Schrittes zur Seite und verschwindet im Buschland. Was für ein schönes Tier! Wir werden noch ganze Herden von Giraffen sehen und deren blaue Zungen, die einen halben Meter lang sind, aber diese erste Begegnung am frühen Morgen vergessen wir nie!

Nach dem Frühstück geht's wieder auf Pirschfahrt. Die

Landschaft ist grandios, immer wieder beeindruckende Berge im Hintergrund, und an den dafür vorgesehenen Stellen verlassen wir ab und zu das Auto. Frank macht ein paar Fotos von der Landschaft, ich von den Kindern davor, als er plötzlich flüstert: »Ganz schnell und leise ins Auto zurückziehen. Sofort.« Wir kichern, doch er wirkt irgendwie sehr entschlossen. Und ernst. Und springt förmlich auf seinen Sitz. Dann sehen wir sie auch. Hinter der Kurve stehen zwei Nashörner. Gucken uns an. Wir gucken zurück. Als wir uns mit dem Auto ganz langsam nähern, entschwinden die Nashörner im Gebüsch. Genug Zeit dennoch, um sie zu betrachten. Die Mädchen sind beeindruckt von den Stoßzähnen. Kurz darauf kichert Helen: »Ich stell mir grad vor, wie das Nashorn wohl pupst.«

Ein paar Tage später fahren wir weiter in südliche Richtung, und es verändert sich nicht nur die Landschaft, sie ist weniger gebirgig, sondern auch der Nationalpark ist wesentlich größer – und touristischer. Wir befinden uns im Pilanesberg NP. Mehr Tiere, mehr Menschen, dafür ein Spielplatz direkt vor der Terrasse des Bungalows und ein Pool, der Ausmaße einer städtischen Badeanstalt hat. Wir schlucken zunächst, das Naturerlebnis der Tage zuvor ist erst einmal wie weggeblasen.

Für Helen ist sofort klar: »Hier ist es toll, hier bleiben wir.«

Frank und ich sind nicht ganz so überzeugt, aber bei mehr als 30 Grad Durchschnittstemperatur tut der Pool auch uns gut, außerdem fühlen wir uns allmählich wie mutierte Geronten aufgrund der vielen Pirschfahrten im Auto. Viel sitzen, wenig Bewegung. Da kommt ein Pool in der Größe einer Olympiaschwimmhalle gerade recht.

Während Antonia mit Frank auf der Terrasse Matheaufgaben löst, testen Helen und ich den Spielplatz. So etwas wie Alltag mitten im fernen Afrika. Am frühen Abend machen wir erneut eine Pirschfahrt durch den fünfhundert Quadratkilometer großen Park, in dem Elefanten, Rhinozerosse, Leoparden, Löwen, Giraffen und anderes wildes Getier leben.

Wir haben Glück und sehen ziemlich bald eine große Giraffenherde mit ihrem Nachwuchs. Die Mädchen jubeln verzückt und machen viele Fotos, denn die Giraffen erweisen sich als Topmodels, die verschiedene Verrenkungen machen, sodass man sie prima aufs Bild bekommt. Und sie gestatten uns, sie ausgiebig zu bewundern, die sanften Augen mit den langen Wimpern, den wunderbaren Gang. Später entdecken wir in der Ferne zwei Löwinnen und sehen außerdem vier Rhinozerosse, die durchs Gebüsch streifen.

Am späteren Abend fahren wir dann noch einmal zu viert mit einem Ranger auf eine Jeepfahrt. Helen müssen wir nur noch erklären, dass sie den Elefanten nicht mit ihrem Stoff-Fanti winken soll. Und was sehen wir als Erstes? Einen dicken Elefanten natürlich. Gefolgt von mehreren Nashörnern, Giraffen, Zebras und deren Nachwuchs. Sogar ein Baby-Nilpferd entdecken wir.

Mein Safariabenteuer
(von Antonia)

Ich habe viel Spaß, und ein Abenteuer habe ich auch schon erlebt. Einmal haben wir abends eine Safari gemacht. Als die Safari schon fast zu Ende war, hat der Ranger eine Nachricht über sein Walkie-Talkie bekommen. Nämlich dass auf der Straße ein Löwe liegen soll. Ich hab das aber nicht geglaubt. Als wir da waren, lag wirklich ein Löwe auf der Straße. Ich dachte zuerst, der wäre tot. Auf einmal hat er seinen Kopf gehoben und gegähnt. Dann ist er aufgestanden und ins hohe Gras verschwunden.

»Das muss ich in der Schule erzählen«, sagt Antonia, als wir den großen, sehr beeindruckenden Löwen auf der Straße entdecken.

»Das erzähl ich in meiner Kita«, erwidert Helen. Dass ein

echter männlicher und sehr imposanter Löwe mal nicht hinter einem Gitter stoisch auf und ab geht wie im Zoo, sondern wahrhaftig und eigenwillig auf dem warmen Asphalt ein Nickerchen macht, um dann herzhaft zu gähnen, die spitzen Zähne zu zeigen und in aller Seelenruhe im Dickicht zu verschwinden, das ist das bisherige Highlight für die Mädchen. Neben dem riesigen Pool natürlich…

Es sind gerade mal acht Tage seit dem Start in Hamburg vergangen, doch wir haben das Gefühl, als seien wir schon seit Wochen unterwegs. Die Zeit vergeht in der Ferne oder wenn man viel Neues, Unbekanntes erlebt, gefühlt langsamer. Sie dehnt sich aus, und ein Tag kommt uns jetzt vor wie eine Woche, obwohl oder gerade weil wir so viele Eindrücke sammeln. Dieses Phänomen des Zeitgewinns ist wie die gesamte Reise selbst ein großes Geschenk. Wir sind im Süden Afrikas an der Küste angekommen, in Port Elisabeth, siebenhundertfünfzig Kilometer östlich von Kapstadt, einer ganz netten, aber unspektakulären Kleinstadt. Wir bleiben nur eine Nacht, denn uns zieht es ins Hinterland. Auf dem Weg von Port Elisabeth in die afrikanische Steppe passieren wir wieder diverse Baracken. Ist die Hütte aus Stein gebaut und nicht aus Wellblech, wird sie sofort mit NATO-Stacheldraht geschützt. Plastikmüll türmt sich überall, und es gibt offensichtlich keinerlei Kanalisation. Man überlässt die Menschen in einigen Gegenden einfach sich selbst, so sieht es zumindest für uns aus. Manche haben Hungerlohnjobs. In jedem Imbiss, in jeder noch so abgeranzten Bruchbude stehen mindestens fünfzehn Kellner rum (Frauen und Männer) und warten auf ihren Einsatz. Jeder hat eine Aufgabe: Der eine ist nur und ausschließlich für die Essensbestellung zuständig, der andere für die Getränke, die Nächste für das Essen, ein weiterer für das Abräumen.

Einen Satz hören wir hier jeden Tag: »Ich bin nicht zuständig.« Oder: »Das kann ich nicht entscheiden.« Jeder bemüht sich, alles richtig zu machen, und wiederholt mehrfach unsere

Bestellung, denn das ist offensichtlich die Order vom meist weißen Boss. Aber weil die Person danach nicht mehr zuständig ist für das Servieren, entsteht so etwas wie Chaos. Wir haben Zeit, deshalb sind wir entspannt, stellen aber auch fest, dass wir aus einem Land kommen, in dem wir es gewohnt sind, dass alles ratz, fatz und ruckizucki funktioniert, und wenn nicht, wir leicht nervös werden. Diese ungesunde Ungeduld ist das Erste, was wir auf dieser Reise ablegen. Zwangsläufig. Denn es bringt nichts. Außer noch mehr Falten und graue Haare vielleicht.

Wir rumpeln weiter Richtung Norden, immer tiefer hinein ins Hinterland, über halbseitig geteerte Straßen, tiefe Schlaglöcher und finden kaum Verkehrshinweise. Dafür hilfreiche Menschen, die wir ständig nach dem Weg fragen, weil die Ausschilderung so schlecht ist oder wir zu blöd; Afrikaner, die allerdings keine Straßenkarten kennen, weil sie sich zu Fuß oder per Bus fortbewegen und ihre Gegend bisher noch nie verlassen haben.

Ein Straßenschild fällt uns immer wieder auf: darauf ein Hinweis an Autofahrer, dass Fußgänger auf der Straße gehen. Denn das tun hier viele, Bürgersteige sind selten. Autofahrer sollen also auf Fußgänger achten. Das Schild ist das Gegenteil der Straßenschilder in den USA, die wir oft vor allem in Kalifornien gesehen haben, auf denen ein Fußgänger abgebildet ist, mit rotem Strich (verboten) und eine Waffe mit dem Hinweis: »Armed response«. Wer in den Hollywood Hills und anderen Gegenden mit »guided communities« zu Fuß geht, wird nicht nur als merkwürdiges Subjekt betrachtet, das etwas Verbotenes tut, sondern läuft Gefahr, von den Hausbesitzern erschossen zu werden.

Unser nächstes Ziel ist eine Farm, hundertdreißig Kilometer nördlich im Landesinnern mitten im Great Karoo, im Hinterland der Garden Route. Unsere Lodge muss man sich offenbar erst erarbeiten, so einfach kommt man nicht ins Paradies. Fünfundzwanzig Kilometer fahren wir über steinige Schotterpisten mit beängstigend tiefen Gräben zwischendurch. Mehr als zehn Stundenkilometer sind nicht drin. Eine Offroad-Strecke für Allradfahrzeuge oder Jeeps. Eigentlich. Das haben wir leider erst in der Anfahrtsbeschreibung gelesen, als wir schon eine Stunde Geländepiste hinter uns haben und die Strecke vor uns anscheinend noch genauso lang ist. Was also tun? Umkehren? Aber wohin? Den letzten Ort haben wir vor zwei Stunden durchquert.

Wir fahren weiter. Und erreichen nach eineinhalb Stunden ein großes Tor mit einem kleinen Schild: *Koffylaagte Game Lodge*. Nachdem wir die Pforte passiert haben und auf einer noch steinigeren Piste als zuvor langsam weiterrollen, kommt uns eine Frau entgegen. Wir halten an.

»You are Bettina?«, fragt sie mich. Als wir uns kurz vorstellen, meint sie: »Ich bin Banu, und ich wollte euch nur vor den Rhinozerossen warnen, die hier frei herumlaufen. Nicht dass ihr euch erschreckt. Wenn ihr im Auto bleibt, ist alles in Ordnung.« Interessante Begrüßung. Die Kinder sind wieder hellwach, doch noch sehen wir keines dieser Tiere, die mittlerweile fast vom Aussterben bedroht sind, weil sie von Wilderern gejagt werden.

Die Armut scheint in dieser Gegend gerade sehr weit weg. Ein Blick über Steppenlandschaft in die Unendlichkeit, wilde Tiere vor der Haustür, und nachts fallen einem die Sterne vor die Füße. Fehlt nur noch der Plattenspieler. Dann wäre es das tatsächlich. Das berühmte Setting aus dem berühmten Kinofilm »Jenseits von Afrika«. Ich alias Tanja Blixen alias Meryl Streep sitze also auf der Veranda, Katzen umschleichen meine Beine, eine hockt auf meinem Schoß, die wilden Tiere in der Nähe wissend, im Hintergrund Pferdegewieher, weil hier natürlich geritten wird, und dann kommt Robert, äh, Frank, mein Held, über die Ebene auf mich zu. Ein Glas gekühlten Weißwein in der Hand. Abends essen wir gemeinsam am Kamin. Die Mädchen springen über das Gras…

Ok. Ganz so ist es nicht. Stimmt im Prinzip alles. Sogar der Kamin. Wir sind neben einer anderen südafrikanischen Familie die einzigen Gäste in dieser Lodge, beobachten die Rhinozerosse, die sich abends dem Zaun nähern, und genießen jeden Augenblick des Daseins. Rob, der Pächter der Lodge, der aus Durban kommt, verteilt Limos an die Mädels und gesellt sich zu uns auf die Holzveranda. Er erklärt, dass der nächste Laden von hier aus siebzig Kilometer entfernt ist, was ihn keineswegs stört, denn er liebt die Ruhe. Für uns ist es etwas problematischer, da wir nicht mehr genug zu essen haben, doch Rob meint: »Das ist kein Problem, wir kochen für euch.« Banu, die aus der Türkei stammt und dort ein kleines Gästehaus führt, verbringt immer den türkischen Winter auf der Lodge. Sie kocht sehr gern, erzählt sie uns. Ihr Blick schweift über die Landschaft: »Hier komme ich total zur Ruhe, raus aus dem stressigen Ankara. Hier atme ich auf und habe danach dann wieder Energie für das hektische Leben in meiner Heimat.«

Rob setzt sich am Abend zu uns an den Tisch und erzählt ein bisschen. Manchmal käme sein Sohn vorbei, doch dem ist es oft zu einsam in der Lodge, obwohl sie zusammen Ausritte unternehmen. Immerhin darf er mit seinem Vater in den Ferien zur Jagd gehen. Rob versucht alles, um ihm das Leben auf der kleinen Farm schmackhaft zu machen, denn eigentlich wohnt Robs Sohn bei der Mutter in Johannesburg. Helen kichert jedes Mal, wenn sie Rob sieht, denn er möchte, dass sie mehr isst. »Look at me, Hel, you see these muscles?«, sagt er, und dann schiebt er seinen Ärmel hoch und zeigt seinen muskulösen Oberarm. »You have to get a strong girl! You have to eat, young lady!«

Es tut gut, sich mit Einheimischen zu unterhalten, die uns nicht nur in ihrer Funktion als Dienstleister gegenübertreten. So ist es auch Rob, der den Aufenthalt in der Lodge so angenehm macht, denn die Mädchen mögen ihn und wir sowieso.

An diesem Ort können wir in Ruhe Antonia unterrichten. Heute verabreiche ich ihr eine Doppelstunde Deutsch. Außerdem wird Antonia ihren ersten Test schreiben, eine Nacherzählung, die ich dann abfotografiere und ihrer Lehrerin zurückmaile. So verliert sie auch in der Ferne nicht den Anschluss, und wir können anhand der Noten sehen, ob unser Unterricht ausreicht oder wir noch mehr arbeiten müssen. Es ist für alle, für die Lehrer wie auch für uns, Neuland.

Die Lehrerinnen hielten Antonia für emotional sehr stabil, neugierig, sozial, und ihre Stärke sei ihre große Aufgeschlossenheit. Es ist schön, so etwas im Elterngespräch zu hören, man selbst liebt sein Kind natürlich uneingeschränkt, hat dabei aber nicht den Blick von außen. Auch mit Helens Erzieherinnen und ihrer Kita führten wir im Vorweg mehrere Gespräche und arbeiteten Strategien aus, wie wir Kontakt zu der Kita halten können und sie zu ihren Freunden, da sie noch keine Mails schreibt wie Antonia. Wir beschlossen, in ihrem Namen Postkarten an ihre Freunde und die Kita zu schreiben. Die Erzieher lesen den Kindern aus dem Blog vor, damit alle wissen, wo Helen gerade ist und wie es ihr geht.

In dieser Lodge im Hinterland der Großen Karoo geht es ihr gut. Egal aus welchem Fenster, aus welcher Tür unseres Hauses wir blicken, wir gucken in eine wunderschöne Landschaft. Am Abend werden wir bekocht und bekommen von Rob kleine Anekdoten erzählt. Liegen anschließend mit ihm und Banu auf dem Rasen und gucken in den überwältigenden Sternhimmel. Das alles nennt man wohl Glück.

Nach drei Tagen verlassen wir dieses kleine Paradies und fahren zurück an die Küste, nach George, in eine Unterkunft, die sehr günstig ist, das hätte mich vielleicht stutzig machen müssen. Der Name, etwas mit »mountains« und »view«, klang so verführerisch. Doch leider haben wir weder Berge noch Ausblick, und in unser »Apartment« passen gerade ein schmales Doppelbett und eine handtuchbreite Liege, und in einer muffigen Ecke von gefühlt einem Quadratmeter stehen ein Plastiktisch und drei Stühle. Das Kabuff hat kein Fenster. Es ist spät, wir sind kaputt von der Fahrt und hungrig, also bleiben wir. Ich hatte dummerweise drei Nächte gebucht. Die letzten beiden storniere ich, natürlich gegen Aufpreis. Egal. Die Mädchen quetschen sich zu zweit auf die enge Pritsche, und ich suche im Netz nach einer neuen Unterkunft.

Frank erzählt, er hätte mal kurz zwei Kakerlaken entfernt: »Bettina, die hättest du nicht sehen wollen. Die waren beeindruckend, richtige Mutanten.«

Ein günstiges Apartment ist auf die Schnelle kurz vor Weihnachten nicht mehr zu bekommen, und wenn, dann wäre es die nächste Kakerlaken-Absteige. Die nächste Unterkunft ist ein Strandbungalow in Mossel-Bay, diesmal ohne die possierlichen Panzertierchen, das Haus ganz in Weiß gehalten, und vom Dach haben wir einen fantastischen Blick über die ganze Bucht. Abends, nach dem Grillen, können wir auf die Dachterrassen der anderen Häuser gucken und prosten den Leuten zu, die Weißwein trinken. Südafrikanische Dekadenz pur und wir mittendrin, denn Schwarze gibt es in dieser noblen Gegend der Garden Route kaum, und wenn, dann arbeiten sie im Dienstleistungsbereich.

Unser nächstes Ziel heißt – mit einigen Unterbrechungen auf der Garden Route – Kapstadt. Dort wollen wir eine Woche bleiben. Frank und ich kennen die Stadt bereits, deshalb haben wir eine Unterkunft in Hout Bay gemietet, einer Gegend, nicht so elitär wie Camps Bay, aber auch nicht zu abgerockt wie manch anderer Stadtteil. Ein Viertel, in dem damals, als ich das letzte Mal vor zehn Jahren dort war, Schwarze und Weiße in einer Koexistenz lebten, was in Kapstadt recht selten ist.

Wir wohnen bei einem älteren deutschen Ehepaar. Normalerweise würde ich lieber bei Einheimischen unterkommen, aber zum einen leben die beiden seit mehr als dreißig Jahren in Kapstadt, zum anderen dachte ich bei der Buchung, dass die Kinder sich an Weihnachten vielleicht etwas wohler fühlen würden, falls sie in jenen Tagen deutsche Gebräuche vermissen würden.

Diese Befürchtungen erweisen sich jedoch als überflüssig, denn Weihnachten spielt auf der Reise eine ganz andere Rolle als zu Hause. Eine Nebenrolle sozusagen, aber eine skurrile. Daran stelle ich mal wieder fest: Planen ist gut, aber die Realität vor Ort sieht oft ganz anders aus. Als wir unsere Unterkunft in den Hügeln von Hout Bay erreichen, schwingt ein eisernes Tor langsam auf, und uns begrüßt bellend ein deutscher Schäferhund.

Unsere Vermieterin Gerda erzählt nicht ohne Stolz: »Bisher hatten wir nur deutsche Gäste!«, und es macht auch nicht den Anschein, als wolle sie daran je etwas ändern. Sie liebe Kinder, hat jedoch kein einziges Spielzeug, kein Spiel, kein Buch, keinen Ball, keine Schwimmrolle für den Pool, nichts. Sie weist die Mädchen am ersten Morgen darauf hin, doch bitte auf den Wegen im Garten zu bleiben und nichts anzufassen. »Aber ich finde es wirklich toll, dass ihr mit euren Kindern hier seid.« Ihre falsche Freundlichkeit ärgert uns zwar, aber wir gehen Gerda so gut es geht aus dem Weg.

Wir kaufen im nächstgrößeren Discounter erst einmal ein paar Spielsachen für den Pool, die wir später da lassen – falls sich doch noch einmal eine Familie dorthin verirrt. Helen ist weiterhin sehr zurückhaltend dem Haushund gegenüber, und als dieser einmal sehr dicht herankommt und leise knurrt, fängt sie an zu weinen. Ich bekomme aus der Ferne mit, wie sie Klaus, den Ehemann von Gerda, bittet, seinen Hund zu rufen, doch Klaus erwidert: »Ihr müsst lernen, das zu akzeptieren. Wenn ihr ihn reizt, schnappt er zu.«

Antonia erwähnt empört: »Er ist aber Helen hinterhergelaufen, und sie hat Angst, weil er so groß ist und geknurrt hat.« Darauf Klaus: »Ein Schäferhund ist kein Spielzeug, und Kinder wissen oft nicht, wie sie mit ihm umgehen sollen. Ihr seid hier zu Gast, der Hund nicht.« Das war deutlich.

Als wir später über die Schwarzen sprechen, die nur zwei

Kilometer vom Haus entfernt in einer Art Slum leben, droht die Unterhaltung zwischen dem deutschen Ehepaar, Frank und mir zu kippen.

»Wir tun so viel für die Schwarzen, viel mehr als die ›Terroristen‹, so nennen wir unter uns immer die Touristen, die hierherkommen«, sagt Gerda, »denn wir geben den Schwarzen Arbeit. Einer von ihnen arbeitet im Garten, eine andere macht die Wäsche und reinigt die Apartments. Damit tun wir viel mehr als die meisten hier.« Was sie nicht erwähnt: Ihre Angestellten haben keinen Zutritt zu ihrer Toilette. Sie benutzen stattdessen ein stinkendes Plumpsklo im hinteren Bereich des Gartens. Dieses entdecken wir einen Tag vor unserer Abreise.

Normalerweise, wenn nicht gerade absolute Hochsaison wegen Weihnachten und alles ausgebucht oder absurd teuer zu jener Zeit wäre, hätten Frank und ich diese Unterkunft nebst Vermietern sofort verlassen. Wir werden auf der Weltreise noch viele Vermieter und Hausbesitzer kennenlernen, doch im Nachhinein waren es diese beiden Deutschen in Südafrika, mit denen wir derart schlechte Erfahrungen gemacht hatten. Das ist sicherlich Zufall, aber nachdenklich stimmt es uns dennoch.

Mit Frank rede ich in diesen Tagen oft über das Gefühl, irgendwo fremd zu sein. In Kapstadt fühlen wir uns ein bisschen wie Fremdkörper. Obwohl die Stadt landschaftlich sehr reizvoll ist, das Licht fantastisch und die Menschen fast überall sehr offen und entgegenkommend. Wir versuchen, so gut es in der kurzen Zeit eben geht, trotz deutscher Enklave in das afrikanische Leben einzutauchen. Aber allein schon wegen der extremen und so offensichtlichen Ungleichheit würde es mir zumindest sehr schwerfallen, mich in Kapstadt wohlzufühlen. Oder gar heimisch.

Wie der Alltag tatsächlich für die meisten aussieht, konnten wir am Tag vor Heiligabend bei einem Kontrastprogramm feststellen. Wir haben mehrere Stunden Langa besucht, die älteste

Township von Kapstadt. Für Antonia und Helen bedeutete es eine ziemliche Herausforderung. Familien zu sehen, die sich seit vielen Jahren zu acht einen stickigen Container teilen, der im Sommer brüllend heiß wird und im Winter arschkalt, Kinder, die sich um eine Wasserflasche als Spielzeug streiten, und Hütten, die mit Gittern verrammelt sind und nur einen Schlitz zum Handdurchreichen haben, weil in ihnen etwas Essbares gelagert und zum Verkauf angeboten wird. Das ist erst einmal schwer zu verarbeiten.

Unser Guide, der selbst jahrelang in einer Township gelebt hat, führt uns zu Fuß herum. Zu Familien, die in Plastikcontainern leben, und zu einer Mutter mit ihrer Tochter, die gerade ein Müsli isst. Uns ist es unangenehm, sie beim Essen zu stören, und deshalb bleiben wir nur kurz. Bevor wir gehen, geben Antonia und Helen dem Mädchen, das in etwa so alt ist wie Antonia, einen Ball mit dazugehöriger Luftpumpe. Wir haben vorher ein paar Dinge gekauft, von denen wir gehört haben, dass die Kinder sie gut gebrauchen können. So können wir sicher sein, dass die Mitbringsel an der richtigen Stelle landen. In den Privatunterkünften fühlen wir uns jedoch wie Eindringlinge. Das liegt allerdings auch daran, dass ein Typ aus unserer achtköpfigen Gruppe ständig knipst. Sich zwischen die Wäsche stellt, die zum Trocknen draußen auf einer Leine hängt, und ein Selfie nach dem anderen schießt, nach dem Motto: Ich im Elend. Auch vor den Kindern macht er nicht halt.

Unsere Gruppe besteht aus einem sehr netten Fotografen aus Finnland, einem Paar aus England, uns und dem durchgeknallten Selfie-Typen. In Südafrika haben wir irgendwie Pech mit unseren Landsleuten.

Was mir an der Township gut gefällt, sind die Werkstätten. Dort begegnen wir Schmuckdesignern und Malern, die ihre Bilder ausstellen. Antonia und Helen suchen sich Armbänder aus, und für uns zu Hause kaufe ich zwei Bilder. Das ist zumindest einmal eine kleine Begegnung auf Augenhöhe, auch wenn sie sehr kurz ist. Das Geld, das wir für die Führung bezahlen, geht an die Schulen in der Township, die gibt es dort natürlich auch. Außerdem Kindergärten, Heiler und einige kleine Gotteshäuser. Langa ist im Grunde eine kleine Stadt, denn dort leben etwas mehr als fünfzigtausend Menschen.

Ungewöhnlich ist die Zubereitung von Schafsköpfen, die an vielen Stellen auf offenem Feuer gekokelt werden, was einen sehr penetranten Geruch ergibt. Die Zungen und die Backen der Schafe gelten als Delikatesse, deshalb sieht man an vielen Orten aufgespießte Schafsköpfe und tote Augen, die einen anglotzen. Antonia und Helen halten sich die Nasen zu und gucken entsetzt.

»Das stinkt aber! Warum muss man Schafsköpfe essen?«, fragt Helen angewidert. Nein, der Anblick überzeugt die Mädchen nicht, auch nicht der Heiler, den wir in einer dunklen Hütte aufsuchen. Sie rücken ängstlich zusammen, und Antonia flüstert: »Warum hat der sich ein Fell umgehängt? Es ist doch total heiß!« Wir versuchen, so gut es geht, das Außergewöhnliche zu erklären. Und Antonia und Helen sind sehr still auf der Rückfahrt. Auch wenn es sicher angenehmere Tage für sie gibt – es war gut, eine Township besucht zu haben. Vielleicht müssten wir es das nächste Mal noch anders angehen, mit intensiverem Kontakt zur Bevölkerung, sofern das überhaupt möglich ist.

Kapstadt besteht aus nur einem winzigen, aber dafür sehr dominanten Teil aus Weißen. Die meist sehr gut situiert sind. Und sich komplett abschotten. Einige von ihnen wünschen sich die Apartheid zurück. Wohingegen die Townships immer weiter wachsen. Die Armut ist omnipräsent, und die Townships haben ihre eigene Infrastruktur, es sind nach wie vor mit wenigen Ausnahmen zwei Welten, die der Schwarzen und die der Weißen. An manchen Orten wie im properen Camps Bay kriegt man davon kaum etwas mit. Man schafft es vielleicht sogar, ein paar Tage in Kapstadt zu verbringen, ohne all das

Elend zu sehen, aber zumindest die vollgestopften Minibusse müssten einem auffallen. Und die Menschen, die vor sich hin vegetierend auf dem Bürgersteig liegen. Nicht mehr gebraucht. Wie weggeworfen. Und die Wächter, die Autos bewachen und auf etwas Geld oder Essbares hoffen. An einem Tag, als wir nach Downtown Kapstadt fuhren, bat uns ein Mann um Brot. Wir kauften einen Laib auf dem Rückweg zum Auto. Der Mann hatte auf uns gewartet. Und als Antonia und Helen es ihm gaben, biss er sofort hinein.

So schön Kapstadt ist, dieses fantastische, ständig wechselnde Licht, die spektakulären Küsten, die imposanten Berge, so kalt und abstoßend ist es auch an vielen Orten. Für die Menschen, die hier leben, ist die extreme Kluft von Arm und Reich Normalität. Für uns als Außenstehende wirkt das Ganze oft zynisch. Wie ein Abbild der dunklen Seite der Welt. Antonia und Helen haben jetzt den anderen, den viel größeren Teil der Bevölkerung und deren Lebensumstände zumindest nicht nur im Vorbeifahren wahrgenommen, auch wenn sie natürlich viel lieber am Meer gewesen wären, anstatt drei Stunden bei sengender Hitze zu Fuß durch eine stickige Township zu laufen.

Nach diesen Eindrücken sind wir zur kurzen Aufhellung der Gedanken zum Pinguinstrand gefahren. Wenn es Tiere gibt, die einen zum Lachen bringen, dann gehören diese watschelnden kleinen Kreaturen auf jeden Fall dazu. Und schon wieder habe ich das Gefühl, dass wir bereits seit Wochen unterwegs sind, obwohl erst achtzehn Tage vergangen sind.

Eigentlich wollen wir Heiligabend kurz an den Strand gehen. Doch dann schiebt sich eine dunkle Wolke über den Tafelberg und hängt da fest. Es tröpfelt. Und plötzlich bricht die Sonne aus der dunklen Wolke hervor und zaubert einen gigantischen doppelten Regenbogen über den Tafelberg. Das Licht ist mal wieder so unwirklich, als hätte ein Maler alle Farben dieser Erde in den Himmel gepinselt, es ist anders als an allen Orten dieser Welt. Es trägt fetter auf, prahlt mit seiner Pracht. Sodass man immer wieder stehen bleiben muss und fasziniert ist. Wir fahren in unsere Unterkunft zurück. Blasen Weihnachtsluftballons auf, die in Südafrika Standard sind so wie bei uns Adventskerzen, testen erste Christmas Cracker, die nicht anders sind als bei uns die Silvester-Knallbonbons, und springen kurz in den Pool, weil eine Stunde später die Sonne wieder voll rausgekommen ist.

Normalerweise läuft Weihnachten bei uns ritueller ab. Am Vorabend von Heiligabend schmücke ich die Nordmanntanne, so wie es früher bei uns zu Hause immer mein Vater getan hat, dazu das Weihnachtsoratorium, ein kitschiger Weihnachtsfilm und nebenbei stundenlang den Fond für die Gans köcheln lassen. Ich packe letzte Geschenke ein, Frank steckt die Lichterkette und ein paar Kerzenhalter an den Baum. Da sind wir spießig und traditionell: der Mann die Lichterkette, die Frau das Essen und die Deko.

Hier, entspannt auf einer Liege im Halbschatten, erscheinen uns die üblichen Weihnachtsaktivitäten fast absurd, mit selbst gebackenen Keksen, Drei-Gänge-Menü, Kindergottesdienst, Gesang zu Hause, Präsenten für Freunde, Weihnachtspost und all dem Drumherum. Frank schlägt jedes Jahr eine stark reduzierte Form von Nadelgewächs vor, die wir auf unserem Balkon dann langsam großziehen, aber nach Hause schleppen wir doch immer einen Weihnachtsbaum wie bei den »Waltons«, imposant, vom Boden bis zur Decke.

Unser Kapstadt-Baum ist gerade mal fünfzehn Zentimeter hoch und aus Metall. Er stammt aus der Township, ist von Hand gefertigt, aus Draht und mit Plastikperlen verziert. Die Parodie der üppigen Nordmanntanne und genau deshalb perfekt.

Die Südafrikaner feiern Weihnachten am 25.12. mit einem großen Essen oder in Kapstadt gern auch mit einem Picknick auf einem Weingut. Heiligabend gibt es hingegen eine fette Party. In Hout Bay befindet sich direkt gegenüber auf der anderen Seite des Hafens eine Township. Von dort wummern die Beats zu uns herüber. Statt »Stille Nacht« die Sounds der Schwarzen.

Unsere Sorge, dass den Mädels das traditionelle Weihnachten fehlen würde, erweist sich als unbegründet. Heiligabend bei 25 Grad heißt, den Tag mit Planschen im Pool einzuläuten. Danach Luftballonspiele. Und grillen am Pool. Am Vormittag waren wir unter Jingle-Bells-Klängen in einem neuen, hippen und sehr edlen Supermarkt, um für das Weihnachtsessen einzukaufen. Die Männer dort trugen Hemd und Loafers (die älteren) oder edles Shirt mit Flip-Flops (die hipperen). Die Frauen teure, luftige Designerkleider oder einteilige Anzüge, Onepieces. Zum Einkaufen stylt man sich. Denn man könnte ja den Nachbarn treffen, der sich gerade den neuen Lamborghini gekauft hat. Die Frauen sind spindeldürr im Vergleich zu den sonstigen weißen Südafrikanern, die oft recht beleibt sind. Wenn mal zu Fuß gegangen wird, schleppt man sich eher, als dass man geht. Eine Frau am Weinregal schob mich beiseite und baute sich vor dem Veuve Clicquot auf, packte dann mit beherztem Griff acht Flaschen von dem Edelgesöff in ihren Einkaufswagen. Danach noch fünf Flaschen teuren Wein und Trüffelpastete. So schnell konnte ich das Etikett kaum lesen, wie die Flaschen in ihrem Wagen verschwanden.

Wir bestellten uns Cappuccino to go am Kaffeestand. In Südafrika soll niemand an Kaffeedurst sterben, deshalb gibt es in jedem guten Supermarkt einen ausgezeichneten Coffeeshop. So schlappt man mit seiner Latte oder dem Cappu to go durch den Laden und packt nebenbei das Essen ein, während vor der Tür die Menschen vor sich hin vegetieren. Das ist bizarr und irgendwie absurd. Aber tägliche Realität in Südafrika.

Normalerweise wäre eine Reise jetzt zu Ende. Drei Wochen sind wir schon unterwegs. Dass wir nicht nach Hause, sondern weiter nach Singapur in eine völlig neue Welt fliegen, kommt uns noch sehr unwirklich vor. Und wir stellen fest: Sobald wir auf die Nachfrage »Wie lange bleibt ihr noch in Kapstadt?« erwähnen, dass wir nicht nur durch Südafrika reisen, sondern einmal um die Erde, unterbrechen die anderen ihre Tätigkeiten und verdrehen entzückt die Augen, sie seufzen, geraten ins Träumen, erzählen von sich und ihrer Jugend.

Es ist, als würde man bei dem Wort »Weltreise« eine bisher verschlossene Tür öffnen.

Meine völlig subjektiven Buch- und Filmtipps

T. C. Boyle: *Wassermusik*. München: dtv 1981
Nadine Gordimer: *Keine Zeit wie diese*. Berlin Verlag 2012
Nelson Mandela: *Der lange Weg zur Freiheit*. Frankfurt: Fischer 1994

»Nirgendwo in Afrika«. Regie: Caroline Link, 2001. Der Film spielt zwar in Kenia, fängt aber die Atmosphäre des Kontinents sehr gut ein und hat zu Recht einen Oscar gewonnen.
»Südafrika – der Kinofilm«. Regie: Silke Schranz und Christian Wüstenberg, 2016

Kapitel 2: Singapur und Indien

150-Meter-Pool * Winkende Delfine * Auf Baustellen schlafen

Das Meer rauscht. Die Zikaden zirpen, und in der Bambushütte summt der Ventilator.

Wir wohnen in einem Resort direkt am Strand in der Nähe von Varkala in Südindien. Die Unterkunft war ein Tipp einer Travellerin. Palmen, Hängematten, jeden Abend der Ball der glutroten Sonne, der im Meer versinkt, und absolute Ruhe. Wenig los hier, ein paar Yogis, ein paar Traveller und zwei, drei Familien. Das Restaurant hat fünf Tische unter Palmen mitten im Sand. Man läuft barfuß und ist einfach da. Mehr nicht. Ein guter Einstieg in das neue Jahr.

Wir legen eine kurze Pause vom Reisen ein. Denn in den Tagen zuvor haben wir täglich eine wahre Sinnesexplosion erlebt. In einer der futuristischsten Städte der Welt fing es an…

Mit Singapur Airlines fliegen wir am zweiten Weihnachtstag von Johannesburg nach Singapur, der wahrscheinlich saubersten Stadt Asiens. Die Crew an Bord löst still und leise Probleme, noch bevor man sie selbst erkannt hat. Das bezieht sich nicht nur auf den Service bei der Airline, sondern auf ganz Singapur, so haben wir es zumindest in den vier Tagen empfunden.

Am zweiten Weihnachtstag kommen wir in der für uns exklusivsten und definitiv teuersten Unterkunft unserer Reise an, die wir uns für eine Nacht gönnen, weil ich schon zu Hause dachte: Hier kommen wir so schnell nicht wieder her. Zum anderen hatten sich vor der Reise überraschende berufliche Entwicklungen ergeben, und ach, man lebt nur einmal. Wir also ins Marina Bay Sands, ein Fünf-Sterne-, nein, das bekannteste und spektakulärste Fünf-Sterne-Hotel Singapurs. Allein die Anfahrt ist ein Erlebnis. Denn das Hotel sieht aus wie ein überdimensioniertes Raumschiff auf drei Stelzen mit gigantischem Surfbrett auf dem Dach. Dieses »Surfbrett« in zweihundert Meter Höhe ist ein Infinity-Pool, der im Nichts zu enden scheint, der höchste Hotelpool der Welt. Da wollen wir rein! Ein Mal nur, ein einziges Mal, und danach wieder in Hütten schlafen und gerne auch in einem Zelt.

Wir kommen aus dem Juchzen gar nicht mehr heraus, weil wir bereits gleich nach Ankunft in aller Frühe, genauer um 7 Uhr morgens einchecken dürfen. Somit können wir in Ruhe das gigantische Zimmer mit den bodentiefen Fenstern inspizieren, von denen aus man über ganz Singapur blickt. Die Mädchen sind komplett aus dem Häuschen, als sie das riesige Bett sehen.

»Wow«, ruft Antonia aus. »Hier schlafen wir? Wirklich?«

Dann stellen wir uns alle ans Fenster und betrachten staunend die futuristischen Gebäude. Helen untersucht die Schränke und kichert:

»Guckt mal, Puschen! Und Bademäntel!«

Müssen wir anziehen, logisch, die Bademäntel zumindest. Von unserem Zimmer im achtunddreißigsten Stock fahren wir in unserem neuen Hoteloutfit zum weltgrößten Pool aufs Dach. Dort sehen wir zunächst nur Wasser, das bis an den Horizont reicht. Es scheint mit der Skyline zu verschmelzen, so als würde der Pool über der Stadt im Himmel schweben. Die Menschen am anderen Ende des 150 Meter langen Pools sind nur noch als kleine Punkte wahrnehmbar. Antonia springt sofort ins Wasser und verharrt mit ihrem Oberkörper auf dem Beckenbrand, kann sich gar nicht sattsehen an der fast surrealen Aussicht hoch oben über der Stadt. Helen beobachtet derweil interessiert die knusprigen Pommes, die weiß gekleidete Kellner an ihr vorbeitragen.

Das meistgenutzte Objekt der anderen Hotelgäste an diesem Ort: der Selfiestick. Kaum ein Mensch geht ohne diesen Stick in den Pool. Wir haben keinen, aber trotzdem Spaß.

Wenn wir schon einmal da sind, verbringen wir gleich den ganzen Tag im Hotel. Denn es gibt viel zu sehen. Am frühen Nachmittag, nachdem wir uns ausreichend im Pool rumgedrückt und die Pommes gekostet haben (war klar!), schlendern wir durch die Einkaufsmall des Hotels, die eine Stadt in der Stadt ist. Können uns gar nicht entscheiden, wo wir essen sollen, denn es gibt mehr als fünfzig Restaurants. Für Helen steht fest, sie möchte Reis. Der Wunsch ist leicht zu erfüllen. Singapur gleich Asien gleich Reis – in allen Variationen. Für Helen das Paradies.

Am frühen Abend, nachdem die Sonne untergegangen ist, gehen Frank und ich kurz in den Fitnessraum – man muss ja alles ausnutzen –, ebenfalls mit Blick über die Skyline. Anschließend sitzen wir alle zusammen in der Skybar, wo wir auf die Lichter der Stadt blicken können. Am späteren Abend bekommen wir direkt von unserem Hotelzimmer aus noch ein besonderes Spektakel geboten: eine Kino-Lasershow mit Licht-, Wasser- und Rauchinstallationen, bei der Bilder in sprudelnde Wasserfontänen projiziert werden. Wow, das ist als Gute-Nacht-Ritual fast so schön wie eine Geschichte. Die Mädchen staunen fünfzehn Minuten lang mit offenem Mund und kleben an der Fensterscheibe. Ein Tag Gigantismus im Marina Bay Sands reicht uns jedoch – dass es keine einsame Strandhütte ist, wussten wir vorher, aber es ist toll, es einmal erlebt zu haben.

Taxifahren ist in Singapur sehr günstig. Für uns als Familie sogar billiger als die Metro. Als wir den Taxifahrer fragen, wie teuer eine Fahrt nach Katong sei, ein sehr beschauliches Viertel im Osten Singapurs, meint er, fünf Singapur-Dollar, das sind etwas mehr als drei Euro für uns alle.

Wir steigen also ein und fahren gefühlt einmal quer durch Singapur, vorbei an hypermodernen Hochhäusern, mal eckig, mal rund, mal mit begrünten Dachgärten, mal mit Wäscheleinen vor den Fenstern. Nach fünfzehn Minuten werden die Häuser kleiner, und der Taxifahrer hält an. Das Tachometer steht bei 10,40 SGD. Der Taxifahrer entschuldigt sich, weil er die Strecke und Entfernung falsch eingeschätzt hat, und besteht darauf, dass wir nur die ausgemachten 5 SGD zahlen. In Deutschland schwer vorstellbar. Freunde, die nach unserer Weltreise für einige Jahre beruflich nach Singapur ziehen, erzählten uns, ihr Sohn hätte beim letzten Besuch ins Taxi gespien. Und wie reagierte der Taxifahrer? Er entschuldigte sich für seinen Fahrstil.

Katong wirkt wie eine kleine Oase inmitten der Beton- und Glasbauten, weil es kaum Hochhäuser gibt, sondern viele stuckverzierte Häuser. Im fünfzehnten Jahrhundert ließen sich hier reiche chinesische Immigranten nieder, die sich mit Malaien und Indern mischten. Ihre Kultur ist bunt, die Häuser, die jedes für sich aussehen wie ein kleines Schmuckkästchen, knallbunt und mit Sprossenfenstern. Wir haben vier Tage in Singapur. Und wollen versuchen, so viel wie möglich zu sehen.

In Singapur versucht man offenbar alles, damit Kinder ihren Spaß haben. So unser Eindruck. Allerdings kommt der Unterricht zu kurz. Wir schaffen nur eine Deutschstunde und zusätzlich ein bisschen Englisch; wir sind im Rückstand mit den Deutschaufgaben, außerdem muss Antonia noch zwei weitere Nacherzählungen schreiben. Im Zimmer des nächsten Hotels, das sehr klein ist und keine Schreibmöglichkeit hat, kommen wir nicht dazu. Also nehmen wir die Unterlagen mit und versuchen unterwegs ein ruhiges Plätzchen zu finden.

So vielfältig wie die Stadt ist auch das Essen. Antonia und Helen betrachten gleichzeitig erschrocken und fasziniert die lebenden Hummer und Krebse in den Aquarien der Restaurants. Wir besichtigen das wunderschöne Raffles-Hotel und stehen mit großen Augen vor der elektronischen Eisenbahn inmitten einer Schneelandschaft und der großen Krippe, denn: Achtung, es ist ja Weihnachten! Das vergessen wir manchmal angesichts der Hitze und feuchten Luft. In regelmäßigen Abständen wird uns allerdings ein »Merry Christmas« zugerufen, quasi als ständiger kleiner Reminder.

Wir besichtigen Chinatown und speisen in fantastischen Straßenrestaurants, am nächsten Abend gehen wir am bunten und hippen Clarke Quay essen, jenem Ort, wo sich die Künstler treffen und wo sich glücklicherweise unsere Unterkunft für die weiteren drei Nächte befindet. Am dritten Tag fahren wir nach Sentosa Island, soll ja ein großer Spaß für Kinder sein, hatten wir mehrfach gehört und gelesen. Ein Spaß allerdings, der zunächst einmal irre ins Geld geht. Die Seilbahn allein kostet so viel wie ein mehrtägiger Dom-Besuch in Hamburg. (Für alle Nicht-Hamburger: Der Hamburger Dom ist eine große Kirmes.) Oder ein Mehr-Gänge-Menü für zwei Personen im Edelrestaurant.

Dieser Ausflug ist für uns der bisher schlimmste Tag dieser Reise, mental betrachtet, vor allem für uns Eltern, denn dort wird nicht nur ein absurder Eintrittspreis für jegliches Vergnügen verlangt, sondern parallel auch noch die größte Silvester-Raveparty Asiens vorbereitet mit wummernden Beats und Boxen und Baulärm, und damit nicht genug: Frank findet sich irgendwann in einer rosa Bimmelbahn und zwischen winkenden Delfinen wieder, für ihn eine fast albtraumartige Erfahrung. Antonia und Helen gefällt die Delfinshow, sie winken fröhlich zurück, als der Delfin mit der Flosse grüßt, wollen sich jedoch danach vergewissern: »Aber der hat doch auch bestimmt Spaß dabei oder? Das tut der doch gerne, oder meinst du nicht, Mama?«

Franks Antwort kommt prompt: »Nein, die machen das überhaupt nicht gerne. Ihr glaubt doch nicht im Ernst, dass die Delfine das freiwillig tun? Kein vernünftiger Delfin winkt freiwillig Touristen zu. Und wir bezahlen auch noch für diese dämliche Show ...« Antonia guckt irritiert. Ich sehe es genauso und versuche zu beschwichtigen.

»Na ja, Elefanten werden auch gerne beschäftigt, und Delfine werden ja sogar für Therapien eingesetzt, um kranken Menschen zu helfen. Ich würde einen Delfin aber auch lieber in Freiheit sehen als in einer Show.« Innerlich beschließe ich: Nie wieder Delfinshow. Laut eingestellte Mikrofone, Befehle, die erteilt werden, Rufe, Trillerpfeifen, dazu laute Musik und infernalisches Geklatsche des Publikums, nein, das kann kein Delfin mögen. Auf dieser Reise werden wir sicher noch dem ein oder anderen Delfin begegnen, und wenn der dann mit seiner Flosse winkt, können wir zumindest davon ausgehen, dass er es aus freiem Willen tut.

Ein Flugzeugabsturz am nächsten Tag wirft uns zunächst etwas aus der Bahn – eine Air-Asia-Maschine ist aus noch ungeklärter Ursache abgestürzt. Wir wollen mit derselben Fluglinie die gleiche Route fliegen, nur in die andere Richtung. Air Asia soll angeblich insolvent sein, hören wir, und ob wir nicht umbuchen wollen. Dazu raten uns einige Asiaten, die in einem Café gebannt vor dem Bildschirm sitzen. Ich habe noch weitere Flüge mit dieser Linie gebucht, und bisher galt sie als sicher und unbedenklich. Doch wenn sie tatsächlich pleite ist? Die Piloten vielleicht übermüdet oder unerfahren? Die Flugzeuge nicht gewartet? – Wir fliegen. An Bord wird still gebetet. Ob einfach so oder wegen des Absturzes, werden wir nie erfahren. Und irgendwie bin ich in dem Moment dankbar für die Gebete der anderen Fluggäste.

Von der Ordnung ins Chaos. Von der peniblen Sauberkeit in Gerüche, von denen ich bisher nicht wusste, dass es sie gibt. Wir sind in Kerala, im Süden Indiens, gelandet. Im Indien für Anfänger, wie Indien-Kenner gerne verlauten lassen. Höhere Einkommen, gutes Bildungsniveau und eine bessere Stellung der Frau – um es holzschnittartig zusammenzufassen. Am

Flughafen nachts um 23 Uhr kurz nach der Landung bekommt unser Fahrer einen Anruf des Hotelbesitzers und reicht mir das Telefon weiter: Sorry, aber wir müssten leider woanders nächtigen, das Zimmer sei noch nicht ganz fertig. Für uns ist es, nach Singapurzeit, gefühlt bereits morgens, und wir haben alle nicht geschlafen. Vielleicht habe ich mich verhört? Deshalb frage ich noch einmal nach: »What do you mean: the room is not ready yet? The bed sheets haven't been changed?«

Die Stimme am anderen Ende der Leitung murmelt undeutlich etwas von »no beds« und »walls not quite ready«, mehr kann ich in dem Moment nicht verstehen. Was jedoch deutlich zu hören ist: »But no problem for you, no problem.« Wir sollen also woanders schlafen, kein Problem. Nur ein klitzekleines, denn ich habe die Unterkunft auch wegen des Namens gebucht: »Perfect Karma«. Ich war sofort Feuer und Flamme, denn Silvester stand vor der Tür, und was gab es Besseres, als den Jahreswechsel an einem Ort mit dem Namen Perfect Karma zu verbringen – würde sicher Glück fürs nächste Jahr bringen, dachte ich. Okay, hat anscheinend nicht sollen sein. Hauptsache, wir haben ein Bett und ein Dach über dem Kopf.

Die Mädchen sind hellwach, wie elektrisiert, das liegt vielleicht an all den Eindrücken, die uns bereits hier am Flughafen entgegenschwappen. Ein Gewusel von Menschen in bunten Saris und Tuniken, knallbunte Farbtupfer überall, auf den Straßen wird gehupt, Dinge werden auf Autodächer gezerrt, dabei wird ins Telefon gerufen, gelacht, gestikuliert. Wir fahren also in die neue Herberge. Etwas anderes können wir eh nicht tun in dieser Situation und schon gar nicht um diese Uhrzeit. Die Fahrt nach Fort Kochi dauert etwa eine Stunde. Vorbei direkt an der Autobahn, an einer nicht enden wollenden Baustelle, vorbei an Müllbergen, Häusergerippen und offenen Feuerstellen, Kühen, Ziegen, auf der Straße liegenden Menschen und kleinen Verkaufsständen. Durchs Fenster des klapprigen Wagens weht ein heiß-süßlicher Geruch.

Es ist stockfinster, als wir in dem alten Stadtteil Fort Kochi ankommen. Der Fahrer hält vor einem kleinen Haus. Ein Mann öffnet die Tür, und wir stehen in einer kargen Kammer ohne Fenster. Das einzige Möbelstück: ein Bett, das schon bessere Tage gesehen hat, mit einer bunten Wolldecke. Hier sollen wir schlafen. Wir lehnen ab. Obwohl es bereits halb zwei in der Nacht ist und wir gefühlte vierundzwanzig Stunden auf den Beinen sind, bestehen wir darauf, woanders zu nächtigen. Der Besitzer des Hauses zeigt uns eine zerschlissene Matratze, die er noch ins Zimmer schieben will, stellt dann aber fest, dass entweder die Matratze zu groß oder das Zimmer zu klein ist.

Die Mädchen sind tapfer und schweigen. Der Fahrer telefoniert. Erkennt wohl langsam den Ernst der Lage. Er winkt, wir sollen wieder einsteigen. Kurz darauf fahren wir zum Guesthouse Perfect Karma, wo das Zimmer offensichtlich noch nicht fertig ist. So können wir zumindest im Dunkeln erahnen, was uns eigentlich entgeht.

Wir stehen vor einer Baustelle. Nicht nur das Zimmer ist noch nicht fertig, das gesamte Perfect Karma ist ein Rohbau. Bauschutt vor der Eingangstür, die Zimmer haben weder Türen, noch sind sie gestrichen oder verputzt. Es ist inzwischen zwei Uhr morgens, wir fühlen uns wie Josef und Maria, bloß mit Kind, also zwei Kindern in unserem Fall. Die sehr müde sind. (Man selbst klammert sich in so einem Moment aus, die Eltern haben natürlich nicht müde zu sein, sondern total wach, geistig rege und bereit für neue Verhandlungen.) Der Vermieter, der sich ebenfalls um diese fast frühmorgendliche Zeit um Haltung bemüht, versucht alles, um uns ein anderes Zimmer zu besorgen. Er ist sehr engagiert, das muss man ihm lassen.

Er überlegt kurz, und dann wechseln wir zusammen mit ihm die Straßenseite. Dort wohnt sein Nachbar, der ebenfalls ein kleines Guesthouse betreibt. Der grinst, als er uns sieht. Es wird verhandelt, wir verstehen natürlich kein Wort und sehen nur, dass Geldscheine zwischen den Kumpels oder Konkurrenten, je nachdem, hin- und hergeschoben werden. Der eine lästert offensichtlich über den anderen, es hätte alles komödiantische Züge, wenn wir nur nicht so müde wären.

Für eine Nacht haben wir also eine Bleibe. Am nächsten Tag sollen wir aber ins Perfect Karma umziehen, das Zimmer wäre dann fertig, versichert der Besitzer. Es scheint ihm wichtig zu sein, dass wir in sein Etablissement ziehen. Wahrscheinlich muss er seinem Kumpel von gegenüber pro Tag eine bestimmte Summe zahlen, denn der betonte uns gegenüber, dass seine Herberge besser ausgestattet und deshalb etwas teurer sei. Zumindest hat sie Betten. Das ist schon mal ein deutlicher Vorteil.

Am nächsten Morgen nach dem Frühstück, das zur Freude der Mädchen aus Toast, Joghurt und Bananenpfannkuchen besteht, stellt der Besitzer des Perfect Karma uns erst einmal seine Mutter vor, die im Erdgeschoss seines Guesthouse wohnt, nebst seinem kleinen Neffen, der uns genau wie die Tante neugierig anstrahlt. Wir sitzen leicht unschlüssig im Wohnzimmer, schlürfen den heißen Tee, der uns netterweise gereicht wird, und versuchen eine kleine Konversation auf Englisch zu führen. Antonia und Helen bekommen von der Herbergsmutter Bonbons geschenkt und sind erst mal happy. Vor dem Haus halten zwei Tuk-Tuks, beladen mit jeweils einer Matratze. Prima, das könnten unsere sein. Das Bett scheint also gesichert. Fehlt nur noch etwas Stoff vor dem Fenster, damit wir nicht früh morgens von der Sonne geweckt werden, und ein paar Tropfen Wasser, die aus dem Hahn kommen. Doch in dieser Hinsicht tut sich bisher nichts. Auch fehlt noch der Strom. Der Besitzer des Hauses gibt sich jedoch gewissenhaft und sehr zuversichtlich. In ein paar Stunden würde alles hergerichtet sein. Wir stellen erst einmal unsere Klamotten in den Raum, der stark nach Farbe riecht, rollen unsere dünnen Baumwollschlafsäcke aus, verlassen die Baustelle und streifen durch das alte Fort Kochi. Für die Kinder und mich die erste Begegnung mit Indien bei Tage. Frank war schon einmal für eine Fotogeschichte in Goa, doch das ist viele Jahre her.

Zum Glück sind wir überhaupt hier, denn das war zunächst gar nicht so einfach. In Indien zu sein und nach Indien einzureisen sind zwei diametrale Dinge, besonders für Journalisten. Man wird leichter ins Oval Office in Washington zum Tee eingeladen, als dass man als Touristenfamilie nach Indien reist. Wir wollten aber unbedingt dahin. Klitzekleine Hürde: Die Inder wollten uns offenbar nicht. Kann ich irgendwie verstehen, bei der Anzahl an Menschen möchte man nicht auch noch diverse tumbe Touristen im Land haben. Und tumb, ja, bin ich. Gebe ich zu, war noch nie dort. War schon in vielen Ländern, in China auf der Mauer, in Costa Rica auf einer Hochzeit und in finnischen Saunen mit Bier trinkenden Finnen, aber Indien, nein, war noch nicht dran.

Nachdem wir im Visumantrag also fast unseren gesamten Stammbaum angegeben hatten, wann der Kindergarten besucht wurde und wo unsere Eltern leben (meine Eltern sind tot – wo also leben sie? Sollte ich das Feld frei lassen? Oder schreiben: Ich hoffe, im Himmel?), wer unser bester Freund ist, der im Problemfall informiert werden würde (da kommt man schon ins Grübeln), und zuletzt, warum wir eigentlich unbedingt nach Indien reisen wollten (das weiß ich selbst nicht so genau. Aus Neugierde. Aus Lust an der Fremde. Um endlich meditieren zu lernen), ging Frank frohen Mutes zum Konsulat.

Zunächst stimmte die Größe des Passbildes nicht. Es fehlte ein halber Millimeter. Meine Haltung war ebenfalls nicht korrekt. In Indien möchte man auf Passbildern beide Schultern sehen und nicht eine im Anschnitt, während die andere schlaff runterhängt. Dann fehlte eine Unterschrift. Die von unserer neunjährigen Tochter (!). Also wieder nach Hause. Unterschrift einholen. Und dann – hurra – war es so weit. Unsere Mädchen durften einreisen.

Eine Hürde gab es jedoch. Sie hätten ohne uns reisen müssen, denn wir durften fürs Erste nicht mit. Wir haben leider die falschen Berufe. Hatten jeweils einmal in Englisch und

Deutsch bestätigt, dass wir definitiv nicht journalistisch in Indien tätig sein würden. Das glaubte man uns jedoch nicht. Also noch einmal neu formulieren. Ich schrieb einen kleinen Aufsatz über die Medienkrise im Allgemeinen und meine Berufsaussichten im Speziellen und dass da eh nichts zu machen sei in Deutschland und niemand mehr Reiseartikel lesen würde und wir also nur aus privaten Gründen einreisen wollten. Das wurde akzeptiert. Und wir hatten alle vier Visa.

Und dann sind wir endlich mitten in Kochi und blicken am Morgen als Erstes auf ein Kamel, das an uns vorbeizieht, beladen mit Stoffen aller Art. Die Mädchen jubeln. Wir gehen weiter Richtung Hafen und beobachten am Fluss, wie indische Männer versuchen, auf Holz gespannte Fischernetze aus dem Wasser zu ziehen. Die Netze sind viereckig und so immens, dass sie nur mittels großer Kraftanstrengung und durch Seile und Steine als Gegengewichte bewegt werden können.

Antonia und Helen sind überrascht, denn die Männer tragen weiße Röcke, Baumwoll- und Leinentücher, sogenannte Dhotis oder Lunghis, die sie sich kunstvoll um die Hüfte geschlungen und so gekonnt gewickelt haben, dass nichts rausblitzt. Die Frauen, junge und alte, tragen leuchtende Saris in kräftigen Farben. Ein schöner Kontrast zu den gedeckten Farbtönen wie Beige, Grau oder Dunkelblau, die man so oft in Deutschland sieht. Da kann man schon in einen kleinen Farbenrausch geraten. Farbe als Droge, die high macht.

Auch Antonia und Helen sind total begeistert von den Saris und Tuniken, also shoppen wir ein bisschen. Und handeln und feilschen und scherzen mit den Straßenverkäufern. Frank findet die Stoffe auch schön, nur von einem Dhoti als Beinkleid ist er noch nicht so ganz überzeugt. Wir Mädels hingegen werden uns in Schale schmeißen, denn am nächsten Tag ist Silvester, und da wollen wir versuchen, ein bisschen vom indischen Lebensgefühl zumindest auf der Haut zu tragen.

Die Mädchen lieben vor allem die quietschbunten Tuk-Tuks und wollen am liebsten ständig damit fahren. Besonders spannend finden sie ein Tuk-Tuk, bei dem dicke bunte Bänder vor dem vorderen Fenster und somit den Augen des Fahrers hängen. Frank und ich fragen uns, wie der Mann noch sehen kann und vor allem was, aber Antonia steigt sofort ein:

»Bin mal gespannt, wie der jetzt fährt, wo er nichts mehr sieht.« Sie lacht – die indische Gelassenheit scheint irgendwie abzufärben.

Als wir auf unsere Baustelle zurückkehren, ist der Farbgeruch noch immer beißend und scheint in alle Poren zu kriechen. Wir ziehen trotzdem noch nicht um, weil der Besitzer so bemüht und freundlich ist und von seinem schlechten Gewissen geradezu gepeinigt – zumindest demonstriert er das uns gegenüber sehr glaubwürdig und überzeugend. Am nächsten Morgen bereitet er uns ein extra großes Frühstück auf der Dachterrasse des Nachbarhauses zu, weil seine noch nicht fertig ist. Er beteuert ständig, dass er schlecht geschlafen habe, weil es in unserem Zimmer noch immer kein fließendes Wasser gebe. Aus diesem Grund duschen wir im Nachbarzimmer. Dort allerdings fehlt der Strom, und die Wände sind unverputzt. In unserem Zimmer haben wir Strom, können unsere technischen Geräte aufladen, und einen Vorhang gibt es mittlerweile auch. Es wird langsam, doch der Farbgeruch ist so penetrant, dass wir Kopfschmerzen davon bekommen. Und schnell das Zimmer verlassen.

Silvester wollen wir zunächst auf einer der vielen Dachterrassen in Fort Kochi essen, doch auf die schlaue Idee sind natürlich noch andere gekommen, und alle Tische sind besetzt. Und da wir wissen, dass es sich in Indien im Grunde um »Ein-Tisch-Restaurants« handelt – das heißt, wenn man einmal sitzt, dann bleibt man da auch sitzen, weil selbst ein einzelner Gang sich über Stunden hinziehen kann –, wählen wir alternativ ein kleines Restaurant mit Garten. Das Ambiente lässt hoffen. Zumindest ist es hell, überall hängen kleine blinkende Lämpchen in den Bäumen. Bei meiner Bestellung greife ich voll daneben. Mein Mahl besteht aus staubtrockenen Pakoras, die schon bessere Tage erlebt haben müssen, denn eigentlich sollte das in Teig gebackenes Gemüse sein, doch hier hat sich das Gemüse scheinbar aufgelöst und ist zu Staub geworden, dafür gibt es umso mehr Teig, der im Mund zu Brocken zerfällt. Antonia isst stoisch einen schwarz gebrannten Hühnerschenkel. Das nennt man wohl Pech.

»Mal gewinnt man, mal verliert man«, lautet Franks Kommentar, staubtrocken wie das Essen.

Später am Abend pilgern jede Menge Inder, fast ausschließlich Männer, Richtung Hafen. Dort wird getanzt und laut gesungen. Immer mehr Männer kommen uns entgegen, weichen kaum aus, je näher wir der Veranstaltung kommen. Wir nehmen die Mädchen an die Hand, beobachten kurz das wilde, archaisch anmutende Spektakel der zuckenden männlichen Leiber und beschließen, zurück in Richtung Unterkunft zu gehen, denn die Stimmung unter den Männern wirkt aufgeheizt, und die Blicke auf Antonia und Helen gefallen uns nicht.

Die Mädchen sind fix und fertig von der Hitze, den vielen Eindrücken der ersten Tage und dem Lärm, denn es wird überall geballert. Als sie im Bett liegen, weint Helen vor Erschöpfung und Müdigkeit. Wir nehmen unsere tapferen Mädchen in den Arm, sie trinken noch etwas Orangenlimo zur Feier des Tages, und wir wünschen ihnen ein frohes neues Jahr. Draußen knallt und kracht es, kurz darauf schlafen Antonia und Helen Hand in Hand ein.

Beim Betrachten der schlafenden Mädchen denke ich daran, welch ein großes Glück es ist, fast ein Wunder, Antonia und Helen geschenkt bekommen zu haben. Denn in meinem Alter, ich war knapp vierzig, als ich Antonia zur Welt brachte, sinken die Chancen fast gen null, ein Kind, und dazu noch ein gesundes, auf natürlichem Wege zur Welt zu bringen. Nach Antonia wurden wir dann leicht größenwahnsinnig und wünschten uns ein zweites Kind, doch nach zwei Fehlgeburten gab ich auf, und wir stellten fest, dass unser Leben eigentlich ziemlich gut war, so wie es war, und dann, paff, kündigte sich Helen an. Sie kam genauso unkompliziert auf die Welt wie Antonia – immerhin konnte ich mir bei Helens Geburt noch die Schuhe ausziehen – und witzigerweise zu exakt derselben Uhrzeit.

Und nun liegen sie hier Hand in Hand, unsere Mädchen, die auf dieser Reise fünf Monate lang nicht eine Minute getrennt sein werden und die sowieso schon ein sehr inniges Verhältnis haben, abends oft noch lange in ihrem Zimmer plappern und viel gemeinsam spielen – von partiellen Wutausbrüchen mal abgesehen… Die beiden jetzt im Bett liegen zu sehen, mitten im Geböller und Geschrei, und uns alle hier in Indien zu wissen, bringt mich fast zum Weinen vor Glück.

Indien, so wie ich es bisher erlebt habe, gefällt mir sehr, Fort Kochi scheint ein guter Einstieg zu sein, bloß der starke Farbgeruch ist mittlerweile kaum noch auszuhalten. Deshalb beschließen wir, in zwei Tagen weiterzuziehen. Wir wollen in den Süden, Richtung Varkala. Von einer Reisenden, die wir beim Frühstück kennengelernt haben, haben wir einen Tipp für ein Resort mit netten Bungalows am Strand bekommen.

In Indien
(von Antonia)

Wir sind jetzt in Indien. Hier ist alles total bunt. Und die Männer tragen Röcke. In einem Restaurant mussten wir sehr, sehr lange aufs Essen warten. Als Mama und ich aufs Klo mussten, haben wir nach der Toilette gefragt. Als wir im Toilettenraum waren, hat es total gestunken, und Mama musste sich fast übergeben. Wir sind gleich wieder raus.
Einmal sind wir zu unserer Unterkunft gefahren. Plötzlich haben wir einen riesigen Elefanten mitten auf der Straße gesehen, auf dem zwei Männer geritten sind. Das war toll! Ich hatte gerade wieder Deutschunterricht und freue mich aufs Baden im Meer, denn dahin wollen wir jetzt fahren.

Der Fahrer ist überpünktlich. Er trägt ein weißes Hemd, schwarze Hose und blank geputzte Schuhe. Und fährt so forsch, dass Helen mehrfach in sein Auto speit. In Indien ist man auf spuckende Fahrgäste eingestellt, die Sitze sind komplett mit Plastikplanen überzogen. Wir reichen Helen einen Gefrierbeutel nach dem anderen, die wir als Spuck-Notbehelf mit uns führen, und die kleine Dame wickelt das unangenehme Prozedere erstaunlich gelassen und ohne zu jammern ab. Im Laufe der Reise werden sich die Mädchen auf Auto- oder Busfahrten noch häufiger übergeben und eine echte Routine darin entwickeln.

Die indische Fahrweise ist für Europäer recht gewöhnungsbedürftig, denn als Laie ist schwer auszumachen, ob hier Links- oder Rechtsverkehr herrscht. Man fährt, wo gerade Platz ist. Meist rechts, weil hupend überholend, obwohl der Fahrer der Gegenfahrbahn gerade die gleiche Idee hatte. Derjenige, der zuletzt aufgibt, gewinnt.

Und nun sind wir also in unserer kleinen Oase in Varkala. Baden, joggen, Yoga am Strand, Karten spielen, unterrichten, Eindrücke verarbeiten. Das Anfänger-Indien tut ganz schön gut, denn alle sind extrem kinderfreundlich, zugewandt und sehr interessiert. Das fällt auch Antonia und Helen auf. Wie oft Frauen uns ansprechen, Fragen stellen und uns auf der Straße anlachen! Hier trägt Frau die Beine und auch die Schultern bedeckt, Varkala ist ein streng religiöser Ort. Vierzehn Prozent der 1,2 Milliarden Menschen in Indien sind muslimischen Glaubens. Mehrmals täglich ruft der Muezzin. Wir wohnen jedoch etwa einen Kilometer vom Epizentrum entfernt. Auf dem Hippiehügel (so nennen wir intern den roten Felsen von Varkala, auf dem sich Cafés, Klamottenbuden und Yogazentren aneinanderreihen und sich die Yogis gegenseitig fast auf die Füße treten, weil es dort zugeht wie am Timmendorfer Strand zur Hauptreisezeit) ist vom einst hinduistischen Pilgerort nichts mehr zu spüren. Auf dem Hügel umhüllt man sich eher spärlich, bei der Hitze im Grunde kein Wunder, doch ich versuche anfangs noch, langärmlig zu tragen sowie Hosen oder einen langen Rock, aber vor allem die Schultern zu bedecken. Das ist gar nicht so leicht, denn wenn ich nicht gerade ein Langarm-Shirt trage, Schwitzfaktor zehn bei der feuchten Hitze, rutscht irgendwann unweigerlich das Tuch herunter, das ich um die Schultern gelegt habe. Der Schweiß läuft in dünnen Rinnsalen über das Gesicht und tropft auf die Schultern, und ich gebe immer wieder auf.

Auf den Hippie-Hügel marschieren wir manchmal am Abend, um essen zu gehen, immer mit Taschenlampe, denn eine Wegbeleuchtung gibt es nicht, dafür Wasserlöcher mitten auf dem Weg, steile Klippen und badende Kühe. Zwischendurch kommen immer wieder winzige Stufen, die den Hügel hinaufführen.

Doch auch an unserem Strandabschnitt wird es nicht langweilig. Antonia und Helen lieben die langen Schaukeln zwischen den Palmen, oder sie werden von Tarun, dem Koch unseres kleinen Resorts, in einer der Hängematten angestupst. Manchmal beobachten sie abends die vielen Frösche im Seerosenteich. Oder die Sonne, die jeden Abend direkt vor unseren Augen im Wasser zu versinken scheint. Auf dem Pfad, der sich oberhalb des Meeressaumes entlangwindet, geben in der Dämmerung die zwischen den Palmen spazierenden Menschen ein Schattenspiel. Sobald die letzten Strahlen der Sonne verschwunden sind und der Mond zwischen den Palmen sein Licht anknipst, kommen die vielen Lampions ins Spiel und tanzen im Wind zwischen den Palmen.

Am spannendsten jedoch ist es morgens. In aller Früh hören wir die Rufe der Männer, die mit langen Netzen fischen. Ein fast archaisches Schauspiel. Alle paar Sekunden werden die Fischer, die das Pech haben, im tiefen Wasser zu stehen, von einer riesigen Welle fast verschluckt. Die Strömung im Meer ist so stark, die Wellen so hoch und unberechenbar, dass diejenigen, die am Ende der ins Meer führenden Schlange stehen oder, je nachdem, am Anfang des Netzes, in regelmäßigen Abständen und für einen viel zu langen Moment unter Wasser getaucht werden. Die Prozedur dauert schier endlos.

Ich frage mich, ob die Männer vorher knobeln, wer von ihnen ins tiefe Wasser zu den Wellenbrechern muss und wer vorne am Ufersaum stehen darf. Sobald das Netz nach etwa einer Stunde komplett rausgezogen ist, versammeln sich alle um die Beute, und es beginnt ein ohrenbetäubendes Geschrei. Es wird gebrüllt, gezetert und getobt, manchmal auch gestoßen oder geboxt.

Hass wabert am Strand, sodass Antonia entsetzt fragt: »Wollen die sich etwa gegenseitig umbringen?«, als zwei der Männer sich an die Gurgel gehen.

Doch kurz darauf scheint man sich auf wundersame Weise geeinigt zu haben, und jeder zieht mit seiner Beute ab. Wenn die Fischer fertig sind, kommen die Akrobaten und kraxeln in Sekundenschnelle auf die Palmen, um Kokosnüsse herunterzuwerfen. Der Koch unseres Restaurants mit der offenen Küche und den fünf kleinen Holztischen, die alle im Sand unter Palmen stehen, ist jedes Mal dabei und beobachtet sowohl den Fischfang als auch die Palmenkletterer. Um sich anschließend jeweils etwas abzugreifen. So bekommen wir oft frisches Meeresgetier aufgetischt. Die Mädchen essen glücklicherweise gerne Fisch.

In Varkala gibt es wieder die saftigen Bananenpfannkuchen zum Frühstück, außerdem frisch gepresste Obstsäfte und natürlich diverse vegetarische Currys. Ich könnte jeden Tag Curry essen, wenn es denn so zubereitet wird wie in Indien. Was mir in Südindien auffällt: Die meisten Gerichte schwimmen nicht in Soßen. Ich frage jedes Mal, ob das Gericht mit oder ohne Soße zubereitet wird. Uns hatte man mal erzählt, in Indien würde alles immer in Flüssigkeiten schwimmen, doch unser Koch Tarun erklärt uns, dass die Küche Indiens je nach Region so stark variiert, als würde man in verschiedene Länder Europas reisen. Dass alle Gerichte in Soßen versänken, sei ein oft geglaubtes westliches Vorurteil.

Das Essen in der Region Kerala ist jedenfalls fast ausnahmslos sehr schmackhaft und abwechslungsreich. Wir wurden oft gefragt, wie Helen, die fast kein Gemüse isst und kein Obst, sich auf so einer Reise ernähren würde, vor allem in Ländern wie Indien oder Nepal. Doch es gibt ja Lassis. Die liebt sie – und das freut uns. Das ist definitiv besser als zwei Wochen lang Reis morgens und abends und dazu Mineralwasser oder Fanta, um zumindest künstliche Frucht im Glas zu haben. Außerdem trinken wir jeden Tag frisch gepresste Obstsäfte. Auch Helen. Und ich liebe den frischen Kokosnusssaft. Soll ja auch prima für die Haut sein. Ich fühle mich nach einigen Tagen aufgrund der feuchten Hitze, Bikram Yoga am Strand bei gefühlten 45 Grad Außentemperatur und der vielen Säfte gepimpt wie bei einer Hollywood-Frischzellenkur.

Wir haben gelernt: Am besten, man bestellt schon mal nach dem Frühstück das Abendessen vor und geht nie, niemals, hungrig in ein Restaurant. Von Südafrika waren wir langes Warten auf das Essen gewohnt, aber Indien toppt das noch. Wir haben uns darauf eingestellt und verbringen die meiste Zeit in Cafés und Restaurants mit Spielen, Reden und Speisekarten-Meditation. Doch das Tollste: Keiner von uns ist bisher krank geworden. Nicht mal ein Magengrummeln hier und dort.

Ansonsten ist unsere Hütte einfach, aber gemütlich und sauber. Wir haben einen großen Deckenventilator über dem Bett, und Frank sagt, er habe ab und zu ein, zwei kleine Kakerlaken gesehen, die am Moskitonetz hochkrabbelten, und diese sofort entfernt. Davon habe ich nichts mitbekommen. Vielleicht hatte ich meine Kontaktlinsen nicht drin, oder Frank war schneller. Antonia, Helen und ich teilen uns ein Doppelbett, Frank schläft in einem schmalen Einzelbett. Das wird noch häufiger auf dieser Reise so sein. Ich war skeptisch, ob das klappen würde, zu dritt mit den Mädchen, denn sie neigen dazu, einem während der Nacht ihre Zehen ins Gesicht zu strecken und sich hin und her zu rollen, aber erstaunlicherweise geht alles gut.

Wir werden – anders kann man das wirklich nicht sagen – überall mit Freundlichkeit überschüttet. Das mag an den Mädchen liegen und an der Offenheit der Inder Kindern gegenüber. Fakt ist, es tut gut. Nur die Droge Alkohol müssen wir uns heimlich besorgen, denn derartiges Gesöff wird offiziell nirgendwo ausgeschenkt. Auch wenn frisch gepresste Säfte, Lassis und Ingwertee sehr schmackhaft sind, finde ich mich irgendwann in Downtown-Varkala mit ungefähr vierzig Männern in einer schäbigen Seitengasse wieder, um hinter einem dunklen und durch Trennwände versteckten Verschlag durch ein Metallgitter ein paar Bier und eine Flasche Weißwein zu erstehen. Ich komme mir nicht nur so vor, als täte ich etwas Verbotenes, wahrscheinlich ist es sogar verboten. Angeblich, so sagen uns die Inder, sei dies der einzige Ort, an dem man Alkohol bekäme. Wein und Bier bestellt hier jedoch niemand, die Männer verlangen allesamt nach härterem Stoff.

Frank und die Mädchen halten draußen die Stellung. Ich bin die einzige Frau in der Schlange und werde netterweise vorgelassen. Wahrscheinlich ist es den Männern peinlich, mit einer Frau an der Alkoholschlange anzustehen. Oder sie haben mich aus Mitleid vorgelassen. Oder aus Freundlichkeit. Egal.

Den Wein kühlt unser Koch, heimlich, offiziell darf niemand davon wissen. Wobei wir vermuten, so eine Spezialkühlung wird in unserem kleinen Resort öfter vorgenommen, denn wir sehen am anderen Abend noch ein weiteres Paar mit ein paar Bierchen aus der Küche schleichen. Als wir Tarun fragen, überlegt er kurz und wackelt mit dem Kopf hin und her. Dieses Tanzen des Kopfes von links nach rechts ist eine Bewegung, die bei Indern ja oder nein bedeuten kann, manchmal auch »ich weiß es nicht« oder »vielleicht«; oft ist ein Ja gemeint, obwohl es wie ein Nein aussieht. In dem Fall ist es ein für uns erfreuliches Ja.

Da die Stimmung am Strand abends besonders schön ist und der Strand leer, versuchen Antonia und ich uns manchmal am

Yoga, die Asanas kann ich nach jahrelangem Training mittlerweile recht gut, am schwierigsten ist das anschließende Meditieren. Aber ich will ja mein Ziel verfolgen, das da lautet: Gelassenheit. Und wo könnte das besser erlernbar sein als in Indien, bei den Profis der Meditation? Eine Woche sind wir in Varkala, zu kurz, um die Meditation zu lernen, aber lang genug, um ein bisschen zu sich zu kommen und sich in der Meditation zumindest zu üben. Für Antonia ist das eine neue Erfahrung, die sie lustig findet, für mich Arbeit. Denn ich versuche, möglichst an gar nichts zu denken – was natürlich unmöglich ist, weil die Gedanken wie eine Herde Affen durch den Kopf toben. Aber auch wenn wir beide nicht wirklich meditieren können, macht es Spaß, diese Dinge, die ich normalerweise alleine praktiziere, mit ihr zusammen zu versuchen, ein schöner, intensiver Moment zu zweit, den wir zu Hause nur selten haben.

Nach dieser Woche in Varkala sind wir dann doch tiefenentspannt und grunzend zufrieden. Und haben wieder Lust auf ein bisschen Anstrengung. Auch, weil wir mittlerweile die Memory-Karten aus dem Reisespiel fast aus dem Gedächtnis nachzeichnen könnten, bei »Double Kids« nach wie vor verlieren und die »Black Stories« Teil 1 bis 5 schon nachträumen. Wir ziehen weiter: vom heißen Süden Indiens in den kalten Norden.

Als wir im Flieger von Go Indigo sitzen und starten, recken die Mädchen die Arme in die Luft und rufen freudig: »Auf nach Delhi!« Sie sind voll im Indien Groove. Der Abschied von unserem kleinen Resort und den Männern, die dort arbeiten, deren Namen wir zum Schluss kannten und zum Teil auch deren Familiengeschichten, war fast traurig. Antonia und Helen wollten gern noch bleiben, und der lustige Koch Tarun nahm im Scherz zuerst Helen, dann Antonia auf den Arm, wollte sie in die Küche entführen und dabehalten. Am Ende winkten alle, sogar der Tuk-Tuk-Fahrer, der uns einmal gefahren hatte und gerade den Hügel runtertuckerte, als wir aufbrachen. Trotz der frühen Stunde bekamen wir noch einen für uns extra starken Kerala-Kaffee gebracht und die Mädchen ihre Lieblingspfannkuchen. Wer also einmal nach Varkala reisen sollte, dem empfehlen wir, bei den Mitarbeitern von »Maathadil Cottages« vorbeizuschauen. Wir kommen gerne wieder.

Delhi und Agra sind eher ein Zwischenstopp auf dem Weg nach Nepal. Wir beschließen, von Delhi aus erst mal nach Agra weiterzufahren, zu einem der berühmtesten Bauwerke der Welt, dem Taj Mahal. Entweder per Bus oder Taxi. Kurz vor der Abreise aus Südindien hatten wir die Vermieterin unserer Privatunterkunft in Delhi gefragt, ob sie uns einen Fahrer empfehlen könne, der uns bis nach Agra fährt. Per Mail sagte sie zu.

Doch nach der Landung am frühen Morgen fragen wir uns plötzlich, ob da wirklich jemand steht, der uns abholt, wir haben nichts in der Hand außer dieser E-Mail. Und dann entdecken wir ein Pappschild, auf dem »Bettina« steht, gehalten von einem sympathisch aussehenden Mann. Wie jedes Mal nach der Ankunft am Flughafen führt der erste Weg zum ATM, und ich ziehe etwas Geld. Danach nehmen wir alle in einem Imbiss ein kleines Mahl zu uns, die Mädels bekommen als Nachtisch noch ein paar Süßigkeiten und Nüsse für die Fahrt, und dann geht es los Richtung Agra. Glücklicherweise sind wir nicht müde, sondern eher gespannt auf das, was uns im Norden erwartet. Zunächst ziehen Menschenmassen an uns vorbei, gefolgt von endlosen Reihen von Blechkarossen, dann Autobahnen. Schön ist etwas anderes. Und trotzdem: Es ist aufregend, weil ich weiß, dass wir eines der berühmtesten Bauwerke der Welt sehen und zudem wieder eine neue Stadt und ein bisschen von Nordindien entdecken werden. Dreieinhalb Stunden dauert die Fahrt durch Nebelbänke und vorbei an anderen Autos, denn wir fahren im Gegensatz zum Fahrer in Kerala gaaaanz langsam. Hinein in die Kälte.

In Hamburg hatten wir lange überlegt, ob wir überhaupt nach Delhi und Agra reisen sollten, weil unsere Zeit in Indien begrenzt ist. Ob es nicht mehr Sinn machen würde, länger in einer Gegend zu bleiben. Klar, es macht immer Sinn, länger an einem Ort zu sein, Zeit mitzubringen, das ist keine Frage, aber nach der einen Woche in Varkala sind wir absolut entspannt. Uns war bei der Planung der Reise allerdings noch nicht klar, wo wir in Südindien eigentlich landen würden. Deshalb wollten wir die Kultstätte Taj Mahal zunächst auslassen. Doch dann sprachen wir mit einem Indien- und Reisefreak, der sagte, sein Freund, der wirklich viel gereist sei, hätte fast weiche Knie bekommen, als er das Taj Mahal das erste Mal erblickt hätte, und wir sollten unbedingt diesen Schlenker machen, und wenn es nur für einen Tag sei.

Ein weiterer Grund, den kurzen Trip in den Norden Indiens zu machen: Es gibt Gebäude auf dieser Welt, die einen Riesenschlenker quasi einfordern. Die ihn für sich beanspruchen, denn ohne eine kleine Anstrengung ist man des Gebäudes, der Landschaft nicht würdig. Das Taj Mahal kennt man von Fotos. Unvergessen das berühmte Bild von Prinzessin Diana mit den schräg abgewinkelten Beinen auf der berühmten Marmorbank mit dem Taj Mahal im Hintergrund. Gefühlt war man schon unzählige Male dort. So wie in New York. Oder am Grand Canyon. Doch es macht einen phänomenalen Unterschied, ob man ein Gebäude, eine Stadt oder eine Landschaft auf einem Foto, in einem Film oder in echt sieht. Das kann auch durchaus enttäuschend sein, denn im Film wirkt es eventuell viel gewaltiger und erhabener. Habe ich noch nie so erlebt, aber gehört. »Also, ich war total enttäuscht von dem Machu Picchu, der sah im Morgenlicht auf dem Foto so toll aus, aber mit all den Touristenbussen einfach grauenhaft.«

Bei mir war es immer umgekehrt. Ich sah etwas im Film oder in meiner Fantasie, und in der Realität übertraf es die Erwartungen um ein Vielfaches. Beim Foto oder Film (außer in 3-D) fehlt die Dreidimensionalität, die Tiefe des Raumes.

In natura kommen zudem die anderen Sinne hinzu: riechen, hören, fühlen, schmecken. Immer auf die Gefahr hin, dass Bilder vielleicht stärker, weil verfälschender und überhöhender sind als die Realität. Aber das kann man nur herausfinden, indem man es selbst erlebt, dachten wir.

In Agra erleben wir dann zunächst einen Temperatursturz von 15 Grad. Plötzlich ist Winter, und alle sind dick vermummt. Wir laufen durch die Straßen, und neben uns trotten Esel, Kamele und Kühe, auf dem Bürgersteig arbeiten Barbiere und Schuster sowie eine der untersten Kasten, die Eisenschmiede. Menschen wärmen sich an offenen Feuern oder bereiten sich etwas zu essen zu, Handkarren werden gezogen, Ochsenkarren gefahren und mittendrin Kühe, die Essenreste und Plastiktüten kauen. Dass die Kuh heilig ist und eine besondere Stellung hat, erschließt sich uns nicht. Sie wirkt hier eher geduldet.

Unser erstes Ziel in Agra ist jedoch nicht das Taj Mahal, sondern das Agra Fort, eine gigantische Festung aus dem sechzehnten Jahrhundert, die spektakulär sein soll. Es ist zwar kalt, aber sonnig – sofern das Licht sich einen Weg durch den Smog oder Nebel (für uns nicht ganz eindeutig) bahnen kann. Im Fort ist der Lärm von Agra wie ausgeblendet, denn anscheinend filtern die dicken Festungsmauern die Geräusche. Wir begegnen einer Gruppe junger indischer Männer, die mich bitten, sie zu fotografieren, sie lachen in die Kamera, dann wollen sie noch ein Foto von uns machen. Also stellen wir uns ebenfalls in Position.

Paare und Familien schlendern durch die Gärten, es ist vor allem die Stille, die mich beeindruckt.

Am nächsten Tag dann fahren wir zum Taj Mahal, zu dem wir eigentlich hätten zu Fuß gehen können, aber da wir unseren Fahrer für zwei Tage gebucht hatten und er sagte, er würde uns gern im Hotel abholen, lassen wir uns überreden.

Autos sind in der nahen Umgebung des Taj Mahal verboten. Nachdem wir das letzte Stück mit einer Elektrobahn gefahren sind, passieren wir mehrere große Tore, dann wird die Menschenmenge dichter, der Nebel leider auch. Wir erreichen das letzte Tor, und plötzlich, im Hintergrund, leuchtet es. Ich erschrecke fast, so blendend schön, so groß ist dieses Gebäude, obwohl ich nur einen Teil durch das Tor sehen kann. Ich gehe noch einmal einige Schritte zurück, weil ich den Anblick, den Moment noch einmal haben möchte. Es ist, als würde man zum ersten Mal den Mond sehen. Oder ein Einhorn. Es ist magisch. Vielleicht liegt es sogar daran, dass das Taj Mahal im Nebel liegt, es strahlt dennoch und ist gut zu sehen, aber das Licht ist ganz besonders. Es hat einen Schleier, durch den sich immer wieder die Sonne bricht, sodass man von dem gigantischen weißen Mausoleum fast geblendet wird.

Natürlich, kleiner Scherz, sind wir nicht die einzigen Besucher. Aber das Erstaunliche ist, alle sind friedlich, fast andächtig, die Stimmung fröhlich. Menschen aus aller Welt nehmen sich Zeit. Bleiben stehen. Gucken, staunen, fotografieren sich in allen erdenklichen Posen, natürlich immer mit dem Gebäude im Hintergrund. Aber dieses Gebaren stört irgendwie nicht. Was einen vereint, ist dieser kleine Jubel des Augenblicks, der erste Anblick des Taj Mahal, dieses gewaltigen Bauwerks, von zwanzigtausend Menschen in mehr als zwanzig Jahren erschaffen. Vor der Grabstätte bekommen wir weiße und blaue Plastiküberzieher für unsere Schuhe, und es ist lustig zu beobachten, wie alle sich diese lächerlichen Plastikpuschen überziehen: Frauen, egal ob im Kostüm oder im Sari, und Männer in Anzügen oder in weiten bunten Hosen. Um anschließend in dieser Kostümierung durchs Taj Mahal zu schlurfen.

Wir bleiben mehrere Stunden vor Ort. Gucken uns die feinen Marmorintarsien der Pietra Dura am Hauptportal an, die Kaligrafien und die vielen Blumenmotive im Marmor. Zwischendurch beobachten wir immer wieder die Menschen aus aller Welt. Es ist ein schöner, ein unvergesslicher Moment, und die entspannte Stimmung der anderen überträgt sich auf uns.

Und ja, es stimmt, das Taj Mahal ist schon auf den Fotos faszinierend, in echt aber wirkt es wie eine göttliche Erscheinung.

Nach zwei eindrucksvollen Tagen folgt dann die Rückfahrt nach Delhi, in einen Moloch von einer Stadt. Eine Wundertüte, wie die gesamte Reise. Indien, zumindest der minimale Teil, den wir von diesem riesigen Land bisher gesehen haben, bedient einerseits immer wieder Bilder und Schlagwörter, die man aus den Medien kennt: Müll, Gestank, Armut. Es riecht nach Fäulnis und Verwesung. Männer, die Betelnüsse kauen und deren schleimige Reste auf die Straße spucken, Bettler mit dürren braunen Leibern in zerfetzten Kleidern, die in aberwitzigen Haltungen auf der Straße verharren. Dazwischen wabern jedoch immer wieder exotische Düfte durch die Gassen, traben Ziegen, Kamele, Elefanten und Kühe auf der Straße, am Wegesrand. Während die Kühe in Südindien noch Gras fraßen oder Dal, mampfen die mageren nordindischen Kühe stoisch alles weg, was gerade rumliegt. In Südindien sahen wir überall Farben, Farben, Farben. Alles schien zu leuchten. Die Frauen in ihren Saris wirkten meist so elegant, dass man sich selbst wie ein graues Würstchen fühlte. Und dann dieses Strahlen, diese Freundlichkeit. Dagegen wirkt Deutschland doch recht blass. Delhi dagegen ist grau. In dichten Smog gehüllt, kein Grün, und wenn Farben, dann von der endlosen Karawane der Blechkarossen, die sich durch die Straßen schieben, meist ist kein Fortkommen, also stehen sie, dicht gedrängt, auf mehreren Spuren, hupend, dazwischen immer wieder Bettler in grotesk anmutenden Verrenkungen und Halbtote, die einem die dürren, nackten Arme entgegenstrecken. Autos, Rikschas, Handkarren und ungezählte Menschenbeine umrunden die Halbleichen, zwar ohne sie zu treten oder zu berühren, aber dennoch achtlos. Antonia und Helen betrachten die Friseure auf der Straße, die Schmiede und die Müll mampfenden Kühe.

Antonia stellt sachlich fest: »Also, schön ist es hier nicht.«

Und Helen fragt, als sie die vielen offenen, oft stinkigen Feuer sieht: »Warum machen die überall Feuer?« Und beantwortet die Frage gleich selbst: »Ist ihnen kalt? Haben sie denn keine Heizung zu Hause?«

In Delhi sehen wir an vielen Ecken dem Tod ins Auge. Wie hält man es hier aus? Diese Frage wage ich der netten Vermieterin Maya nicht zu stellen, die zusammen mit ihrer Tochter Debi in Neu-Delhi wohnt und uns in ihrer winzigen Wohnung ein kleines Zimmer bereitgestellt hat. Ihre Wohnung ist vollgehängt mit Bildern, die ihre Tochter gemalt hat.

»She is an artist«, sagt sie stolz.

Ich kenne mich mit Malerei nicht aus, aber einige der Bilder gefallen mir. Die Tochter wirkt unsicher, kichert unentwegt und ist sehr bemüht, es uns so angenehm wie möglich zu machen. Debi verzieht sich sofort zurück in ihr Zimmer, nachdem sie uns Früchte und Tee hingestellt hat. Ihre Mutter hingegen setzt sich zu uns an den Tisch und erzählt. Von ihren Eltern, die ebenfalls in Delhi lebten, von den Veränderungen der Stadt und davon, dass man das alte Delhi möglichst meiden sollte, denn Alt-Delhi und Neu-Delhi seien zwei Welten, die im Grunde nichts miteinander zu tun hätten. In Alt-Delhi würden die Armen leben, die Häuser würden bald alle einstürzen, und niemand kümmere sich darum. Während in Neu-Delhi stetig gebaut würde, Parkanlagen, Einkaufszentren, Museen.

Doch wir wollen auch das alte Delhi sehen. Weil es spannend sein soll, durch die engen Gassen zu laufen, und weil wir die Moschee besuchen wollen, die als eine der größten der Welt gilt, die Jama Masjid. Doch Maya rät uns davon ab. Da gebe es wenig Interessantes zu sehen. Wir sollten lieber die prächtigen Botschaftshäuser Neu-Delhis besichtigen, das Parlament, die Shoppingmalls und das berühmte India Gate, denn dort würde in ein paar Tagen Barack Obama eine Rede halten, und es gebe auch einen Park. Sie ist stolz auf ihre Stadt, das spürt man. Und sie tut alles, damit wir uns wohlfühlen und wiederkommen. Sie bestellt einen Fahrer für uns, der uns sicher durch Delhi bringen soll. Auch durch Alt-Delhi, obwohl er den Kopf schüttelt. Ob das Kopfwackeln in diesem Fall eine Ablehnung oder Zustimmung unseres Plans ist, wissen wir nicht genau.

Zuerst fahren wir durch »New Delhi«, wie von unserer Vermieterin empfohlen. Der Park jedoch erweist sich als eher verstaubte Wiese, auf der ein paar Jungs kicken und Männer Pfeife rauchen. Einige Frauen gehen mit ihren Kindern spazieren, ansonsten liegt auch hier sehr viel Müll. Das India Gate, vor dem einige junge Leute im Gras sitzen, erinnert ein bisschen an den Arc de Triomphe in Paris, allerdings ist die Umgebung nicht ganz so prächtig, und das wohlhabende Botschafts- und Villenviertel mit den hochgezogenen Mauern um die Häuser, das Maya uns ans Herz legte, interessiert uns nicht besonders. Wir wollen in die Altstadt von Delhi. Doch zunächst wollen wir etwas essen. Unsere Vermieterin hat uns eine Adresse von einem Restaurant gegeben, das sie sehr empfiehlt. Der Fahrer bringt uns dorthin, die letzten paar Hundert Meter gehen wir zu Fuß über verkehrsreiche Straßen, der Fahrer zerrt Antonia am Arm, um sie vor den Autos zu schützen, und treibt sie an, schneller zu gehen. Ich nehme ihre Hand, aber Antonia ist verängstigt und schließlich ärgerlich.

»Der soll mich nicht immer anfassen, ich kann auch alleine gehen!«, ruft sie empört.

Wir versuchen dem Mann zu erklären, dass er sich nicht um die Mädchen zu kümmern braucht, zum Glück wird es dann ruhiger, und wir kommen in winzige Straßen direkt an der Grenze zu Alt-Delhi.

Mir kommt es in dem Moment so vor, als liefen lauter Statisten durchs Bild, doch hier wird kein Film von Steven Spielberg gedreht, sondern das ist das echte Leben. Klapperdürre Kinder in zerschlissenen Klamotten mit schwarz verkohlten Gesichtern und völlig verfilzten Haaren sehen uns aus dunklen Augenhöhlen an und versuchen nach uns zu greifen, rufen uns etwas zu aus zum Teil zahnlosen Mündern. Dazwischen immer wieder Männer, die durch den Dreck robben und denen mehrere Gliedmaßen fehlen, mit zum Teil offenen eitrigen Wunden. Frauen, die einem Skelett gleichen, dem Tod näher als dem Leben, mit toten Augen, nur eine Frage der Zeit, wann sie endlich erlöst sind.

Frank nimmt Helen auf die Schultern, ich Antonia an die Hand. Sie guckt sich um, zeigt auf etwas, auf jemanden, versucht das Unbegreifliche zu begreifen. In dem Restaurant, das wir von außen nicht als solches erkannt hätten, da es wie ein Wohnhaus aussieht und man erst eine steile Stiege hochsteigt, die dann in einen erstaunlich großen Raum führt, sind wir offenbar die einzigen Touristen und bekommen den letzten noch freien Tisch. Keiner von uns hat großen Appetit, wir lassen uns das Essen einpacken und verteilen es auf der Straße. Antonia zeigt auf eine Frau, mehr tot als lebendig, die am Straßenrand kauert.

»Mama, die kann bestimmt etwas zu essen gebrauchen.« Ich gebe der Frau das kleine Essenspaket und blicke in leblose Augen. Die Frau hat kaum noch Kraft, das Essen in die Hand zu nehmen, sie versucht zu lächeln, es entgleitet ihr, ich werde diesen Anblick nie vergessen.

Gleichzeitig rührt mich Antonias Aufrichtigkeit sehr. Antonia sieht den Augenblick, die Armut und dass es den Menschen »nicht gut geht« und will am liebsten sofort helfen. Die brutale Wahrheit, das große Ganze, ist ihr noch fremd. Sie sieht den Einzelnen, den Menschen, der in diesem Moment Hilfe braucht. Das rührt mich, diese kindliche und empathische Sicht.

Wir fahren weiter zur Jama-Masjid-Moschee in Alt-Delhi, die 1656 von mehr als fünftausend Arbeitern erbaut wurde. Die riesige Gebetshalle krönen drei Kuppeln aus weißem und schwarzem Marmor. Da die Moschee auf einem Hügel steht, führt eine große Freitreppe zum quadratischen Innenhof. Doch bevor wir diesen betreten dürfen, werden wir von einem Wachmann aufgefordert, unsere Schuhe auszuziehen, und gehen aufgrund der kalten Temperatur auf Socken weiter. Der Innenhof der Moschee hat die Ausmaße von mehreren Fußballfeldern, darin vor allem indische Touristen; Familien, die sich gegenseitig fotografieren. Kurz darauf erscheint hinter einem der beiden Minarette die Sichel des Mondes, und die tief stehende Sonne macht die Moschee zu einem beeindruckenden Schattenspiel.

Unser nächstes Ziel sind die Basare von Alt-Delhi, obwohl unsere Vermieterin uns davon abgeraten hatte, dass man sich verlaufen könne und die Häuser alle baufällig seien und nicht besonders sehenswert. Wir wollen noch einmal eintauchen in die alten Gassen der Stadt, die legendär sein sollen und an fernöstliche Souks erinnern. Als wir uns den Basaren nähern, wird das Gedränge immer dichter. Menschen auf Motorrollern und Fahrradrikschas kommen uns entgegen, weichen kaum aus, sie sind vor uns, neben uns und überholen immer wieder Männer, die schwere Teppiche oder Stoffballen auf den Schultern tragen, während andere voll beladene Handkarren hinter sich herziehen. Um uns herum wird gerannt, geschoben und geschleppt, und keiner bleibt stehen. Wir lassen uns mit in diesen Sog ziehen, immer dichter rein in die engen und dunklen Gassen. Wir sehen Türme von Brokat, Seide und Baumwolle in allen Farben, Papiergeschäfte, Handpuppen, aufgetürmte Armreifen, hier wird geschmiedet, dort gebacken, geschnitten, geklopft. Die Wege werden immer beengter, von oben dringt kaum mehr Licht in die dunklen Gassen, aus denen zum Teil ein süßlich-modriger Geruch kommt. Ein Gewirr aus dicken Kabeln hängt über den Köpfen der Menschen, und irgendwann sehen wir fast keine Frauen mehr, nur noch hastende, spuckende, sich im Vorbeigehen etwas zurufende Männer.

Als wir Angst haben, uns im Gewühl zu verlieren, weil wir immer weiter auseinandergerissen werden, Antonia meine Hand immer fester umklammert und in den Geschäften die ersten Glühbirnen und Gaslampen angehen, beschließen wir, den Rückweg anzutreten. Denn zudem werden die Mädchen immer häufiger angestarrt oder angegrabscht und mit Zischlauten versehen. Also schnell zurück in unsere Unterkunft. Was in Delhi locker zwei Stunden dauern kann. Mal eben ein Brot holen und dann zum Sport, is nich. Wir besorgen noch zwei Flaschen Wasser und eine kleine Tüte Chips für die Rückfahrt. Mittlerweile ist es dunkel geworden, und es regnet. Unser Fahrer scheint erleichtert, als er uns erblickt. Vielleicht, weil wir heil wieder zurück sind, vielleicht auch, weil er bald Feierabend hat.

Doch der zieht sich noch hin, denn wir können nicht fahren. Niemand kann fahren. Alle stehen. Die Busse, dicht bepackt mit Menschen, deren Gesichter zum Teil an der Scheibe kleben, weil der Kopf dagegengedrückt wird, die Autos, die in mehreren Reihen weder vor noch zurück können, die Motorroller, die aufgrund der Enge nicht mehr durchkommen. Von allen Seiten wird gehupt, Abgase überall.

»Wann sind wir zu Hause?«, fragt Helen vorsichtig.

Wir fragen den Fahrer. Der zuckt mit den Schultern, scheint ein ganz normaler Feierabend in Delhi zu sein. Für die Umrundung eines Platzes brauchen wir schließlich eine Stunde. Für die Weiterfahrt in unsere Unterkunft eine weitere. In Delhi müsste man eine Schmerzzulage aufgrund von Smog erhalten. Und ein mobiles Sauerstoffgerät. Als wir endlich in unserem Privatzimmer ankommen, macht die nette Vermieterin uns erst einmal einen Tee. Wir bestellen Pizza und setzen uns alle zusammen an einen Tisch. Es tut mir fast leid, dass wir nur so kurz in Delhi bleiben, denn Maya versucht alles, um uns von der Schönheit ihrer Stadt zu überzeugen. Nach Indien werden wir sicher zurückkehren. Doch jetzt wollen wir erst mal weiter: Eines meiner favorisierten Ziele steht bevor. Am nächsten Vormittag werden wir nach Nepal fliegen, in eine völlig andere Welt.

Meine völlig subjektiven Buch- und Filmtipps

Pier Paolo Pasolini, Andreas Altmann: *Indien.* Wiesbaden 2015

Helge Timmerberg: *Shiva Moon: Eine Reise durch Indien.* Reinbek 2006

»Slumdog Millionär«. Regie: Danny Boyle, Loveleen Tandan, 2008

Kapitel 3: Nepal

Inmitten von Eisriesen * Elefantentrip * Wärmflaschen im Bett

Es gibt Flüge, die vergisst man nie: entweder weil jemand neben einem ausgiebig von der Kotztüte Gebrauch macht oder von der Armlehne, oder weil man meint, man stürze ab. Das sind dann jene Flüge, die man lieber streichen möchte von seiner Erlebnisliste des Lebens.

Und dann gibt es jene, bei denen man Speisen auf echtem Porzellan genießt, einen guten Film im Original sieht und anschließend selig einschlummert oder aber am Fenster klebt und kaum glaubt, was man da sieht. Letzteres erleben wir auf dem Flug von Delhi nach Kathmandu. Plötzlich tauchen in der Ferne die ersten schneebedeckten Sieben- und Achttausender des Himalaja-Gebirgszuges auf. Die Eisberge. Ein Gebirgsmassiv, so gewaltig, so unwirklich, dass es in dem Moment eher an eine Fototapete erinnert. Auf dieser Reise werden wir noch häufig inmitten von Fototapeten leben, weil der Hintergrund entweder so unwirklich schön ist, so gewaltig, so farbgesättigt, dass man meint, jemand hätte eine surreale Bilderbuchkulisse eingerichtet und zusätzlich einen gewaltigen Scheinwerfer darauf gehalten.

In Nepal begrüßt uns der einzige Zollbeamte in der kleinen Ankunftshalle des Flughafens von Kathmandu mit einem Lächeln – und mit Handschlag. »Namaste!«

Zwei Gepäcklaufbänder gibt es und ein irres Gewusel. Frank schafft es tatsächlich, einen Trolley zu organisieren, während sich ein paar Meter weiter zwei Männer darum prügeln.

Kathmandu gilt als die dreckigste Stadt der Welt. Als wir aus der kleinen Halle treten, um nach einem Taxi Ausschau zu halten, das uns zu unserer Unterkunft bringen soll, kommen wir ins Gespräch mit einigen Fahrern. Sie gucken auf die Adresse unseres Hotels und schütteln den Kopf:

»Das ist sehr weit weg, das Hotel. Da müsstet ihr immer mit dem Taxi in die Stadt fahren.«

Anscheinend hatte ich diesmal kein gutes Händchen bei der Buchung. Wahrscheinlicher ist jedoch, dass es sich bei den Fahrern um Schlepper handelt, die eine Provision bekommen, wenn sie die Unterkunft eines Freundes vermitteln.

Wir gucken trotzdem auf den Stadtplan von Kathmandu und stellen fest: Die von mir gebuchte Unterkunft ist tatsächlich weit weg vom Zentrum, da hatte ich mir die Karte anscheinend nicht gut genug angeschaut. Die Fahrer telefonieren und empfehlen uns eine Unterkunft, die zufälligerweise einem Freund gehört, der rein zufällig noch ein Zimmerchen frei hat für uns vier. Obwohl so offensichtlich, nehmen wir das Angebot an. Denn die Unterkunft ist sogar günstiger als die von uns gebuchte und befindet sich mitten in der Altstadt. Das andere Guesthouse storniere ich gegen eine Gebühr.

Unser Gepäck wird in ein Fahrzeug gestopft, das die Größe eines Spielzeugautos hat mit verbeultem, staubigem Blech drum herum. Wir quetschen uns in das Gefährt und tuckern los. Im Hintergrund tauchen die weißen Bergspitzen des Himalajas auf, während knallbunte, vollgestopfte Busse, Rikschafahrer, Handkarrenzieher, Obstverkäufer und farbig gekleidete Menschen um uns herumwuseln. Vor und hinter uns eine Armada von Motorrädern. Die meisten Nepalesen tragen einen Atemschutz. Wir reden nicht viel auf der Fahrt, die Eindrücke sind zu stark, wir gucken.

Langsam nähern wir uns dem Zentrum Kathmandus. Die Stadt wirkt wie aus der Zeit gefallen, wir sehen Menschen, in

Decken gehüllt und Eselskarren ziehend, Frauen die sich gegenseitig die Haare schneiden, Straßenverkäufer, die barfuß laufen. Die Farben sind zurück. War in Delhi noch alles grau, sowohl die Häuser als auch die Kleidung der Menschen, trägt man hier wieder bunt. Auch die kleinen Läden sind bunt gestrichen. Der Gestank nach Abgasen und der Lärm kommen jedoch einem Inferno gleich.

Unsere kleine Unterkunft liegt glücklicherweise in einer ruhigen Seitenstraße nur ein paar Meter von den Gassen der Altstadt entfernt. Das Zimmer ist groß, aber sehr einfach. Zwei Betten, eine Lampe, eine Dusche, ein Fenster zum dunklen Innenhof, das war's. Uns reicht es. Es gibt tatsächlich einen kleinen Garten, in dem wir an den nächsten Vormittagen warm eingepackt in der Sonne unser Frühstück einnehmen werden. Und dann passiert etwas, mit dem ich nie gerechnet hätte: Kathmandu, diese staubige, dreckige Stadt, nimmt mich völlig gefangen. Ich bin – verzaubert. Überwältigt. Dieses Gefühl haben auf unserer bisherigen Reise weder Kapstadt noch Singapur oder Delhi in mir ausgelöst.

Als wir uns zu Fuß gen Altstadt bewegen, kommen uns Fahrräder, Fahrradrikschas, Motorroller, Menschenmassen entgegen. Man berührt sich, weicht nicht aus. Lächelt aber dabei. Berühren scheint hier normal zu sein. Wir tauchen ein in das Gewirr aus kleinen, staubigen Gassen, gehen vorbei an schmalen Gebäuden aus einem vergangenen Jahrhundert. Die Häuser haben winzige Holztüren, sodass man den Kopf einziehen muss beim Eintreten, und kleine, bunt umrahmte Fenster. Wir sehen Tempel und Schreine, vor denen auf offener Straße gebetet wird. Dazwischen immer wieder kleine Läden und Marktstände. Frauen und Männer hocken in bunte Decken gehüllt am Boden, vor sich Gemüse und Obst zum Verkauf ausgebreitet. Dazwischen spielende, oft barfüßige Kinder und andere Obsthändler, die von ihren Fahrradrikschas aus Mangos, Bananen und Litschis verkaufen. Antonia und Helen sind ganz still, gucken sich alles genau an, scheinen fasziniert. Nur hundert Jahre zuvor bestand die Stadt Kathmandu gerade mal aus etwas mehr als einhunderttausend Einwohnern. Die *Newars*, die Ureinwohner des Kathmandu-Tales, lebten quasi unter sich. Doch dann siedelten sich immer mehr verarmte Bergbewohner Nepals sowie Exil-Tibeter und Inder im Tal an. Heute leben in Kathmandu 1,8 Millionen. Und augenscheinlich jeder von ihnen fährt ein Motorrad.

Die Tage verbringen wir mit Schlendern. Wir bewegen uns langsam durch die Gassen, gucken immer mal wieder in die *Chowks*, die Innenhöfe, um welche die alten Newarhäuser gebaut sind, meist dreistöckig, mit holzgeschnitzten, glaslosen Fenstern. In den Höfen spielen Kinder, dösen Männer und waschen Frauen mittels Seife und Steinen ihre Wäsche. Es sind Szenen wie aus einem anderen Jahrhundert. Manchmal sehen wir Frauen am Boden hocken, die sich gegenseitig die Haare entlausen.

Als wir auf den berühmten Durbar Square kommen, das Herz Kathmandus, geraten wir in eine große Demo. Uns gelingt es nicht herauszufinden, wofür oder wogegen demonstriert wird. Doch trotz großem Polizeiaufgebot bleibt es friedlich. Wir versuchen die Demo so gut es geht zu ignorieren, denn wir wollen die alten Paläste besichtigen, die sich genau an dieser Stelle befinden. In den Häusern aus dem fünften Jahrhundert lebten einst Königsfamilien. Nachdem wir die unzähligen schmalen und extrem steilen Holzstufen des ältesten Tempels hinaufgeklettert sind, erhaschen wir durch die winzigen Fensterluken immer wieder einen fantastischen Ausblick auf die Stadt.

Auf den steilen Stufen des Basantapur-Turmes, den man auf fast jedem Foto von Kathmandu sah, sitzen bunt gekleidete Nepalesen in der warmen Sonne, Jung und Alt, und genießen die Aussicht oder lauschen den Worten des Redners der Demo – das ist für uns nicht ganz ersichtlich. Der Tempel stammt, wie auch einige der umliegenden Bauten, aus dem dreizehnten Jahrhundert. Das ist für mich fast unvorstellbar.

Noch unvorstellbarer aber ist, dass dieser imposante Tempel, eines der Markenzeichen Kathmandus, inzwischen nicht mehr existiert. Wie der Basantapur-Turm und mehrere andere Bauwerke, die zum UNESCO-Weltkulturerbe gehörten, ist auch dieser Tempel bei einem schweren Erdbeben eingestürzt. Während wir uns dort aufhalten, ahnt niemand etwas von dem Inferno, das drei Monate später auf das Kathmandu-Tal zukommen wird.

Nachdem wir durch Höfe und diverse Tempelanlagen spaziert sind und uns gegenseitig vor alten Portalen fotografiert haben, haben die Mädchen keine Lust mehr zu laufen. Auf dem Platz warten glücklicherweise Männer mit Fahrradrikschas auf Kundschaft. Die Rikschas werden fast ausschließlich von Touristen benutzt, aber das ist uns in diesem Moment egal. Wir teilen uns auf, Frank und Antonia in der einen, Helen und ich in der anderen Rikscha. Antonia und Helen sind begeistert, winken sich während der Fahrt zu, blicken von dem hohen Sitz aus in die kleinen Läden, und Helen zeigt mir lauter Dinge, die sie faszinieren: Löwenköpfe und Buddhas, Mandalas, bunte Fahnen.

Antonia und Frank fahren vor uns, und Antonia beugt immer wieder ihren Kopf aus der Rikscha und winkt uns fröhlich zu. Ein Anblick, an den ich noch oft denke: die fröhlich winkende Antonia in der Rikscha mitten in Kathmandu, mitten im Lärm, Staub und Gewusel. Dieses glückliche Lachen. Während wir Spaß haben, strampelt der Fahrer uns auf seinem Fahrrad durch tiefe Schlaglöcher. Für uns Erwachsene ist es ein zwiespältiges Gefühl, sich mittels Fahrrad transportieren und jemanden dafür schwitzen zu lassen. Zum Glück dauert die Fahrt nicht allzu lange. Doch Antonia und Helen sind happy.

»Das hat Spaß gemacht! Das müssen wir unbedingt noch mal machen«, findet Antonia.

Da wir kein passendes Wechselgeld haben, geben wir Franks Fahrer das Geld für beide, mit der Bitte, dem anderen seinen

Teil auszuhändigen. Doch der weigert sich und fängt an zu pöbeln. Der andere Fahrer, ein junger Kerl, guckt schüchtern und leicht verzweifelt in unsere Richtung, er wirkt schicksalsergeben. Als Franks Fahrer tatsächlich Anstalten macht wegzufahren, hält Frank ihn am Arm fest. Ich nutze die Gelegenheit, nehme dem verdutzten Mann den Schein aus der Hand und stürze in ein kleines Geschäft, wo ich das Geld wechseln kann. Danach ist Ruhe, und beide Fahrer ziehen ihrer Wege.

Dann lockt die Sonne uns auf die Dachterrasse eines Cafés, und die Mädchen trinken warmen Kakao, Frank und ich starken Kaffee. Wir gucken auf Kabel, andere Dachterrassen und das Gewimmel in den Gassen und sind sehr zufrieden.

Am nächsten Tag gehen wir auf eine kleine Shoppingtour, wir kaufen Souvenirs, vor allem für unsere Freunde zu Hause. Helen entdeckt Elefanten und bunte Ketten, Antonia kauft Buddhas und Schmuck für ihre Freundinnen und ich ebenfalls. Außerdem einen Kaschmirschal für Franks Mutter, und für Helen und mich besorge ich noch dicke Daunenjacken, da wir bald in die Berge wollen und die Temperaturen nachts runtergehen auf den Gefrierpunkt.

In den Geschäften liegt dicker Staub. Die Ware ist von einer braunen Schicht überzogen. Da ist er, der Dreck von Kathmandu. Die Händler sind unablässig am Wegwischen oder Abstauben. Doch es ist eine Sisyphusarbeit, denn kaum ist der letzte Dreck von der Ware entfernt, sind Buch, Schal und die Statue schon wieder von dem braunen Staub bedeckt.

Wir wollen uns von ein wenig Gepäck befreien, also sortieren wir alle Sachen, die wir für die Reise nicht mehr benötigen, und auch die Geschenke für die Freunde aus, um sie als Paket nach Deutschland zu schicken. Das Postamt ist nicht mehr als ein winziger fensterloser Raum mit einem Tisch und einem Stuhl, auf dem eine junge Frau sitzt. Ich vergewissere mich noch einmal, ob dies hier wirklich ein Postamt sei, doch sie nickt.

Als wir ihr unsere mitgebrachten Utensilien zeigen, die wir

nach Deutschland schicken wollen, holt sie einen Karton, und wir packen vor ihren Augen das große Paket. Helen trennt sich von ihrem Steiff-Teddy, weil sie Weihnachten einen Stoffhund bekommen hat. Mit einem Seufzer legt sie den Teddy in das Paket und streichelt ihn noch mal.

Antonia sagt zu ihrer kleinen Stoffkatze: »Auf Wiedersehen, bis in Hamburg!«

Die Mädchen haben beschlossen, dass ein Stofftier auf der Reise reichen würde. Von jetzt an werden also nur noch Hund und Schaf mit uns reisen.

Die junge, etwas teilnahmslos wirkende Frau holt eine Waage. Das Paket wiegt acht Kilo und kostet achtundsechzig Euro Porto. Dann bittet sie mich, die Anschrift auf einen Zettel zu schreiben. Frank und ich haben uns geeinigt, seine Büroadresse anzugeben. Merkwürdigerweise klebt die Frau kein Porto auf das Paket, sondern legt es in eine Ecke. Als ich nachfrage, warum sie keine Briefmarken draufkleben und warum sie es nicht abstempeln würde, murmelt sie etwas von »Air Mail«. Ich bin ratlos. Ob das Paket jemals ankommen wird? Da bisher jedoch alles gut gelaufen ist auf dieser Reise, wird auch dieses Paket ankommen. Denke ich. Denken wir. Doch dann wird alles ganz anders kommen. Das Paket und seine Geschichte werden uns noch länger beschäftigen.

Frank kann irgendwann an den dicken Jacken nicht mehr vorbeigehen, tonnenschwere Ungetüme aus Wolle vom Yak, dem Tier, das in den Kinderbüchern zum Lernen des Alphabets immer für den Buchstaben Y herhalten muss. Die Jacke steht ihm gut, und vor allem, sie hält schön warm. Denn am nächsten Tag geht es los: Wir fahren nach Nagarkot, in ein Bergdorf östlich von Kathmandu. Den Ort habe ich mir ausgesucht, weil er idyllisch gelegen sein soll und man von dort aus sehr gut den Himalaja sehen kann. Für die Fahrt von 35 Kilometern brauchen wir drei Stunden. Durch Kathmandu geht es im Schritttempo, doch uns stört das nicht, es gibt genug zu gucken, und wir haben Zeit. Danach schrauben wir uns immer weiter hinauf. Die Luft wird klar, und wir lassen den Staub der Millionenstadt hinter uns. Fahren langsam und rumpelnd auf unebenen, schmalen Straßen weiter über Serpentinen, vorbei an Häuseransammlungen und Hanfplantagen.

Nagarkot ist ein kleines Dorf auf knapp 2000 Meter Höhe. Wir sehen Einwohner, die vor ihren Hütten kochen, sich gegenseitig die Haare waschen, dösen. Hühner und Ziegen laufen frei herum und stapfen durchs Haus, das keine Fensterscheiben hat. Ihr meist bunt gestrichenes Haus scheinen die Nepali nur zum Schlafen zu nutzen. Ansonsten spielt sich das gesamte Leben draußen ab. Wir sehen Frauen, die sich lebhaft unterhalten, und Kinder, die Brettspiele spielen. Mit geöffnetem Fenster und die Gegend einsaugend fahren wir durch das Dorf. Es wirkt alles so – unschuldig. Wie aus der Zeit gefallen. Der Schein trügt natürlich, denn Nepal gehört zu den zehn ärmsten Ländern der Erde. Die Gefahr als Tourist ist stets, die Armut zu romantisieren. Wir sind Fremde, Außenstehende, und werden nie wirklich eintauchen in dieses Leben. Dafür dürfen wir versuchen, etwas Kontakt zu Einheimischen zu bekommen und einen kleinen Blick in diese für uns fremde Welt zu erhaschen, von der wir so fasziniert sind. Von der Schönheit der Landschaft, von den bunten Farben und vor allem von den freundlichen Menschen.

Die letzten Meter zu unserer Unterkunft müssen wir zu Fuß gehen, denn hier endet die Straße, und das Guesthouse liegt auf einem Berg. Also steigen wir Treppen. Oben auf der Terrasse angekommen, müssen wir erst einmal kurz innehalten und die Augen aufreißen und wieder zukneifen, denn wir stehen vor einer Filmkulisse: schneebedeckte Achttausender im Sonnenschein. Da sind sie, die Eisriesen. Jedoch nicht im Kino, sondern in echt. Ich habe schon viele Gebirgszüge gesehen, aber so einen Anblick noch nie. Einmal im Leben den Himalaja sehen, die höchsten Berge der Erde, das war schon lange mein Traum und einer der Wünsche für diese Reise. Und jetzt stehen wir ihnen Aug in Aug gegenüber, diesen faszinie-

renden Bergen. Sie sind hoch, sehr hoch. Gewaltig. Beeindruckend. Erhaben und schön.

Die Angestellten des Guesthouse kennen diese Reaktion
ihrer Gäste offensichtlich und sind dementsprechend entspannt mit der Erledigung der Formalitäten. Bringen uns erst
einmal einen starken Kaffee und Antonia und Helen einen
heißen Kakao, zeigen auf einige der Gipfel und nennen deren
Namen. Der Mount Everest liegt weiter östlich, man kann ihn
von hier aus kaum sehen, eher erahnen. Dafür hat man andere Achttausender direkt vor der Nase. Die Annapurna I, II
und III zum Beispiel und den Shishapangma. Außerdem den
Manaslu, der mit 8156 Metern auch nicht gerade ein Hügel
ist. Aufgrund der Winterzeit herrscht absolut klare Sicht. Die
Sonne scheint und erwärmt die Luft auf angenehme 15 Grad,
über uns spannt sich ein knallblauer Himmel, und im Hintergrund blitzen die Sieben- und Achttausender.

Unser Zimmer, das in den Felsen gehauen wurde, ist ganz
und gar aus grobem Stein und sehr schlicht, es gibt jedoch
Warmwasser und eine Heizung über der Tür. Theoretisch.
Wenn wir denn Strom haben. Leider haben wir meist keinen. Und deshalb weder warmes Wasser noch Heizung. Nepal
muss sparen. Wann geheizt wird, bestimmt die Regierung.
Wir haben einen handgeschriebenen Zettel mitbekommen,
wann wir – wahrscheinlich – Strom haben werden und wann
nicht. Leider oft nicht. Morgens von 6 bis 10.30 Uhr keinen
Strom. Heißt: früh raus aus den Betten, in die Klamotten werfen. Denn sobald die Heizung ausgeht, wird es innerhalb von
Minuten ar…kalt. Von 10.30 bis 16 Uhr: Strom! Doch da werden wir nicht im Zimmer, sondern irgendwo in der Natur unterwegs sein. Von 16 bis 22.30 Uhr: kein Strom. Umso großartiger ist das Gefühl, wenn unsere Heizung dann endlich für
ein paar Stunden anspringt. Raus aus den Klamotten, unter
die warme Dusche und anschließend schnell unterm Heizlüf-
ter anziehen. Wir gehen zeitig zu Bett, nicht nur aufgrund der
Kälte, sondern auch weil Frank und ich am nächsten Tag früh

aufstehen wollen, um den Sonnenaufgang zu erleben, denn der soll an diesem Ort faszinierend sein. Der Sonnenaufgang über dem Himalaja ist der Hauptgrund, weshalb einige Touristen den Ausflug nach Nagarkot machen.

Mit dem Versprechen der nepalesischen Regierung, dass um 22.30 Uhr die Heizung angestellt werden soll, liegen wir schon früh am Abend mit heißen Wärmflaschen im Bett. Diese wurden nach dem Abendessen netterweise an die Gäste verteilt, denn die gefühlte Zimmertemperatur beträgt minus ein Grad, beim Sprechen erzeugen wir jedes Mal kleine Dampfwolken.

Hohe Berge und kalte Luft
(von Antonia)

Ich sehe hier in Nepal viele mit Schnee bedeckte Berge, und die Kinder hier sehen ganz anders aus.
Ich finde Nepal toll, und das Reisen macht mir Spaß, obwohl ich meine Freundinnen vermisse und es an den Flughäfen immer hektisch und anstrengend ist. Aber hier ist es sehr ruhig! Vielleicht fahren wir auch noch in einen Dschungel, wo es Tiger gibt. Hoffentlich sehen wir einen!
Helen hat gerade gesagt: »Und was, wenn der Tiger wie der Löwe in Afrika plötzlich vor dem Auto steht und wir nicht weiterkommen? Was dann?« Das werden wir dann schon sehen …

Am nächsten Tag beobachten Antonia und Helen erstaunt, wie die Menschen der umliegenden Häuser ihre Wäsche in der Eiseskälte von Hand und mit einem Stück Seife waschen. Unsere Wäsche geben wir der Schwester des Guesthouse-Besitzers. Was wir allerdings nicht wissen zu dem Zeitpunkt: Auch sie wäscht alles von Hand. Wir sehen die Wäsche später auf dem Dach des Nachbarhauses auf der Wäscheleine trocknen. In dieser Gegend gibt es keine Waschmaschinen. Keinen Geschirrspüler. Keinen Fernseher. Und schon gar kein Tablet. Das ist für unsere Mädchen erst einmal schwer vorstellbar.

Das fast surreale Bergpanorama nimmt uns gefangen. Wir stehen schweigend und regelrecht ergriffen davor. Vierzehn Bergriesen sind es, acht davon stehen allein in Nepal, und einige dieser Berggiganten können wir von der Terrasse aus sehen. Einfach so. Das ist ein Gefühl, das kein Panorama-Bergfoto dieser Welt hergibt. Frank und ich sind um 5.50 Uhr früh aufs Dach der Herberge geklettert und haben Arm in Arm die Sonne beobachtet, wie sie langsam über die Gipfel kriecht. Wie alles zunächst in lila, dann in orange und zum Schluss in fast pastelliges Licht getaucht wird. Auf zwei weiteren Terrassen in der Ferne erkennen wir undeutlich andere Frühaufsteher. Es ist ganz still an diesem Morgen, der Anblick des Himalajas so erhaben, so bezaubernd, dass auch wir automatisch anfangen zu flüstern. Und ich wieder denke: Die Natur ist der Gastgeber, und wir sind der Gast. Der dankbar sein darf, sich daran sattzusehen und ein kleiner Teil von dem großen Ganzen zu sein, ein winziger Teil.

Dass wir jetzt hier stehen, liegt auch an einem einschneidenden Erlebnis eineinhalb Jahre zuvor. Als mir plötzlich klar wurde, dass wir versuchen sollten, eine große Reise zusammen zu unternehmen, von der wir vielleicht am Ende unserer Tage noch reden würden. Nachdem mein Vater an einem Herzinfarkt gestorben war, bekam meine Mutter ein Jahr später mit über achtzig Jahren plötzlich Krebs. Der Tumor hatte bereits gestreut, und auch wenn sie nie über die Krankheit und den nahenden Tod sprach, war es ihr größter Wunsch, aus dem Krankenhaus nach Hause zu kommen. Das Wort »sterben« wurde vermieden. Wie viel Zeit meiner Mutter noch blieb, konnte keiner der Ärzte so genau sagen. Also zog ich für ihre letzten Tage in unser Elternhaus und war mit ihr allein. Obwohl meine Mutter bis zum Schluss so tat, als wäre sie bald wieder gesund, als wäre alles in Ordnung, wusste sie, wie es um sie stand. Denn als sie nach Hause kam, wog sie nur noch 29 Kilo, konnte nicht mehr essen und kaum noch schlucken.

Es waren die heißen Julitage, wir hatten 30 Grad im Schatten, und ich war über jeden noch so kleinen Schluck dankbar, den sie mithilfe eines abgeschnittenen Strohhalms zu sich nahm. Morgens und abends kam eine Pflegerin vorbei, um kurz nach dem Rechten zu sehen. Meine Mutter lag im Wohnzimmer mit Blick in den Garten. Da sie fast blind war, konnte sie die Blumen zwar nicht sehen, aber zumindest die Vögel hören. Ich stellte ihr die Rosen, die sie so gern mochte, ans Bett. Da sie gerne Kaffee trank, jedoch nicht mehr schlucken konnte, ließ ich sie ab und zu an einer Tasse frisch gebrühtem Kaffee riechen. Außer diesen winzigen Tätigkeiten und der Körperpflege konnte ich nicht viel tun. Wenn die eigene Mutter stirbt, die Person, die einen auf die Welt gebracht hat, und man dieses Sterben bewusst miterlebt, dann ist das erst einmal wie ein eigener kleiner Tod. Die Endlichkeit des bescheidenen Lebens wird einem im Beisein des Menschen, der im Sterben liegt, mit jedem dünnen Atemzug schmerzlich vor Augen geführt.

Auf Anraten einer guten Freundin, die ein paar Jahre zuvor selbst ihre Mutter im Krankenhaus in den Tod begleitet hatte, wollte ich meiner Mutter vor dem Ableben noch ein paar Sätze sagen, die sie mit auf ihren Weg nehmen sollte. Das hatte meiner Freundin ein Pastor empfohlen. In diesen Tagen guckte ich immer wieder in die Fotoalben meiner Eltern mit den vielen Reisefotos. Ich beschrieb meiner Mutter die Bilder und erzählte von unseren Reiseerlebnissen, als wir Kinder waren. Meine Mutter konnte vor Schwäche kaum noch sprechen, aber sie verstand alles, glaube ich. Der Tod, so empfand ich es in dem Moment, ist ähnlich wie die Geburt, eine Urgewalt. Und ein Schritt, den letztlich jeder alleine gehen muss. Als Angehöriger kann man zumindest versuchen zu helfen, diesen letzten Schritt zu gehen. Auch wenn man dabei selbst loslassen muss. Sterbebegleitung ist äquivalent zu dem Moment, in dem man hilft, einen Menschen auf die Welt zu bringen. Ich dachte oft an die Geburt meiner Töchter zurück. Mutter und Kind arbeiten bei der Geburt eng zusammen, so erinnerte ich mich an die Worte der Hebammen. Das Kind hilft mit, sich den Weg durch den Geburtskanal zu bahnen. Je nach Charakter des Kindes, so sagen zumindest Hebammen, ist es eine leichte oder schwere Geburt.

Und nun, im Sterben, empfand ich es ähnlich. Nun war es meine Mutter, die Hilfe brauchte bei ihrem letzten Schritt. Irgendwann flüsterte sie: »Jetzt.« Das war es. Das Fallbeil. Mir war klar, dass ich ihr sagen musste, was ich mir vorgenommen hatte, sonst wäre es zu spät. Und ich würde es womöglich mein Leben lang bereuen. Ich nahm ihre Hand und sagte meine Sätze, unter anderen jenen, dass sie nun gehen könne, dass ich da sei, dass sie erlöst sein würde und dass es völlig in Ordnung sei, dass sie gehe. Das war es natürlich nicht, totaler Quatsch, aber, so hoffte ich, vielleicht konnte sie dann loslassen und wäre erlöst. Meine Mutter, ich konnte sie kaum noch verstehen, sprach von »Hörnern« und »Stieren«. Sie schien gedanklich auf Reisen zu sein, in Spanien vielleicht, wo sie oft mit meinem Vater war. Und dann flüsterte sie: »Ich fahre jetzt.«

Ich fragte: »Wohin fährst du denn?«

Und sie: »Egal. Hauptsache fahren. Auf der Autobahn, ich fahre jetzt.«

Kurz darauf starb sie. Es war vier Uhr morgens, ein Vogel zwitscherte ganz laut, es war, als riefe er sie. Sie war gedanklich sozusagen in den Tod gereist. Der Arzt kam erst Stunden später, denn es war Sonntag. Ganz still alles, bis auf den zwitschernden Vogel. Als meine Mutter abgeholt wurde und ich den Plastiksack sah, der kaum gefüllt war, darin ein kleines Häufchen Mensch, überkam mich plötzlich ein Gefühl der ganzen Bedeutungslosigkeit unseres menschlichen Daseins. Wer sind wir denn? Ein Pups im Weltall, wie Helen sagen würde. »Macht euch die Erde untertan«, heißt es in der Bibel.

Dass ich nicht lache. Die Natur wird uns alle überleben, uns kleine menschliche Wichte. Die Natur war schon immer stärker, und wir können dankbar sein, dass sie uns überhaupt einen kurzen Aufenthalt hier gewährt, auf diesem Planeten. Denn das ist ein Geschenk. Um dann irgendwann abzudanken. Danken großgeschrieben. In Dankbarkeit zu gehen.

Mir kamen viele Fragen in den Sinn: War meine Mutter eigentlich glücklich gewesen in ihrem Leben? Hatte sie so gelebt, wie sie es sich immer vorgestellt hatte? Was hätte sie gern noch erlebt oder anders gemacht? Was wurde ihr verwehrt, und was hatte sie sich nicht erfüllt? Ganz unweigerlich wird man bei diesen Gedanken auf sich selbst zurückgeworfen. Plötzlich ist man kein Kind mehr, sondern Vollwaise. So nennt man das, wenn beide Eltern gestorben sind. Das ist ein Einschnitt im Leben, der vieles in Gang setzt. Großen Schmerz, aber bei manchen auch ein Gefühl von Freiheit. Und die Gewissheit, die Nächste zu sein, die dran ist mit dem Sterben. Wie sagte ein Freund, der auch gerne reist, vor Kurzem fünfzig geworden ist und ebenfalls gerade Vollwaise geworden ist? »Ich kann schon über den Hügel sehen. Den Horizont, den kann ich manchmal schon erahnen.« Und deshalb muss man sein Leben jetzt leben, nicht auf morgen oder übermorgen verschieben. Die meisten wissen das inzwischen, steht ja in jedem Psychoratgeber, in jeder Zeitung und wird in den Medien rauf und runter gepredigt. Und auch deshalb stehen wir jetzt genau hier und blicken auf den Himalaja, Frank und ich.

Als wir alle nach dem Frühstück durchs Dorf spazieren, werden wir bereits von den Nachbarn gegrüßt, die sich an offenen Feuern vor dem Haus wärmen. Die meisten der Familien in Nagarkot sind Exiltibeter, Buddhisten, die ihr Geld durch Reisanbau verdienen oder kleine Handwerksbetriebe haben. Jeder grüßt freundlich, auch wenn wir als Touristen ein Fremdkörper sind. Obwohl es in dem Dorf einige Gästehäuser gibt, fühlen wir uns nach dem hektischen und verstaubten Kathmandu wie in einer völlig anderen Welt, denn die Häuser von Nagarkot liegen zum Teil weit verstreut, und der Weg von einem Haus zum anderen ist an sich schon eine kleine Wanderung inmitten der wunderschönen klaren Berglandschaft. Das Dorf wirkt friedlich, fast idyllisch. Das mag täuschen, aber für uns als Außenstehende ist es so. In einigen Hütten wird Schmuck angeboten, und ich kaufe bei einer jungen Frau einen von ihr gefertigten Silberring. Durch das Betreten der Hütten und die Gespräche, die sich daraus ergeben, bekommen wir zumindest ein bisschen Kontakt zur Bevölkerung. Lernen auf diese Weise auch einen jungen Fotografen und Tour-Guide kennen, der aus Kathmandu kommt und seinen ersten Dokumentarfilm plant. Wir tauschen Adressen aus. Es ist für uns dennoch eher ein Wandeln durch eine fremde Welt. Die so faszinierend ist, so angenehm, dass wir uns von Anfang an wohlfühlen.

Am Nachmittag, nachdem wir eine kleine Wanderung gemacht haben, setzen wir uns auf die Terrasse unserer Unterkunft und schreiben Postkarten. Mit den Erzieherinnen von Helens Kita habe ich vor der Reise abgemacht, dass Helen sich ab und zu melden soll, auch bei ihren Freundinnen, um den Kontakt zu halten und später wieder leichter einzutauchen in das alte Leben. Wir waren nicht sicher, was besser sei in dem Alter, sich ganz rauszuziehen oder doch lieber Karten zu schreiben und E-Mails und ab und zu Fotos zu schicken. Deshalb waren wir ganz froh über die Bitte der Erzieherinnen.

Die Sonne scheint wie immer an diesen kalten Wintertagen, wir trinken heiße Schokolade, und Helen diktiert mir ihren Text an die Freundinnen und die Kita. Frank und ich schreiben ebenfalls ein paar Karten, jeder ist beschäftigt, und zwischendurch geht der Blick immer wieder in die Berge – es ist ein Moment, den man festhalten möchte, einfrieren, für immer.

Nach vier Tagen in Nagarkot fahren wir zurück Richtung Kathmandu und weiter gen Westen nach Pokhara, einem Ort, von dem man die Berge noch näher sehen soll, vor allem die berühmte Annapurna. Der Koch des Guesthouse will uns fahren, wir haben eine achtstündige Fahrt vor uns, doch die Landschaft ist faszinierend, und wir haben vorgesorgt: MP3-Player für die Mädels, Musik für uns, Spiele für die Fahrt, etwas Obst, Kekse, zu knabbern und ausreichend Wasser. Das Auto ist ein winziger Minivan, mit Spitzengardinen vor den Fenstern. Unsere Rucksäcke werden auf dem Dach verstaut. Wir setzen uns hinten rein, Frank nach vorne neben den Fahrer. Dann steigt noch ein junger Mann ein, quetscht sich zu den Mädchen auf die Rückbank und fragt, ob er mitfahren könne. Die ganzen acht Stunden? Wie sich herausstellt, handelt es sich um den Sohn des Kochs und Fahrers.

Frank und ich überlegen kurz. Uns wurde bisher auch immer geholfen. Antonia und Helen mustern ihren neuen Nachbarn, er gibt ihnen die Hand, lächelt, sie lächeln zurück, dann setzt er sich Kopfhörer auf, schließt die Augen, und diesen Zustand wird er die gesamte Fahrt über beibehalten. Als wir schon die Türen schließen wollen, kommt eine junge Frau auf den Wagen zu, lächelt, redet kurz mit dem Fahrer – und steigt ein. Nimmt neben mir Platz, dort, wo gerade noch Antonias Rucksack gesessen hat. Ich nehme meine Tasche auf die Knie, den Rucksack zwischen die Beine, und wir begrüßen uns mit einem Kopfnicken. Die junge Frau wird glücklicherweise nicht ganz bis nach Pokhara mitfahren, sondern nur bis nach Bhaktapur, zum nächsten Ort.

So rumpeln wir los, zurück über die Serpentinen, am Rückspiegel beim Fahrer schaukelt eine Gebetskette, und am Armaturenbrett klebt das Bild eines Elefanten, stellen die Mädchen interessiert fest. Wir kommen aufgrund der unebenen Straße nur langsam voran, die Schlaglöcher sind zum Teil so tief, dass Helen einmal vom Sitz fällt, ein anderes Mal fliegt Antonia in die Höhe und stößt mit dem Kopf an die Decke. Doch die Mädchen kichern, sie sind bisher äußerst tapfere und entspannte Reisebegleiterinnen, die weder nörgeln noch jammern über die Umstände, sondern alles so hinnehmen, wie es eben ist. Nach dieser Fahrt, die nicht die letzte dieser Art sein wird auf unserer Reise, denken wir, wir würden die beiden überall mit hinnehmen. In die letzten Winkel dieser Erde. Sie beruhigen sich gegenseitig, machen Witze über die Situationen und sind offen für die Welt. Sogar als wir anhalten und nach drei Stunden die erste kurze Pause machen, um etwas zu essen zu besorgen, aufs Klo zu gehen und die Toilette mal wieder nur aus einem übel stinkenden Drecksloch besteht, behalten sie die Nerven. Wir machen es wie sonst auch. Ich rufe: »Draußen tief einatmen, jetzt Nase zuhalten…«, und helfe Helen beim Entkleiden, halte sie kurz hoch. Antonia schafft es mittlerweile alleine und kommt mit den Stehklos ganz gut klar.

Diese gemeinsamen Toilettengänge werden Antonia, Helen und mich die fünf Monate über begleiten. Es ist eine Situation, die für mich zu dieser Weltreise gehört wie das Reisen selbst, und manchmal ist es nervtötend und zum Verzweifeln, nie allein sein zu können, nicht mal auf dem Klo, manchmal lustig, weil wir, je nach Waschraumbeschaffenheit und Musikbeschallung, auf der Toilette singen und kichern, uns die Bilder und Graffiti anschauen, uns Geschichten erzählen und jeder Gang zum Klo somit ein kleines Reiseerlebnis für sich wird. Und dennoch: Es gibt Momente auf der Reise, da wünsche ich mir, einen Pimmel zu haben. Ein Vater sein zu dürfen, am besten von zwei Söhnen. Doch dann wären mir auch einige Kloerlebnisse erspart geblieben…

Nach tatsächlich acht Stunden erreichen wir am späten Nachmittag die kleine Stadt Pokhara, 200 Kilometer westlich von Kathmandu. In Pokhara sind es angenehme 21 Grad, und die Berge scheinen tatsächlich noch näher zu sein als in Nagarkot. Doch der Ort ist wesentlich touristischer, ein Souvenir- und Trekkingshop reiht sich an den anderen, wir sehen internationale Cafés und Restaurants und noch mehr Hotels. Eine Mini-Trekkingtour wollen wir trotzdem versuchen, denn ich bin mit meinen Eltern, seitdem ich halbwegs auf zwei Beinen gehen konnte, jedes Jahr gewandert, zunächst in Bayern, später dann in Österreich. Die Berge habe ich geliebt und jedes Mal geweint, wenn wir packen mussten und es zurück in den platten Norden ging. Ich konnte mir damals als Kind gar nicht vorstellen, dass man auch anders Urlaub machen könnte, außer zu wandern und sich Abzeichen für seinen Wanderstab abzuholen.

Frank ist zur gleichen Zeit mit seiner Familie in die entgegengesetzte Richtung gefahren. Immer nach St. Peter-Ording ans Meer, jedes Jahr. Vielleicht sind wir sogar auf der Autobahn aneinander vorbeigefahren, wir in Richtung Süden, seine Familie nach Norden. Natürlich war damals niemand angeschnallt, und Kindersitze gab es auch nicht, und selbstverständlich hat mein Vater während der Fahrt seine Zigarillos gepafft. Pinkelpausen gab es alle vier Stunden, die erste nicht vor Kassel. Das war Usus. Auf diese Weise haben wir jahrelang Urlaub gemacht.

Nach zwei Tagen in Pokhara, das uns zu überlaufen ist, buchen wir in einem Reisebüro eine Tour in den Süden Nepals, in den Dschungel. Die Busfahrt wird einige Stunden in Anspruch nehmen, dafür soll es dort Tiger und Krokodile geben.

Als wir gerade das Reisebüro verlassen haben und die Mädchen und ich noch etwas besorgen, fährt plötzlich hupend ein Auto neben Frank her. Zwei Männer rufen unentwegt: »Hey, Sir, Sir, look, please.« Frank denkt zunächst, die Männer wollen ihm irgendetwas andrehen, da sieht er meine Kameratasche. Ich habe sie – mal wieder – im Reisebüro hängen lassen, und die Angestellten haben sich ins Auto gesetzt und nach uns gesucht. Darauf kann ich nur betreten schweigen und sagen: Danke, Welt. Danke. Es ist nicht so, dass ich meine neu erworbene Spiegelreflexkamera nicht mag, im Gegenteil, ich behandle sie mit Vorsicht und achte auf sie. Eigentlich. Dass ich sie in jedem Land dieser Reise mindestens ein Mal liegen lasse, kann ich mir nur damit erklären, dass ich so sehr mit anderen Dingen beschäftigt bin. Mit den gesamten Finanzen unterwegs, den Abrechnungen der Kreditkarten, der Geldbeschaffung sowie -aufbewahrung, mit dem Weltreisekonto, mit dem Buchen der Unterkünfte und Touren. Die Kamera habe ich in solchen Momenten nicht mehr im Fokus, der Kopf scheint voll zu sein. Ich werde noch öfter die Kamera hängen lassen auf dieser Reise, und immer, jedes Mal, kommt sie zu mir zurück. Wird mir hinterhergetragen. Das ist das Glück der Doofen. Und immer wenn ich daran denke und die Kamera jetzt anschaue, muss ich lächeln und bedanke mich im Geiste bei all den Menschen auf der Welt, die mir meine Nikon zurückgebracht haben.

»Nepal ist toll«, sagt Antonia immer wieder. Das stimmt. Denn egal, wo man hinkommt, die meisten Menschen sind hinreißend. Lächeln. Winken. Scheinen sich zu freuen, dass man irgendwie da ist. Trotz der Armut und der harten, zum Teil fast archaischen Lebensumstände lachen die Menschen sehr viel. Reden miteinander vorm Haus, vor den kleinen Läden, bei der Arbeit. Was uns noch auffällt: die Aufmerksamkeit Kindern gegenüber. Die Kleinen werden viel getragen, auch beim Wäscheaufhängen, bei der Ernte und beim Einkaufen, und Antonia und Helen werden behandelt wie Prinzessinnen. Hauptsache, es geht ihnen gut. Sie werden bespaßt und können ohne Angst durch die Straßen laufen.

Tags darauf sind wir unterwegs Richtung Süden. Als wir aus dem Bus steigen, wird unser Gepäck sofort auf die Ladefläche eines Jeeps geladen. Auf unseren Rucksäcken sitzend, fahren wir weiter durch kleine Dörfer zu unserer Unterkunft. Mit uns auf der Ladefläche hocken drei lächelnde junge Chinesen, mit denen wir die nächsten Tage verbringen werden. Dass unser Guesthouse sehr einfach und dunkel ist, stört uns nicht. Doch abends im Restaurant ist es so kalt, dass sogar die Nepalesen Daunenjacken und Wollmützen tragen. Das Essen jedoch ist abwechslungsreich, es gibt Huhn, Reis, Gemüsecurry und morgens Pfannkuchen und Rührei. Dazu auf Wunsch nepalesisches Bier. Nehmen wir gerne, allein schon, damit wir bei der nächtlichen Kälte einschlafen können. Antonia und Helen tragen zum ersten Mal auf dieser Reise ihre Skiunterwäsche unter dem Schlafanzug.

Der nächste Tag beginnt am frühen Morgen in einem Korb auf einem Elefanten. Weil man sich mit Kindern manchmal zum Deppen macht. Eine Unternehmung, die wir unter normalen Umständen nicht machen würden, aber: Dieses Erlebnis gehört zu unserem Tourpaket, ist bei dem »Dschungelpaket« also mit drin, und mit Kindern verschieben sich zwangsläufig die Interessen, das Augenmerk wird auf neue Dinge gerichtet – auf Elefanten in diesem Fall. Frank und ich bekommen sofort eine Vorahnung davon, dass Menschen nicht auf Elefanten gehören. Zumindest nicht in einem Korb. Und nicht auf ein intelligentes Tier, das eigentlich lieber dösen möchte, als uns Touristen auf den immer gleichen langweiligen Wegen durch einen Dschungel zu schaukeln.

Was genau der Elefant in dem Moment gedacht hat, wissen wir natürlich nicht, aber er hatte definitiv keine Lust. Weder auf uns noch auf den Ausflug, so viel steht fest. Unser zwanzigjähriges Tier will bereits auf den ersten Metern nicht so wie sein Herr und Gebieter, der auf seinem Nacken sitzt. Es stößt posaunende Geräusche aus, es schnaubt und windet sich. Wir sitzen oben in diesem dämlichen Korb und können nicht so einfach absteigen, denn der Guide hört uns offensichtlich nicht oder will uns nicht hören, und wir können in diesem Moment nichts tun, außer zu hoffen, dass der Elefant doch noch Lust bekommt, ein paar Schritte zu gehen, damit er nicht weiter von seinem Chef gequält wird. Denn der traktiert das arme Tier, indem er ihm mit einem Metallstab in die Rückseite der Ohren pikst. Zum Glück bekommen Antonia und Helen nichts davon mit. Diese Erziehungsmaßnahmen können keine übliche Vorgehensweise sein, mit einem Elefanten zu kommunizieren. Oder unser Tier ist extrem renitent. Im Moment wirkt der Führer jedoch extrem brutal.

Der arme Elefant stößt einen lauten, wütenden Schrei aus, so laut habe ich diese Tiere noch nie brüllen hören außer in Zeichentrickfilmen und schon gar nicht in dem Moment, in dem ich selbst auf einem Elefanten sitze. Dann neigt sich das Rüsseltier plötzlich zur Seite, so stark, dass der ganze Korb ins Rutschen gerät und Helen und ich für einen langen Moment über dem Boden schweben, uns kaum noch halten können und ich Panik habe, dass das massige Tier uns zerquetscht. Ich habe Todesangst, Helen schreit wie am Spieß, Antonia weint ebenfalls, und Frank ist ganz still, auch er hat Angst um uns, als er uns so hängen sieht.

Wir wollen aussteigen, runter von dem Tier, können es dem Elefantenführer aber nicht verständlich machen, weil er damit beschäftigt ist, den armen Elefanten anzuschreien. Endlich richtet sich der Elefant wieder auf und schreitet gemächlich seines Weges, als sei nichts geschehen, sodass wir einmal kurz durchatmen können. Doch er wählt offenbar seinen eigenen Weg, hat einen Dickschädel, was verständlich ist, wenn er auf diese Art von Touren keinen Bock hat. Für uns hat das jedoch zur Folge, dass uns immer wieder harte Äste ins Gesicht peitschen, weil unser Elefant sich offenbar in den Kopf gesetzt hat, mitten durch den Dschungel zu stapfen, anstatt den Pfaden zu folgen. Ich sehe schon die Schlagzeile: »Deutsche Touristenfamilie von Elefant zerquetscht«.

Dann endlich treffen wir auf seine Artgenossen, ebenfalls mit Körben und menschlicher Fracht auf dem Rücken, und unser Tier beruhigt sich. Trottet einem anderen Kumpel hinterher und schaukelt uns gemächlich durch den Dschungel. Wir versuchen Witze zu reißen über das Geschehene, doch es klappt nicht so richtig. Antonia und Helen haben sich zum Glück wieder gefangen, und wir hoffen, dass der Trip schnell vorübergeht. Kurze Zeit später können wir endlich absteigen. Das Tier kurz streicheln und uns bei ihm entschuldigen. Für den Elefanten war es eine ähnliche Quälerei wie für uns, deshalb gucken wir uns diese Tiere in Zukunft lieber aus respektvoller Ferne an, als sie zu malträtieren.

Danach werden wir zu einer Elefanten-Kita gefahren, eine Aufzuchtstation für Jungtiere, die ihre Eltern verloren haben. Der Anblick der Babyelefanten beruhigt unsere Nerven etwas und lenkt vor allem Antonia und Helen ab. So lange, bis sie die Ketten entdecken, mit denen jeweils ein Bein der ausgewachsenen Tiere festgebunden ist.

»Warum tragen die denn diese langen Ketten?«, fragt Helen empört.

Wir fragen unseren Guide. Der sagt, das sei zum Schutz der Jungtiere, denn die älteren Elefanten könnten diese zertrampeln, da es nicht ihr eigener Nachwuchs ist. Wir wollen dem gerne Glauben schenken, aber es fällt uns schwer und hinterlässt einen schalen Nachgeschmack. Immerhin ist die Anlage groß, und die älteren Tiere werden offensichtlich zum Reiten und für den Holztransport benutzt. Ohne Korb und Touristen. An uns reiten junge Nepalesen vorbei, mit nackten Füßen oder in Badelatschen. Mensch und Elefant sehen ganz lässig und entspannt aus. Vielleicht hätten wir auch lieber barfuß und ohne Korb…? Lassen wir das. Geschehen ist geschehen.

Um das kulturelle Leben nicht ganz sterben zu lassen auf dieser Reise, besuchen wir am Abend zusammen mit anderen Nepalesen des Dorfes und ein paar wenigen Touristen eine Tanzveranstaltung. Auch hier sind Tiere im Spiel. Ein Mann, verkleidet als Pfau, bewegt sich so vogelartig grazil, dass man tatsächlich für einen Moment meint, ein echter Pfau würde auf der Bühne tänzeln.

Am nächsten Tag gibt es dann den letzten Ausflug dieses Tour-Pakets, das wir gebucht haben, eine Safari.

Klingt toll, man soll, mit ganz viel Glück, sogar einen Tiger sehen können, wirbt der Flyer. Nein, so naiv sind wir dann doch nicht. Es gibt zwar Tiger in Nepal und sogar die sehr seltenen Schneeleoparden, aber nicht in dieser Gegend. Was wir allerdings sehen, als wir uns zu Fuß einem braunen Fluss nähern, sind Krokodil-Mutanten, die auf der anderen Seite des Ufers dösen. Das sind mit Abstand die größten Krokodile, die ich jemals gesehen habe! Zum Glück sind sie weit weg, denke ich und hole meine Kamera raus. Ein Krokodil gähnt herzhaft und zeigt zwei Reihen perfekter Zähne. Super Fotomotiv, aber wow, die Zähne sind wirklich beeindruckend, das kann ich durch mein Teleobjektiv gut erkennen.

Am Ufer schaukelt ein Boot, an die fünf Meter lang und extrem schmal. »Wer sich da reinsetzt, um über den Fluss zu fahren und sich den Krokodilen zum Fraß vorzuwerfen, der muss verrückt sein«, sage ich gerade zu Frank und den Mädchen, als unser Guide das Boot ranholt, einsteigt und sich ganz vorn hinhockt. Das Boot schwankt wild hin und her. Der Guide macht ein Handzeichen, dass wir hinter ihm Platz nehmen sollen. In der Hockstellung, anders ist es eh nicht möglich, denn das Boot ist schlauchartig schmal, und auf dem Boden sind Wasserlachen, sodass man ein nasses Hinterteil bekäme, wollte man sich hinsetzen.

Alle hocken sich also hin, Helen ohne Schwimmweste. Ich halte sie irgendwie fest – oder halte ich mich selbst an Helen fest? Warum steigen wir überhaupt in so ein Boot? Und werfen womöglich unsere Kinder den Krokodilen zum Fraß vor? Mögliche Antworten, die mir durch den Kopf gehen: Weil die anderen es auch tun. Weil man dem einheimischen Guide vertraut, er kennt sich aus, er wird schon wissen, was er tut – und uns antut, im Zweifel. Weil man keine Memme sein will. Weil man den Tiger sehen will, obwohl man weiß, dass der hier sowieso nicht rumläuft. Weil man lebensmüde ist. Weil man blöd ist.

Mit einem langen Stock stößt sich der Guide vom Boden des Flusses ab, und wir gleiten los, die Krokodile fest im Blick. Sie uns und wir sie. Frank, Antonia und Helen hocken vor mir. Endlich, nach einer gefühlten Ewigkeit, hat das Boot die andere Uferseite erreicht, die Krokodile dösen noch immer, gähnen und blinzeln in der Sonne, und wir robben nach vorn, an den Bug des Bootes, und steigen erleichtert aus. Dann fällt uns ein, dass uns auf dem Rückweg die gleiche Tour noch einmal bevorsteht und die Krokodile am Abend vielleicht den größeren Appetit haben.

Frank und ich wissen jetzt, dass nicht nur der Ausritt im Korb eines Elefanten ein Fehler war, sondern im Grunde die ganze Tour. Es war sehr nett, die Bekanntschaft mit den Chinesen gemacht zu haben, mit denen wir uns viel unterhalten haben, es war auch interessant, den dschungelartigen Süden Nepals zu sehen, aber am liebsten würden wir so eine Tour das nächste Mal selbst organisieren. Und dafür auf Ausflüge wie die Safari, die keine Safari war, verzichten. Wer sich ins Unbekannte begibt, fällt auch mal auf die Schnauze. Auf solchen Reisen macht man auch Negativ-Erfahrungen, um hoffentlich daraus zu lernen.

Und auch das ist Nepal: Unser Busfahrer zurück nach Kathmandu nutzte die fünfminütige Pinkelpause, um sich mit einem Schlauch vor den öffentlichen Toiletten die Haare zu waschen. Wir haben bereits entschieden wiederzukommen, denn es gibt in diesem Land noch so viel Spannendes zu sehen. Dafür muss man nicht den Mount Everest besteigen, denn das Land kann man auch bereisen, ohne die Achttausender zu erklimmen.

Zu dem Zeitpunkt ahnen wir nicht, dass nur drei Monate später Nepal nicht mehr so sein wird, wie wir es gerade erleben. Dass Tausende von Menschen verschüttet sein werden, Gebäude zerstört und die vielen Hunderte Jahre alten Tempel in der Altstadt von Kathmandu, die Häuser am Durbar Square und auch der Basantapar-Turm dem Boden gleichgemacht sein werden, weil zwei schwere Erdbeben dieses kleine Land erschüttern und für immer verändern werden. Wir ahnen nicht, dass wir ein Nepal sehen, das es so nicht mehr geben wird.

Meine völlig subjektiven Buch- und Filmtipps

Wolfgang Büscher: *Asiatische Absencen*. Reinbek 2010

»Die gefährlichsten Schulwege der Welt«. Autor: Joachim Förster, Arte-Dokumentation, 2013

Kapitel 4: Vietnam

Reisen und Urlaub ∗ James Bonds Felsen ∗
Kafka in Vietnam

»Nicht Menschen machen Reisen, Reisen machen Menschen.«
Das ist der beste Satz, den ich zum Thema Reisen gelesen
habe, er stammt von John Steinbeck.

Es gibt Urlaube, bei denen einem alles abgenommen wird
und man sich um nichts selbst kümmern muss, das Vermei-
den jeglichen Kontakts mit den Unannehmlichkeiten dieses Lebens. Doch meistens sind gerade die Schwierigkeiten,
die Unannehmlichkeiten der Kick, das Salz in der Suppe und
schenken einem das Glücksgefühl, etwas bewältigt zu haben.
Dieser Rausch einer neuen Situation, von der man weiß, das
war jetzt einmalig. Reisen setzt ungeahnte Kräfte frei, lässt
Fähigkeiten auftauchen, von denen man nicht mehr wusste,
dass man sie besitzt.

Man ist ja nicht nur Reisender, sondern immer auch Lernen-
der. Ich lerne etwas über die Geschichte eines Landes, erlebe
Kultur und neue Lebenswelten. Und dabei lerne ich sehr viel
über mich selbst. Allein schon dadurch, dass ich erlebe, wie
andere Menschen sich in bestimmten Situationen verhalten,
welche Dinge in unterschiedlichen Lebenswelten wichtig sind
und ob ich mich dort wohlfühlen kann oder nicht, und wenn
ja, warum – beziehungsweise warum nicht. Ich habe den Eindruck, ich bekomme auf Reisen automatisch immer wieder
einen Spiegel vorgehalten.

Manche, so wie auch ich, brauchen diesen Kick, diese Neugierde auf das fremde Leben, andere buchen eine Kreuzfahrt. Dazu fällt mir David Foster Wallace ein, der in einem Essay eine selbst erlebte Luxus-Kreuzfahrt mit den Worten beschreibt: »… eine Kreuzfahrt der Fantasien in eine heile Welt, die so nicht existiert, einen Urlaub, der keine Wünsche offenlässt, weil ihm [dem Konsumenten einer Kreuzfahrt] keine andere Wahl gelassen wird, als sich blendend zu amüsieren.«

Andreas Altmann, der Reise-Guru, formuliert diese Art des Urlaubs drastischer: »Jeder hat das Recht, seinen Suchtquotienten bei all inclusive einzuschläfern, sich zu rösten, bis aus seinem Bauchnabel ein Geysir zischt und das Hirn als Trockenfleisch im Liegestuhl zurückbleibt. Nur ›Reisender‹ darf er sich dann nicht nennen.«

Es gibt tatsächlich Urlaube, da ist es egal, ob man in der Dom Rep oder auf Mallorca sein Handtuch auf die Liege schmeißt. Auf Reisen jedoch gilt all das nicht. Erholung kann man meist ganz unten auf der Liste ankreuzen, denn niemand macht eine Weltreise, um sich zu erholen oder möglichst gebräunt zurückzukommen.

Durch die Welt zu reisen bedeutet, so empfinde ich das, das Ungewisse zu spüren, das Abenteuer, jeden Tag Neues zu erleben in einem gänzlich anderen Umfeld, das je nach Region beinhaltet: regelmäßige Stromausfälle, nur kaltes oder gar kein Wasser, Kakerlaken, Sandfliegen oder Skorpione, Busse mit lückenhaftem Unterboden, von denen man nicht weiß, ob sie noch fahren, geschweige denn, wohin, und die man erst einmal anschieben muss, damit sie sich überhaupt in Gang setzen, unwetterartige Regenfälle, Eiseskälte und keine Heizung, tropische Hitze und keine Klimaanlage oder Schotterpisten mit Schlaglöchern…

Auf der anderen Seite erlebt man neue, intensive Begegnungen, man lernt zu improvisieren, etwas auf sich zukommen zu lassen, nicht alles durchzuplanen, dem Zufall eine Chance zu geben. Wer reist, der stürzt sich in ein Abenteuer, ins Ungewisse und vor allem: in die Arme von anderen Menschen. Man vertraut sich und anderen. Ohne Vertrauen wäre so eine Reise zum Scheitern verurteilt, denn man begibt sich stets in fremde Hände: in die des Piloten, des Busfahrers, des Rikschafahrers, des Taxifahrers, der Familie, die einen auf der Ladeklappe mitnimmt oder die einen bei sich wohnen lässt, dem Guide, der einem den richtigen Weg zeigt.

Wer kein Vertrauen hat in seine Umgebung, wer zu den notorisch Unbeweglichen gehört, wird womöglich als Sitzenbleiber auf seinem Sofa kleben bleiben, während draußen gerade das Leben vorbeirauscht. Ich will mitrauschen. Mitmachen bei diesem schwierigen, herausfordernden, fantastischen Spektakel, das sich Leben nennt. Sodass ich mich nicht am Ende meines Lebens fragen muss: Was habe ich eigentlich die ganze Zeit gemacht? Warum bin ich nicht aufgestanden? Schon vorbei, dieses Leben?

Um 6 Uhr früh kommen wir in Hanoi an. Ein paar Stunden zuvor, es war 3 Uhr nachts in Malaysia, saßen wir noch todmüde auf dem riesigen Flughafen von Kuala Lumpur und vertrieben uns die Zeit. Mit Kartenspielen, Herumlaufen, Kaffee und Schokolade. Zum Schlafen waren wir zu aufgeregt, und außerdem hatten wir Angst, den Flug zu verpassen. Der Flughafen von Hanoi sieht bei unserer Ankunft aus wie eine Filmkulisse, alles blinkt. Die Rolltreppen glänzen, die blitzsauberen Trolleys stehen in Reih und Glied, noch nicht benutzt, der Fußboden noch nicht betreten, glänzend. Wir erfahren, dass wir den ersten Tag nach Einweihung des neuen Flughafens von Hanoi erleben und die ersten Passagiere überhaupt sind, die über die glänzenden Fußböden laufen, die sauberen Teppiche, die ersten, die die noch nach Gummi riechenden Gepäckbänder benutzen und einen der chromblitzenden Trolleys fahren. Hanoi wird, so viel steht schon fest, durch diese Premiere der sauberste Flughafen dieser Reise bleiben. Selbst Singapur konnte da nicht mithalten.

Die Straßen von Hanoi sind schachbrettartig angelegt, ein

fast unüberschaubares Gewimmel aus Mopeds, Handwerksbetrieben, offenen Garküchen, kurz: ein wahres Labyrinth. 40 Quadratkilometer ist die Innenstadt von Hanoi groß – oder klein, je nachdem, denn hier leben zwei Millionen Menschen. Davon fahren mindestens eineinhalb Millionen Motorroller, und gefühlt die Hälfte trifft sich gerade an ein und derselben Kreuzung. Ich habe noch nie so viele Mopedfahrer als Gruppe an einer Ampel beobachtet. Es sieht aus wie beim Start der Formel 1 auf zwei Rädern. Die Häuser der Altstadt sind sehr schmal, so wie auch unser kleines Hotel im Kolonialstil, das mittendrin liegt im Gewimmel. Eigentlich müssten wir einchecken, doch wir gucken. Auf die vielen Vogelvolieren, auf die Garküchen, auf die Fahrradhändler, auf das Geschiebe und Gedränge.

Noch wundervoller als das Gewimmel Hanois ist allerdings, dass wir an der Rezeption ein Upgrade bekommen, eine Suite. Vielleicht, weil wir so müde aussehen, vielleicht wegen unseres entzückenden Nachwuchses, wir fragen nicht, wir freuen uns schon leicht irre, vor allem, als wir dann die Gemächer sehen. Eine Suite, wie man sie aus Filmen kennt, wenn die Schauspielerin von einem Zimmer ins nächste flaniert und kurz in die Obstschale greift, um sich dann mit einem Seufzer auf das Kanapee zu werfen. Eine filmreife Chaiselongue mit rotem Samt befindet sich mitten im Raum, daneben ein überdimensioniertes Badezimmer mit vergoldeten Wasserhähnen. Wir laufen barfuß über den dunklen Holzfußboden, und Antonia und Helen schmeißen sich juchzend in eines der zwei hohen Betten, in dem wir bequem zu viert schlafen könnten. Das Abenteuer Hanoi lässt sich gut an.

Die Freude währt nur kurz. Nachdem ich geduscht habe, bemerke ich Wasserlachen bis in den Flur. Wir stellen fest, sobald wir einen der Hähne im Badezimmer aufdrehen, läuft Wasser aus dem Abflussrohr. Also rufen wir zähneknirschend bei der Rezeption an. Nach einem kurzen Blick des Angestellten auf das Malheur werden wir gebeten, das Zimmer zu räumen – und werden wieder herabgestuft. Im wahrsten Sinne des Wortes, denn wir müssen von der obersten Etage nach unten ziehen. Zurück vom Himmel in die Normalität. In ein ganz normales Hotelzimmer. Ein sehr schönes Zimmer, unter normalen Umständen, aber da wir nun einmal von der Süße des Luxus gekostet haben, ist der erste Eindruck ernüchternd. Ich packe also alle Klamotten wieder ein, und wir verabschieden uns schweren Herzens von der Suite und den Riesenbetten. Und begeben uns erst einmal mitten hinein ins Gedränge Hanois. Stehen kurz darauf ehrfürchtig vor betenden Buddhas in gelben Gewändern und Opferschalen mit so appetitlich duftendem, zum Teil noch dampfendem Essen, dass Helen fragt: »Das riecht gut, darf ich ein Stück vom Hühnchen essen? Und vom Reis?«

Es duftet wirklich verführerisch, und auch ich bekomme sofort Appetit, muss Helen aber sagen, dass wir davon nichts essen dürfen, weil es Opfergaben für die Götter sind, um ihnen zu huldigen.

Kaum sind wir raus aus dem Tempel, ist die Ruhe wieder vorbei, uns umwuseln Menschenmassen, und wir mittendrin, im Gewühl der kleinen Läden. Wir laufen und gucken. Haben Angst, uns zu verlaufen, denn die Straßen sind unübersichtlich, und eine Gasse ähnelt der anderen. Zumindest können wir die Art des Handwerks unterscheiden. Während in der einen Gasse ausschließlich Hüte gefertigt werden, die dann in logischer Konsequenz übersetzt »Hutgasse« heißt, werden in der Pfeifengasse nur Pfeifen hergestellt. Auf diese Weise versuchen wir wenigstens einen groben Überblick zu gewinnen.

»Wo waren noch mal die Bürstenhersteller? Dort müssen wir einbiegen und danach zur Fischgasse, um zum Tempel XY zu kommen…«

Antonia hält immer wieder an, guckt auf den Stadtplan und ist stolz, wenn sie den richtigen Weg gefunden hat und wir ihr brav folgen. Doch dann passiert es, das erste Mal auf dieser Reise, ein Vorfall, der uns noch heute im Rückblick zusammenzucken lässt, weil er so unfassbar ist: Antonia und Helen gehen vor uns. Wir haben sie im Blick, gucken jedoch immer wieder nach links und rechts, zu spannend sind die Dinge, die sich vor unseren Augen abspielen, die Friseure auf offener Straße, die Verkäufer mit den vietnamesischen Kegelhüten, den Non Lahs, die Fahrradhändler, die mit bunten Schrubbern und Bürsten an einem vorbeifahren, die Schuhputzer und die vielen Garküchen auf dem Bürgersteig. Dann hören wir plötzlich einen spitzen, gellenden Schrei. Helen. Wir sehen, wie Helen von einem Mann grob am Arm gepackt und weggerissen wird, hinein ins Gewühl. Frank springt zu dem Mann, schreit ihn an, er lässt Helen los. Der Mann verschwindet im Gewühl. Wir sind fast starr vor Schreck. Können kaum glauben, was wir da gerade erlebt haben. Und nehmen Helen an die Hand, auf den Arm oder die Schulter.

Helen wird danach ab und zu von einem »dunklen« oder »bösen Mann« sprechen, manchmal von einem »Räuber«, von dem sie träumt, von einer Person, die sie mitnehmen oder ihr etwas Böses antun will. Und Antonia und Helen spielen, dass ein »böser Mann« Helen angreift und Helen selbst oder ihr Stoffhund oder auch eine Fantasiegestalt den Mann in die Flucht schlägt. Danach führen unsere Mädchen jedes Mal einen kleinen Siegestanz auf. Das ist ihre Form der Verarbeitung des Vorfalls, und glücklicherweise ist Helen noch nicht klar, was alles hätte passieren können.

Wir versuchen trotzdem, uns unters Volk zu mischen – unsere Mädchen fest an der Hand. Das ist gar nicht so einfach, denn wir werden so oft fotografiert und erstaunt-freudig begrüßt (um anschließend sofort fotografiert zu werden), dass wir vermuten, man verwechselt uns. Bloß mit wem? Das ist uns bisher weder in Nepal noch in Südafrika oder Indien so oft passiert wie in Nordvietnam. Denn Touristen direkt neben uns, egal ob mit oder ohne Kind, werden merkwürdigerweise nicht beachtet. Vor allem Antonia und ich werden immer wieder fotografiert, die Leute flippen förmlich aus, wenn sie uns sehen, lachen, knipsen, bitten uns, sich in Positur zu stellen. In einer Kirche musste sich ein sich sträubendes kleines Kind neben Antonia und mich stellen, damit die Familie ein Foto von uns dreien machen kann. Dann sprang die Mutter dazu, schüttelte uns dankbar und glücklich die Hände. Immer mehr Vietnamesen versammelten sich, reichten Mobiltelefone weiter, um Fotos von uns zu machen, klatschten in die Hände und waren außer sich vor Freude. Vor der Kirche brach fast Jubel aus, als dann auch noch Frank und Helen mit aufs Bild kamen. Wie groß muss die Enttäuschung gewesen sein oder vielleicht auch das Gelächter, als die vermeintlichen Fans hinterher feststellen mussten, dass wir bloß ein kleiner Pups im Weltall sind, die Familie Pohlmann-Siemers aus Hamburg-Eimsbüttel und nicht wer auch immer.

Zu Hause gehen wir oft ins Theater und Kino, deshalb besuchen wir am Abend das in Halong sehr beliebte Wasserpuppentheater. Wir haben Glück und bekommen sogar noch die letzten Karten in der ersten Reihe. Das Puppentheater wird von Live-Musik, Gong-Klängen, Gesang und Saiteninstrumenten begleitet und hat eine Tradition, die bis ins siebzehnte Jahrhundert zurückreicht. Die Puppen werden von Menschen an Stäben geführt, die bis zu den Hüften hinter einem Bambusvorhang im Wasser stehen. Die kleinen Geschichten sind auch für Antonia und Helen leicht zu verstehen, sie zeigen das bäuerliche Leben, den Fischfang und eine Fabelwelt aus Drachen und Schildkröten. Am Ende steigen die Drachen aus dem Wasser und bespritzen uns, da wir ganz vorne sitzen, mit einem Wasserstrahl. Antonia und Helen sind begeistert – und wir nass.

Hanoi gefällt uns sehr gut, die vielen Garküchen, die Tempel, das Leben auf den Straßen und – wie kann es anders sein für mich als Frankreich-Liebhaberin – das französische Viertel.

Nach vier Tagen aber wollen wir raus aus der Stadt und weiter an die Küste Richtung Halong Bay, zu den aus dem Wasser ragenden Kalksteinfelsen, die schon Kulisse in einem

James-Bond-Film waren und zum UNESCO-Weltkulturerbe gehören.

In den Reisebüros erkundigen wir uns, welches Boot wir nehmen sollen für die Übernachtung in dem 1500 Quadratkilometer großen Gebiet, denn nur für einen Tagesausflug ist es im Grunde sinnlos, die Bucht zu besuchen. Vor Ort selbst kann man die Schiffe nicht begutachten, denn sie liegen alle auf Reede, zumindest jene, die Kabinen haben. Nach den Prospekten kann man auch nicht gehen, denn merkwürdigerweise zeigen alle dieselben Fotos, egal ob der Trip 40 oder 400 US-Dollar kostet. Die Range ist denn auch gewaltig, reicht unseren Informationen nach von Ratten an Deck und halb garen Chicken McNuggets als Verpflegung bis hin zur Suite mit Balkon und Liegestuhl nebst Mehr-Gänge-Menü.

Vor den Schiffen zu Schnäppchenpreisen wird nicht nur wegen Ratten und Kakerlaken als Mitreisenden immer wieder eindringlich gewarnt, sondern vor allem deshalb, weil in den letzten Jahren mehrere dieser alten Kähne gekentert sind. Frank und ich haben darüber bei der Vorrecherche schaurige Geschichten in einigen Magazinen gelesen. Alle Touristen an Bord waren ertrunken, bis auf einen Mann, der sich noch retten und seine Geschichte erzählen konnte, um ein bisschen Licht ins dunkle Geschäft zu bringen. So ein Holzkahn säuft innerhalb von Sekunden ab. Deshalb buchen wir die Mittelklasse zu einem höheren Preis, und man versichert uns, dass dieses Schiff sicher sei.

In einem bis auf den letzten Platz gefüllten Bus, das Gepäck zum Teil auf den Knien, fahren wir zwei Tage später Richtung Halong Bay. Die Fahrt dauert nur drei Stunden.

Wir haben es erneut gewagt und ein Komplettpaket gebucht: Busfahrt, Vollpension an Bord, zusätzlich Übernachtung auf einer Insel in der Halong Bay, eine Trekkingtour und Rückfahrt im Bus nach Hanoi. Diese Art des durchorganisierten Reisens, für uns normalerweise eine fast albtraumhafte Vorstellung, erweist sich in diesem Fall jedoch als extrem angenehm. Überraschend nett sogar! Denn wir sind insgesamt nur vierzehn Leute an Bord des Schiffs, und unsere Kabine mit dunklem Holzfußboden, warmer Dusche und großem Fenster mit Meerblick (kleiner Scherz) ist extrem gemütlich. Die Mädels sind happy und wollen fortan immer in einer Kabine nächtigen. Zudem hat das Holzschiff ein großes Sonnendeck mit Holzliegen.

Dort lernen wir Guillaume kennen, einen der anderen Mitreisenden, und es ist irgendwie so, als hätten wir uns schon immer gekannt. Geht ihm wohl auch so, denn er setzt sich beim Essen zu uns an den Tisch. Ein sehr entspannter, netter Typ aus Quebec in Kanada, der im ältesten Ort des Landes zusammen mit seiner Lebensgefährtin einen Coffeeshop betreibt. Mit ihm werden wir uns in diesen drei Tagen viel unterhalten, sehr viel zusammen lachen, und am Ende denken wir: Schade, dass wir uns trennen müssen. Am Schluss erzählt er noch, dass gute Freunde von ihm aus Vancouver kommen und er sie nach einem für uns perfekten Ort dort fragen will. Und so behalten Frank und ich dann doch noch Kontakt zu Guillaume – per Mail zumindest.

Manchmal trifft man Menschen, die man auf Anhieb ins Herz schließt und bei denen sich alles richtig anfühlt, ganz unabhängig von Herkunft oder Kulturkreis. Es mag am offenen Blick liegen, am Ungekünstelten, Authentischen. Nach der Begegnung mit Guillaume haben Frank und ich noch überlegt, woran es wohl liegt, dass es sich bei einigen Menschen irgendwie richtig anfühlt, authentisch, während man bei anderen lieber auf Abstand geht.

Begegnungen mit Leuten wie Guillaume sind eine Bereicherung und deuten an, dass man sich an vielen Orten dieser Welt heimisch fühlen könnte, allein schon weil man dort Menschen kennt, mit denen man einfach harmoniert.

Die Bootstour in der weltberühmten Halong Bay ist trotz Nebels ein Erlebnis, das wir ganz fest abspeichern. Die Fahrt führt vorbei an mehreren Hundert dschungelartig bewachsenen Kalksteinfelsen, die bis zu 300 Meter hoch aus dem Meer ragen und vor dreißig Millionen Jahren entstanden sind, da wird man beim Anblick ganz ehrfürchtig und still. Die Mahlzeiten nehmen wir zusammen mit Guillaume an Bord ein, und jedes Essen ist ein kleines Highlight, nicht etwa, weil es so fantastisch lecker gewesen wäre, allerdings durchweg essbar und schmackhaft, sondern vor allem, weil wir so nette Gespräche mit ihm führen. Über Kanada und seine Heimat, über das Reisen, den Genuss von gutem Kaffee, über seine Freundin und über unser Leben in Hamburg. Am Abend gehen wir erneut an Deck und gucken alle zusammen in den gigantischen Sternenhimmel, der aussieht, als würden unzählige Diamanten am Himmel blinken. Dazwischen schiebt sich der Vollmond, und es ist – perfekt. Am nächsten Morgen besichtigen wir eine Höhle, die so gewaltig ist in ihren Ausmaßen und so farbenprächtig, dass wir alle anfangen zu flüstern.

Danach wechseln wir das Boot und schippern weiter Richtung Insel Cat Ba. Nur Guillaume und wir sind noch dabei, die anderen fahren zurück nach Hanoi.

Auf der Insel sind wir fast die einzigen Touristen, es ist gespenstisch leer. Guillaume ist leider in einem anderen Hotel untergebracht, und wir erzählen uns am nächsten Tag, als wir ihn im einzigen ansprechenden Café des Ortes treffen, dass wir jeweils allein in riesigen Restaurantsälen unserer Hotels gegessen haben, sodass man das eigene Kauen hören konnte. Guillaume ist lustig, interessiert, offen, Antonia und Helen mögen ihn, und es ist schade, dass wir nicht mehr Zeit zusammen haben, denken wir alle.

Zurück geht es wieder per Bus, der bis auf den letzten Platz gefüllt sein wird. Ich kann meinen Rollrucksack nirgendwo entdecken, werde kurz unruhig, aber nur eine Millisekunde, denn bisher war es immer so: Jemand hat sich das Gepäck gegriffen und längst verstaut. Und genauso ist es in diesem Fall. Bis wir loskommen, dauert es ein bisschen, denn der Bus, dessen Unterboden von Löchern durchsiebt ist, will nicht. Also alle wieder raus und anschieben.

Ich nehme am Fenster Platz und Helen auf meinen Schoß, Antonia sitzt hinter mir, und Frank und Guillaume haben Pech, sie müssen auf den Aufklappsitzen im Mittelgang ohne Rückenlehne Platz nehmen. Ich stöpsle mir Kopfhörer in die Ohren, höre Musik, und während Helen auf meinem Schoß schläft, gucke ich aus dem Fenster. Wir fahren vorbei an Reisfeldern, und ich sehe Vietnamesen, die geflochtene Kegelhüte tragen und die Felder mit Holzrechen bearbeiten. Danach kommen Wasserbüffel ins Blickfeld, Kühe, Fahrradrikschas und immer wieder Straßenhändler. Ich blicke kurz nach hinten, sehe Frank und Guillaume, die die Augen geschlossen haben und dösen, dahinter Antonia, die ebenfalls aus dem Fenster schaut, und bin glücklich.

Von Hanoi aus fliegen wir am Abend weiter in den Süden Vietnams. Und fühlen uns wie in einem Film von Monty Python. Im Bus, den wir erst mithilfe einer sehr engagierten Vietnamesin ausfindig machen konnten, fahren wir dreieinhalb Stunden von Ho Chi Minh an die Küste. Obwohl auch dieser Bus rappelvoll ist, steigen immer mehr Leute zu. Im Hintergrund läuft eine Musikschleife, ein gesäuseltes, verkitschtes vietnamesisches Lied. Ohne Unterlass. Dreieinhalb Stunden lang. Dasselbe Lied! Hätte ich eine Knarre gehabt, ich hätte aufs Radio geschossen. Wir sind die letzten Fahrgäste im Bus. Fahren vorbei an Industriegebieten und Rotlicht-Bars. Irgendwann steigt der Kollege des Busfahrers aus, der das gleiche orangefarbene T-Shirt trägt wie der Busfahrer. Er hält die Hände von sich gestreckt, als seien sie voller Blut, wankt über die Straße, ob vor Schmerz oder Wahnsinn, wir wissen es nicht. Der Busfahrer lacht hysterisch. Dann gehen die Bustüren wieder zu, und wir fahren weiter in die Dunkelheit.

Unser Hotel ist fast unbewohnt. Lange, leere Flure, Treppen und wieder Gänge mit unzähligen Türen. Wer hineinwill, muss erst einmal eine gigantische Treppe erklimmen, denn wie bei vielen Gebäuden im sozialistischen Vietnam befinden sich der Eingang und das Zentrum der Macht hoch oben. Und wie fast überall in Vietnam spricht auch hier kaum jemand Englisch. Stattdessen: Schulterzucken oder stures Starren. Kafkaesk, fast. Eine Nachttischlampe? – Schulterzucken. Ein kaltes Bier? – Starren. Frühstück – gibt es von 6 bis 9 Uhr. Als wir um 8.30 Uhr den Saal betreten, werden gerade die Säfte weggeräumt, ebenso das Baguette, und es gibt als letzten Rest am Buffet Reis mit Rind. Der Kellner zeigt auf seine Uhr. Wieder dieses Starren. Wir sind zu spät, sagt sein Blick. Als Frank laut wird, ziemlich laut, eilt der Kellner los und holt Brot, Eier und Obst. Frank lächelt, der Kellner lächelt, Friede.

Später, als ich die Hotelflure fotografiere, höre ich Schritte auf der Treppe. Ein Mann in beiger Uniform stellt sich in eine Ecke. Ich wechsle die Etage, doch kurz darauf ist der Mann plötzlich wieder da. Es kann Zufall sein. Doch es ist recht offensichtlich, dass ich beobachtet werde. Ich fühle mich observiert. Und nicht wohl dabei.

Wir sind im Sozialismus gelandet – und im Paradies. Im Sozialismus, weil die Betonbauten an der Küste, die meterhohen Statuen, die Uniformen der Männer, die ernsten Gesichter, die zum Teil gespenstische Leere in den Orten an Bilder aus Korea oder China erinnern. Im Paradies, weil wir ein französisches Restaurant entdeckt haben! Und so sehr geschlemmt und immer wieder geseufzt bei jedem leckeren, fetten Bissen (Butter an der Soße! Ja, mehr davon, die Franzosen wissen einfach, was gut schmeckt, mais oui!). Am nächsten Tag gehen wir noch einmal dorthin, und Antonia seufzt beim Essen zufrieden: »Ich könnte in der Soße baden!«

Wir essen im Anschluss an das himmlische Diner eine hausgemachte Mousse au Chocolat und Crème brulée und als krönenden Abschluss eine von Hand gefertigte Praline nebst Cognac. (Ich gucke ja peinlicherweise immer erst auf die Dessertkarte in solchen Restaurants, denn der Nachtisch ist für mich die Kür.)

Mit Südvietnam werden wir irgendwie nicht so richtig warm. An der Temperatur liegt es nicht, denn hier sind es 30 Grad. Es wirkt kalt, vielleicht aufgrund der riesigen Betonbauten oder der meterhohen Statuen, vielleicht, weil Helen hier erneut von einem Mann angesprochen und angefasst wird, am Strand, als sie im Sand spielt, doch wir sind sofort da, und der Mann lässt von ihr ab.

Nach der Woche in Südvietnam sind wir gespannt auf Kambodscha, das sehr anders sein soll, zumindest nach Aussage von Benjamin Prüfer, dessen Lebensgeschichte unter dem Titel »Same Same But Different« als Kinofilm auf die Leinwand gebracht wurde; er beschreibt sowohl Kambodscha als auch Vietnam in seinem Buch sehr eindrücklich.

Was uns in Vietnam noch einmal deutlich wurde: Das Reisen an sich, die Fortbewegung von A nach B, sei es per Taxi, Bus, Bahn, Boot, ist manchmal anstrengend, oft unberechenbar, aber genau dieses Fortkommen macht eine Weltreise so besonders. Das und die kleinen, manchmal leisen, aber trotzdem eindringlichen Situationen und Gesten, die sich auf diesen Fahrten ergeben. Unser vietnamesischer Guide, der uns nach Halong und aufs Schiff begleitete, kümmerte sich wortlos rührend um Helen. Als wir im Bus fuhren und sie auf meinem Schoß schlief, während Dörfer und Reisfelder vorbeiglitten, rückte er ihr T-Shirt zurecht, das hochgerutscht war. Eine liebevolle Geste, nicht mehr und nicht weniger. Und doch ein perfekter Moment. Alles fühlte sich richtig an. Und wieder dachte ich: Ein Glück, als Familie die Welt bereisen zu können.

Meine völlig subjektiven Buch- und Filmtipps

Benjamin Prüfer: *Gebrauchsanweisung für Vietnam, Laos und Kambodscha.* München 2011

»Die durch die Hölle gehen«. Regie: Michael Cimino, 1978

Kapitel 5: Kambodscha

Vier im Urwald * Posen wie Tomb Raider * Same same

Als wir von Hamburg aus den Flug nach Kambodscha buchten, war uns bewusst, dass wir nur einen sehr bescheidenen Teil dieses Landes sehen würden. Immerhin würden wir das Haupt-Kulturereignis, den geschichtlichen Urknall Kambodschas, zu sehen bekommen, aber genau deshalb wollten wir schließlich dorthin: um die berühmten Tempelanlagen von Angkor zu sehen, die zwischen dem neunten und fünfzehnten Jahrhundert das Königreich der Khmer waren. Diese Tempel stellten einmal eine Stadt dar, in der, so vermutet man, eine Million Menschen gelebt haben soll, auf einer Fläche, die in etwa der heutigen Größe New Yorks entspricht. Noch heute umfassen die gesamten Tempelanlagen mehr als vierhundert Quadratkilometer.

Wir geben der Tempelanlage und uns vier Tage, um nicht nur Angkor Wat, den bekanntesten und größten Tempel der Welt, in Ruhe inspizieren zu können, sondern noch ein paar Tempel mehr. Vom Zeitrahmen her war eh klar, dass wir Kambodscha entweder ganz auslassen oder uns auf die Tempelanlagen würden beschränken müssen.

Am Flughafen von Siem Reap steht neben einem Schrein und einigen Pagoden ein raunziger Grenzbeamter in Uniform, der Frank beim Ausfüllen der Papiere immer wieder »Tip, Tip« entgegenzischelt. Als Frank »Tip, Tip« ablehnt, sortiert der Grenzbeamte betont laaaaangsam unsere Ausweisdokumente und teilt uns mit schläfrigem Blick auf seinen Computer mit, das Programm sei leider gerade abgestürzt, und es würde nun wohl seeeehr lange dauern, bis wir die Einreisepapiere bekämen…Vielleicht hat er nicht mit Franks stoischer Ruhe und Beharrlichkeit gerechnet, denn Frank sagt schulterzuckend: »We have lots of time, no problem.« Und lächelt.

»Prima. Das wird lustig jetzt«, sagt Antonia und denke ich.

Und dann beginnt ein Spiel Mann gegen Mann. Wer gibt als Erster auf? Denn das haben wir mittlerweile gelernt: Hektik und Ungeduld machen alles nur noch schlimmer. Okay, ich muss das etwas relativieren, denn ich übe noch und bin irgendwie bei Level eins stehen geblieben. Glücklicherweise winkt der Grenzbeamte uns Frauen durch. So kann ich zwar nicht die Gelassenheit trainieren, aber immerhin mit Antonia und Helen schon mal das Gepäck holen. Irgendwann, nach gefühlten Ewigkeiten, bekommt Frank, obwohl er stur geblieben ist und nichts bezahlt hat, die Einreisestempel und die Ausweise rübergeschoben. Ob allerdings alles richtig abgestempelt wurde und wir auch wieder ausreisen können – wir wissen es nicht. Aber erst mal sind wir in Kambodscha! Und kommen sicher auch irgendwie wieder hinaus aus diesem Land.

Von Kambodscha hatte ich ausschließlich Kriegsbilder vor Augen, Gräueltaten der Roten Khmer, viel mehr wusste ich bis dato nicht. Bei Frank ist es ähnlich. Als wir uns zum Ausgang des Flughafengebäudes begeben, ist es bereits dunkel. Ein freundlich lächelnder Mann, der sich als »Reet« vorstellt, hält ein Pappschild mit meinem Namen in der Hand. Same procedure… same same but different, denn diesmal werden wir sogar von zwei Fahrern mit Motorrad-Tuk-Tuks begrüßt. Sein Kumpel wartet draußen. In der einen Motorrad-Rikscha nehmen wir vier Platz, in der anderen unser Gepäck. Unsere Mädchen kichern und winken, als uns das Tuk-Tuk mit dem Gepäck überholt. Zunächst ist die Strecke unspektakulär, wir tuckern langsam vorbei an sterilen Hotelkomplexen. Wie überall in asiatischen Städten: Das Leben spielt sich draußen ab.

Bloß dass in diesem Ort die Anzahl der Betten gemessen an der Einwohnerzahl extrem hoch ist. Die Tempel von Angkor ziehen Touristen aus der ganzen Welt an, ähnlich wie das Taj Mahal oder die ägyptischen Pyramiden.

Je mehr wir uns dem Zentrum von Siem Reap nähern, umso belebter wird es. Wir fahren durch die schwüle Hitze vorbei an beleuchteten Essensständen und kleinen Läden. Irgendwann biegen wir von der viel befahrenen Hauptstraße ab in eine nicht asphaltierte Seitenstraße, die immer schmaler wird, je weiter wir uns von der Hauptstraße entfernen.

Ich hatte uns von Indien aus ein kleines Guesthouse gebucht, das sogar einen Pool hat. Da wir die nächsten Tage bei hohen Temperaturen viele Tempel besichtigen werden, wird uns eine Abkühlung am Abend sicher guttun, und für Antonia und Helen ist es ein kleiner Anreiz. Jalia, die Besitzerin des Guesthouse, hat eine Tochter in Helens Alter, erzählt sie. Jalia ist alleinerziehend und wirkt offen und sympathisch. Ihr Haus hat nur wenige Zimmer, und wir scheinen die einzigen Gäste zu sein. Es ist schon spät, und wir wollen noch etwas auf die Schnelle essen. In der Hauptstraße machen die ersten Restaurants bereits dicht. Stolz zeigt man uns die zwei letzten Speisen, die man uns noch anbieten kann. Irgendetwas schwimmt in einem der Töpfe, Füße gucken heraus, es könnten Schweinefüße sein, wir können es nicht erkennen. In dem anderen Topf sehen wir eine gallertartige Masse mit grünen Blättern. Ist vielleicht lecker, vielleicht nicht, wir verzichten, doch die Zeit, etwas Essbares vor allem für die Mädchen zu finden, wird allmählich knapp.

Auch im nächsten Restaurant können wir die Speisekarte nicht entziffern, und keiner der Kellner spricht Englisch, also bitten wir, in der Küche in die Töpfe gucken zu dürfen. Danach bestellen wir Reis für alle und eine klare Suppe mit Gemüse, die gut riecht und auch so schmeckt. Sogar Helen isst zumindest die Brühe zusammen mit dem Reis. Die Suppe tut gut. Denn erst jetzt merken wir, wie fertig wir eigentlich sind.

Absolut bettreif. Der Unterricht muss heute warten, und wir müssen gucken, wie wir das Unterrichten in den wenigen Tagen in Kambodscha hinkriegen.

Am nächsten Morgen fahren wir nach dem Frühstück mit Reet auf seinem Motorradtaxi zum Eingang von Angkor, wo wir uns einen Dreitagespass kaufen. Reet fährt uns zunächst zum bekanntesten aller Tempel, zum Angkor Wat. Der Tempel gilt als eines der größten sakralen Bauwerke der Welt. Und wieder ist es dieser Kitzel, der mich immer befällt, kurz bevor ich ein Gebäude oder eine Landschaft erblicke, die ich schon auf unzähligen Fotos, in diversen Reiseführern und Zeitschriften gesehen habe. Gebäude, die Geschichtsgral sind, die schon tausendfach von Touristen fast zu Tode geliebt und geknipst wurden, von Fotografen ins beste Licht gerückt und von Autoren mehrfach beschrieben. Aber für mich hat so ein Ort dennoch eine besondere Bedeutung, denn jedes Mal hoffe ich die Aura zu spüren, hoffe auf einen Zauber und eine Magie, die diesen Ort aufgrund der Vergangenheit umgibt.

Okay, es gibt Ausnahmen. Während meiner Zeit in Paris bin ich nicht auf den Eiffelturm gefahren. Es hätte irgendwie einem Sakrileg geglichen. Auch meine französischen Freunde waren nie dort, das ist etwas für Touristen, war der Tenor. Den Eiffelturm guckt man sich lieber aus der Ferne an. Er ist ein Postkarten-Paris-Gral, ein Klischee, und trotzdem freue ich mich über seinen Anblick. Von unten.

Eigentlich wollen wir uns Fahrräder leihen, aber die Entfernungen zwischen den Tempeln sind einfach zu groß, zudem gibt es keine Kinderfahrräder, und wir haben 32 Grad im Schatten. Stattdessen kaufen wir uns lieber Strohhüte gegen die Sonne und fahren mit Reet. Viele Mauern der ehemaligen gigantischen Stadt, die Angkor einst war, sind mittlerweile eingestürzt, und die Tempel drohen zu verfallen, denn sie werden zu Tode geliebt, bestaunt und berührt von den unzähligen Besuchern.

Auch wir fassen zumindest einmal die mehr als tausend Jahre alten Steine an, bewundern die lebensnahen Gravuren der Tempeltänzerinnen, und immer wieder stellen Antonia und Helen sich in Pose und ahmen deren Positionen nach. Ein kleines Spiel, das großen Spaß macht, denn für die Mädchen gibt es natürlich Spannenderes, als drei Tage lang alte Tempel zu besichtigen. Doch sobald wir anfangen, verstecken zu spielen, denn die Ruinen laden einen förmlich dazu ein, oder uns wilde Geschichten auszudenken, und in Rollenspiele eintauchen, wird es für sie interessant. Zudem ist jeder Tempel anders, und überall gibt es etwas Neues zu entdecken.

Mal sind es meterhohe, in Stein gehauene Gesichter, die einen vor dem Tempel begrüßen, mal Schlingpflanzen und Riesenwurzeln, die einen Tempel überwuchern, mal steile und extrem hohe Treppenstufen, die auf die Spitze des Tempels führen, dann wieder ein Tempel mitten im Urwald, rings herum kein Tourist zu sehen, nur riesige Baumwurzeln und Schlingpflanzen und darin ein verwunschenes Gebäude. Wissenschaftler haben bisher tausend Tempel und Heiligtümer freigelegt, und man geht davon aus, dass es damals noch weit mehr gewesen sein sollen, wobei man noch heute Wochen brauchte, um alle Gebäude zu sehen. Einige der Überreste jener Khmerstadt liegen 40 Kilometer voneinander entfernt. Das ist selbst mit dem Motorrad-Tuk-Tuk eine beachtliche Entfernung.

Europäer legten viele der Tempel, die sich mitten im Dschungel befinden, mithilfe von ausgeklügelten Techniken frei und setzten zum Teil deren Einzelteile wieder zusammen. Noch heute sieht man überall Wissenschaftler aus aller Welt in dem großen Gebiet arbeiten, um die Anlagen zu restaurieren, zu konservieren und sie der Nachwelt zu erhalten.

Vor kurzem haben englische Wissenschaftler eine weitere versunkene Großstadt in der Größe Phnom Penhs entdeckt.

In Deutschland würde jedoch niemand auf die Idee kommen, Touristen durch ungesicherte Ruinen gehen zu lassen, bei denen man Gefahr läuft, jederzeit von einem herabfallenden Koloss aus Stein erschlagen zu werden. Doch hier ist das kein Thema. Kaum ein Durchgang ist abgezäunt, als Besucher darf man sich überall frei bewegen und auf den Steinen herumturnen. Auch deshalb fangen die Mauern an zu bröseln und stürzen immer mal wieder ein, verschwinden Gravuren aus den Reliefs, weil sie andauernd betatscht werden, denn gegen die Menschenmassen haben die alten Steine und Lehmbauten keine Chance. Und dennoch, trotz der abertausend Besucher pro Tag, die allein Angkor Wat, den größten Tempel, bestürmen, strahlt die Anlage eine ungeheure Magie aus.

Es ist wie überall auf der Welt: Sobald man sich abseits der Hauptströme bewegt und innerhalb des Tempels einen etwas abgelegeneren Arkadengang wählt, spürt man fast eine sakrale Ruhe, und man fühlt sich ganz klein in dem Bewusstsein, dass diese Mauern schon mehrere Jahrhunderte und diverse kulturelle Umwälzungen hinter sich haben. Das Rad der Geschichte hat sich immer weitergedreht, neue Generationen und Kulturen sind herangewachsen, und man selbst ist nur ein winziger Teil dieses großen Ganzen. Und in diesem Moment nicht mehr als ein Besucher und Staunender.

Als wir unseren Fahrer fragen, welches Restaurant er uns empfehlen kann, welche Tischansammlung unter einer Zeltplane mit kleiner Kochstelle, lächelt Reet und sagt: »Same same.« Alle Restaurants seien also gleich. Als wir ihn fragen, ob wir lieber zuerst in östlicher Richtung oder eine andere Strecke fahren sollen, wieder dieses Lächeln und: »Same same.«

Er möchte offenbar, dass wir jeden der insgesamt eintausend Tempel und Heiligtümer sehen, wir nicken freundlich, ein andermal gerne, bloß dieses Mal fehlt uns dafür die Zeit. Das versuchen wir ihm deutlich zu machen. Die Kambodschaner sind sehr stolz auf ihre Tempel. Zu Recht. Aber wir haben nur vier Tage und zwei Kinder, und das Gebiet ist einfach zu groß. Als wir ihm vorschlagen, die große Tour zu machen, jedoch auf einige Anlagen zu verzichten, ist seine Antwort ein Schulterzucken: »Long tour, no see.« Nach einigem Hin und Her einigen wir uns darauf, die für uns wichtigsten Tempel und Häuser anzufahren und seine »long tour« dennoch ein ganz klein bisschen abzukürzen. Daraufhin Reet: »Okay. Same same but different.« Auf dem Nachtmarkt in Siem Reap haben Antonia und ich uns daraufhin zwei T-Shirts mit diesem Spruch gekauft, die dort angeboten werden.

Wenn man in Siem Reap ist, sollte man sich den Sonnenaufgang am Angkor Wat nicht entgehen lassen, zumindest steht es so in den Reiseführern. Unsere Mädchen lassen wir schlafen, doch Frank und ich brechen am nächsten Morgen um 5 Uhr zusammen mit Reet zum Haupttempel Angkor Wat auf. In einer Karawane von unzähligen Motorrad-Rikschas bewegen wir uns in stockdunkler Nacht auf den Tempel zu. Und stellen auch hier fest: Die anderen sind immer schon da. Als wir uns zu Fuß dem See nähern, in dem sich tagsüber der Tempel spiegelt, blinken uns unzählige kleine Lichter entgegen, die aussehen wie Glühwürmchen. Jedes dieser Glühwürmchen ist das Blitzlicht eines Smartphones am Selfiestick. Mein Ich und mein Angkor.

Menschen aus aller Welt stehen in Dreierreihen am Ufer, Stative werden aufgebaut, der eigene Platz verteidigt und stoisch auf die Sonne gewartet. Frank und ich haben keine Lust, zusammen mit den Massen dicht gedrängt am Ufer zu stehen, geben deshalb unseren Platz auf, trinken einen Kaffee und beobachten das Ganze aus der Ferne. Die Szenen, die sich am Rande des Sees zwischen den Touristen abspielen, sind für uns spannender als der Sonnenaufgang. Den bekommen wir später dann auch noch zu sehen – doch er ist weniger spektakulär als erwartet, da die Sonne hinter dem Tempel von Angkor aufgeht, der Tempel zwar ein schönes Schattenspiel ergibt, er aber nicht von vorne, sondern von hinten angestrahlt wird.

Das ist alles ganz hübsch, aber längst nicht so beeindruckend wie die gesamte Tempelanlage selbst.

Zurück in unserem Guesthouse, setzt sich kurz die junge Besitzerin Jalia zu uns an den Tisch, ihre kleine Tochter ist auch da, und die Mädchen spielen mit einem Elektro-Motorrad. Dieses Ding sowie der Pool sind erst einmal spannender als jeder Tempel dieser Welt.

Mittlerweile sind drei Wochen vergangen, seitdem wir das Paket in Nepal aufgegeben haben, doch Frank hat noch immer keine Nachricht von seinen Bürokollegen erhalten, dass es angekommen sei. Er hat schon mehrfach nachgefragt. Kein Paket nirgends. Ich gehe noch einmal im Geiste durch, was sich alles darin befand: Die ganzen Souvenirs, die unwiederbringlich weg wären, denn so schnell kommen wir nicht zurück nach Nepal, die vielen Mitbringsel für Freunde, der Kaschmirschal für Franks Mutter und einer für mich, die Stofftiere der Mädchen, meine Schuhe und andere Klamotten, ach, es war ein großes Paket. Doch es ist nirgends aufgetaucht. Wir können im Moment nichts weiter tun, als zu warten und zu hoffen. Und wir rechnen schließlich mit allem, aber nicht mit dem, was tatsächlich mit dem Paket passiert ist – doch davon ahnen wir zu diesem Zeitpunkt noch nichts.

Am späten Vormittag brechen wir auf zu einem der spektakulärsten Tempel, einem Kulttempel, in dem der Film »Tomb Raider« mit Angelina Jolie gedreht wurde. Den Film selbst habe ich nie gesehen, aber der Tempel sieht auf den Bildern wirklich spektakulär aus, denn er ist eine von gigantischen Baumwurzeln überwucherte Ruine, mitten im Dschungel gelegen und gilt als einer der beeindruckendsten Tempel von Angkor. Das finden auch lustige Reisegruppen von Japanern, die sich auf einer kleinen Holzplattform in Tomb-Raider-Posen fotografieren lassen, denn genau hier turnte Angelina Jolie im Film herum. Und was machen wir? Posen auch, genauso wie alle anderen. Aber: Sind wir nicht alle nur Menschen? – Eben.

Wir haben aber noch ein anderes Anliegen, wir suchen ein Namensschild beziehungsweise eine kleine Gedenkstätte, ein Schild aus Holz, so etwas muss es sein, das sich irgendwo am Eingang des Tempels befindet. Diese Tafel soll zu Ehren eines Mannes angebracht worden sein, der jahrelang die Blätter im Tempel von Ta Prohm wegfegte. Der Feger war ein sehr freundlicher und bescheidener Mann, der zwei Söhne hatte. Beide Söhne mussten jedoch für die Roten Khmer in den Krieg ziehen. Tag für Tag hoffte er, dass sie zurückkehren würden. Und Tag für Tag fegte er die Blätter der Banyanbäume von Ta Prohm weg, eine Sisyphusarbeit. Jede Nacht hatte er Albträume und sah die Geister seiner Söhne. Der Feger gelangte zu Ruhm, als er plötzlich das Cover eines internationalen Reiseführers zierte. Touristen fotografierten ihn, und ein Sender drehte eine Dokumentation über den Mann. Vor ein paar Jahren verstarb er. Seine Söhne hatte er nie mehr wiedergesehen.

Wir wollten die Inschrift ihm zu Ehren sehen, fanden sie jedoch nicht. Wir fragten andere Feger des Tempels, aber sie konnten uns nicht weiterhelfen. Ein Fahrradriksscha-Fahrer schließlich kannte den Feger. Wir erfuhren, dass man nach seinem Tod eine Holzplattform baute, damit Touristen sich vor den riesigen Baumwurzeln fotografieren können… Das war es also. Auf dieser Plattform wurde tatsächlich ein Namensschild angebracht – der Tomb-Raider-Baum.

An den Feger und seine traurige Geschichte habe ich noch oft denken müssen.

Zum Glück kann man auch in Angkor den Massen entgehen, wenn man einfach mal abbiegt. In einen dunklen Gang oder quer durch den Dschungel zu einem kleineren Tempel, der nicht minder beeindruckend ist. Als wir an einem Tempel ankommen, der ganz einsam mitten im Dschungel liegt, sind wir die einzigen Touristen. Mein Telefon piept. Eine Nachricht von meiner Freundin aus Hamburg für Antonia. Mitten im Dschungel gibt es Handyempfang. Meine Freundin teilt ihr und uns mit, dass Antonias Halbjahreszeugnis sehr erfreulich ausgefallen sei und sie eine Empfehlung für das Gymnasium bekommen habe. Das wollen wir am Abend feiern und fahren mit einem Motorradtaxi auf den Night Market. Eine Garküche reiht sich an die nächste, ein Restaurant an das andere. Es lodert, brutzelt und zischt allerorten. Antonia darf sich zur Feier des Tages ein Restaurant aussuchen. Und was wählt Madame? Das einzige französische Restaurant am Platz.

Den Mädchen gefällt der kleine Ausschnitt von Kambodscha, den wir zu sehen bekommen, ziemlich gut. Das mag an den netten Menschen liegen wie Reet, der uns beharrlich möglichst viele Tempel zeigen will, aber dabei immer so nett verschmitzt lacht, und den wir sehr mögen, auch wenn wir uns schwer verständigen können. Vielleicht liegt es auch an der Stimmung, die unter uns vieren herrscht. Denn Frank und ich sind total fasziniert von den Tempelanlagen. Die Wirklichkeit hat die Erwartungen bei Weitem übertroffen. Ich hatte mir die Anlagen nicht so groß, so beeindruckend vorgestellt, und tatsächlich strahlt jede von ihnen einen Zauber aus.

Die Magie dieses Ortes liegt vielleicht auch an den gelb gekleideten Mönchen, denen wir manchmal begegnen und die freundlich lächelnd durch die Straßen gehen. Unvorstellbar, dass, gemessen an dem Alter von Angkor, noch vor wenigen Jahren in dieser Gegend martialische Grausamkeiten passiert sind, Menschen abgeschlachtet wurden, massakriert, ein ganzes Volk fast ausgelöscht. Einmal sehen wir auf dem Weg zu einem Tempel eine Band von Versehrten, Beinamputierten und anderweitig Behinderten; sie spielen eine Musik, die einen anfasst. Vielleicht deshalb, weil wir ahnen, woher die Verletzungen stammen. Als Antonia und Helen fragen, warum den Menschen Gliedmaßen fehlen, versuchen wir zu erklären, was in diesem Land passiert ist. Wir wollen Antonia und Helen nicht fernhalten von allem Bösen, denn die Welt ist nicht Lummerland, und deshalb versuchen wir, soweit möglich, offen zu sein, ohne sie mit grausamen Details zu schockieren.

Die beiden haben die Townships in Afrika gesehen und die Armut in Indien, jetzt gilt es, ihnen irgendwie die Geschichte der Roten Khmer zu erzählen, ohne sie zu verstören. Denn selbst für uns als Eltern sind die Details schwer erträglich, doch sie sind alle wahr, unvorstellbar, aber wahr, so wie vieles, was der Mensch anrichtet, wenn er seine böse Seite zeigt. Wir erzählen Antonia und Helen, dass in den Siebzigerjahren, als Frank und ich selbst noch Kinder waren, ein Großteil der Kambodschaner, darunter viele Intellektuelle, Lehrer, Journalisten, Schriftsteller, aus den Städten vertrieben, zur Sklavenarbeit auf den Feldern gezwungen oder in Gefangenen- und Arbeitslager geschickt wurden und dass in dieser Zeit mehr als zwei Millionen Kambodschaner unter den Herrschern starben. Die Landminen erwähnen wir nicht. Antonia und Helen in Andeutungen von diesem Terrorregime zu erzählen, zumal sie deren Auswirkungen vor Augen haben und selbst danach fragen, finden wir wichtig, ohne jedoch sämtliche Grausamkeiten eines Massenmords an einem Volk zu schildern. Aber die Mädchen wissen bereits, dass es in der Welt Armut und Krieg gibt – und eben Menschen, die böse werden können. Und trotzdem schrecken diese Geschichten sie nicht ab, das Land zu mögen.

Vielleicht ist es auch viel banaler, und Antonia und Helen mögen Kambodscha, weil unsere Guesthouse-Besitzerin ihnen jeden Tag ein Kaltgetränk und Knabberkram hinstellt. Das werden wir wahrscheinlich nie erfahren.

Bisher haben Frank und ich noch keine Situation erlebt, in der einer von uns eine Landschaft, einen Ort, eine Unterkunft oder eine Person mochte und der andere nicht. Was das anbelangt, sind wir uns immer einig. Das schafft Nähe und hilft vor allem in Situationen, in denen man eigentlich mal Abstand brauchte, den man aber nicht hat auf so einer Reise. Es soll ja Paare geben, die es großartig finden, jede Sekunde miteinander zu teilen. Dazu gehören wir nicht. Auf so einer Reise fehlen diese Rückzugsmomente komplett. Fünf Monate lang ununterbrochen Aufeinanderhocken, oft auf engstem Raum ohne Ausweichmöglichkeit. Und das in zum Teil extremen Situationen. Eine völlig neue Erfahrung.

Es ist überhaupt erstaunlich für uns, dass bisher alles so gut geklappt hat, obwohl wir vor allem in Asien ein ziemlich straffes Reisetempo vorlegen. Doch was das anbelangt, sind Frank und ich gut eingespielt. Da Frank der Mann der Familie ist, sitzt er, sofern wir einen Fahrer haben, oft, nein, immer vorne, denn ich als Frau werde manchmal je nach Region und Land gar nicht erst angesprochen, sondern wie selbstverständlich hinten bei den Mädchen platziert. So entgehen mir häufig die Gespräche auf den Vordersitzen, weil ich mich mit Antonia und Helen unterhalte oder weil neben mir gesungen oder gealbert wird. Deshalb bitte ich die Mädchen, möglichst leise zu sein, wenn der Fahrer vorne zum Beispiel über die Umstürzungen der Khmer spricht. Oder über sein Leben. Oder das seiner Mutter.

Auch nach zwei Monaten sind Frank und ich ein perfektes Reiseteam. Wir können uns hundertprozentig aufeinander verlassen. Und lernen den anderen noch besser kennen. Denn verstellen ist nicht. Jeder zeigt sein wahres Gesicht auf so einer Reise. Man ist sich quasi ausgeliefert. Manche warnten uns vorher, ob wir nicht Angst hätten, dass unsere Beziehung leiden würde, weil wir so aufeinander angewiesen wären und uns nach einem Streit nicht einfach zurückziehen könnten. Das waren jene, die ganz offen zugaben, sie selbst hätten so eine Reise als Familie nie gemacht. Fanden wir sehr ehrlich, diese Aussage. Und ich wusste selbst nicht, ob es gut gehen würde, habe aber gar nicht so viele Gedanken daran verschwendet.

Es ist wohl auch dieses Grundvertrauen, eine Art Urvertrauen, das Frank und ich haben. Und wenn es gut läuft auf so einer Reise, dann wächst es mit jeder Hürde, die man gemeinsam bewältigt hat, mit jeder Unsicherheit vor dem Neuen,

Fremden, das man zusammen erlebt hat. Die Stärken und natürlich auch die Schwächen des anderen werden dabei immer wieder ans Tageslicht befördert, jede Charaktereigenschaft wie durch ein Brennglas vergrößert.

Nach diesen ersten beiden Monaten unserer Reise beginnt die nächste große Etappe.

Jalia umarmt uns noch einmal, und wir bedauern aufrichtig, sie, Reet, die nette Unterkunft und das Land verlassen zu müssen. Das mag auch daran liegen, dass sich hier alles draußen abspielt. An den Stehklos und manchmal undefinierbaren Gerüchen liegt es sicher nicht. Wir haben in Asien und genauso in Südafrika festgestellt, dass wir als Deutsche ein hohes Ansehen genießen. Nicht etwa, weil wir so nett wären oder herzlich, witzig – die Gründe waren immer und überall, egal in welchem Land, dieselben: Als Erstes wurde der Fußball genannt, der eine enorme Hochachtung bei anderen auslöst, das 7:1 gegen Brasilien haben alle gesehen. Als Nächstes schwärmen alle von unseren teuren, tollen Autos und zählen die deutschen Marken auf, jeder kennt sie und ist fast starr vor Bewunderung. Und dann, als Drittes, wurde unser Fleiß genannt. Dass wir so diszipliniert seien, so ordentlich und so erfolgreich, ein so reiches Land.

Muss man sich jetzt darüber freuen, dass man in anderen Ländern Südafrikas und Asiens geachtet wird wegen dieser drei Dinge und nicht, sagen wir, wegen der Gastfreundschaft? Oder wegen des schrägen Humors wie zum Beispiel die Engländer? Der Lebenslust und Kultur wie die Franzosen? Irgendetwas scheint dran zu sein, denn wir hören es immer wieder, auch später noch, in New York. Uns hat das nachdenklich gemacht, zumal es Dinge sind, die uns extrem fernliegen. Wir interessieren uns weder außergewöhnlich für Fußball noch für Autos, und so ordentlich sind wir auch nicht.

Afrika und Asien liegen hinter uns. Wir fliegen weiter, zum nächsten Teil unserer großen Reise. Das Wort »Weltreise« gebrauchen Frank und ich so gut wie nie, zumindest bisher nicht. Es klingt fast pervers angesichts der großen Armut in den Ländern, die wir bisher bereist haben. Wenn wir sagten, wir seien nur ein paar Tage vor Ort, weil wir noch etwas weiter reisen würden, folgte Staunen. Auf »noch weiter« kam regelmäßig die Frage der Einheimischen: »Wohin denn?«, und wenn wir dann doch erwähnten, dass wir noch andere Länder bereisen oder sogar einmal um die Welt fliegen würden, erfolgte ein Schrei, Ausruf, Erstarren. Aber auch ein ehrlich gemeintes Mitfreuen und ein tiefes Seufzen. Wir haben es daraufhin beide in stillem Einvernehmen vermieden, das Wort Weltreise. Weil es für die meisten Menschen nicht vorstellbar ist. Diejenigen, die wir getroffen und kennengelernt haben, haben noch nie ihr Dorf verlassen. Wie soll man da erklären, dass man die ganze Welt umrundet.

Eigentlich dachten wir, dieser erste Teil der Reise, Afrika und anschließend Asien, in dem wir viel herumgereist sind und auf Eis, sauberes Leitungswasser und Streichelhunde verzichten mussten, sei so anstrengend, dass wir uns freuen würden, uns quasi in die Komfortzone zu begeben. Denn am nächsten Tag geht es nach Sydney. In die westliche Welt, in eine Welt, die wir kennen. Doch wir sind alle etwas wehmütig. Denn Abschied von Asien heißt auch: keine Buddhas mehr und Räucherstäbchen, keine Kühe, Elefanten und Ziegen auf der Straße, kein Haarewaschen beobachten vorm Haus, keine Busse mehr gemeinsam anschieben, keine Mönche erleben, keine Speisekarten und Speisen, die man nicht kennt und versteht und von denen man dann überrascht wird (im positiven und negativen Sinn), keine… Ach, ich höre auf, denn wir müssen weiter.

Und was sagen die Kinder? Sie winken noch einmal aus dem Flugzeug: »Tschüss, Kambodscha!« Es klingt fröhlich. Aber nicht erleichtert.

Tschüss, Asien! Du hast uns so viel gegeben. Wir kommen wieder. Der nächste große Teil der Reise beginnt. Same same. But different.

Mein völlig subjektiver Filmtipp

»Same Same But Different«. Regie: Detlev W. Buck, 2009

Kapitel 6: Australien

In den Klauen der Familie * Haiattacken * Plastikplanen

Helen reckt im Flugzeug von Singapur nach Sydney den Kopf und ruft ganz aufgeregt: »Ich habe eben Deutsche gehört!«

Unsere ersten deutschen Laute nach mehreren Wochen. Und noch etwas hat sich verändert. Es ist, als hätte jemand einen Schalter umgelegt. Tempo drosseln, Aufregung raus, Ansicht normalisieren, Lärm auf ein Minimum reduzieren. Willkommen im Westen!

Wir landen in Sydney und wundern uns schon bald darüber, wie normal diese Stadt ist, wie ruhig, wie geordnet. Auf den ersten Blick wirkt sie auf uns sehr übersichtlich.

»Sieht irgendwie aus wie im Miniatur-Wunderland hier«, sagt Frank.

Wahrscheinlich sind wir einfach versaut. Durch nichts mehr zu beeindrucken. Schuld sind Kapstadt, Kochi, Singapur, Kathmandu und Hanoi, die wir gerade bereist haben. Städte, von denen man emotional berührt wird, angefasst. Im Positiven wie im Negativen. In Sydney passiert, zumindest bei uns, erst einmal nichts. Das muss es ja auch nicht, Sydney ist sehr angenehm, die Menschen sympathisch, man wird stets fröhlich mit »Hi, guys« angesprochen, die Läden schließen alle um 18 Uhr, manche sogar schon um halb sechs, dann gehen alle in den wohlverdienten Feierabend, niemand, der zumindest nach außen hin aus dem Ruder läuft, alles in Maßen. Die Stadt tut einem nichts.

Die Hochhäuser sind nicht zu hoch, die Harbour Bridge neben dem Opera House ist ein hübsches Fotomotiv, nicht zu dramatisch, nicht zu gigantisch, der botanische Garten fordert zum Verweilen und Barfußlaufen auf dem Rasen auf, die Strände sind aus pudrigem Sand, das Essen ist teuer, aber gut und ohne überraschende Ausfälle. Keine dauerhupenden Motorräder, keine klingelnden Rikschas, keine lauten Straßenverkäufer, keine Kühe oder Elefanten, die plötzlich die Straße überqueren, keine Wolkenkratzer und dunklen Straßenschluchten, keine engen Hinterhöfe und Gassen, keine sichtbare Armut, keine Garküchen und Gerüche auf der Straße, keine Graffiti, keine Staus, vieles ist zu Fuß oder mit der Fähre erreichbar, kein Gedrängel und absolut keine Hektik, dafür Blumenkästen und Verkehrsampeln, an denen bei Rot angehalten wird.

Das ist alles ganz wunderbar, aber ich warte auf das eine Gefühl... dieses einzigartige Gefühl, das eine Stadt schon bei der Ankunft auslösen kann. Wie Hanoi mit seinen Tempeln, den offenen Garküchen, den kleinen Handwerksbetrieben, den Fahrradverkäufern, den Ziegen auf der Straße. Vielleicht liegt es daran, dass Sydney nicht die erste Stadt unserer Weltreise ist und uns deshalb auf den ersten Blick nicht vom Hocker reißt.

So wie Paris. Wenn ich auf Paris zufahre von Hamburg aus, die Autobahn immer breiter und mehrspuriger wird, ich schließlich und endlich auf der ewig verstopften Périphérique lande und irgendwann linker Hand in der Ferne ganz klein Sacré-Cœur auftaucht, dann hüpft mein Herz. Jedes Mal. Der Geruch von gebrannten Mandeln im Winter, das Schieben und Drängeln auf den Gehwegen, das Rücken der Stühle in den Cafés, das Zischen und Pfeifen der Espressomaschinen, die Trommler in den endlosen unterirdischen Gängen, die einen antreiben, noch schneller zu gehen, das laute Klicken und Pfeifsignal, wenn die Türen der Metro sich schließen, die unglaubliche Schönheit und Erhabenheit der alten Gebäude, vor allem nachts, wenn alles illuminiert ist, die vielen Brücken, die immer neue Blicke auf die Stadt bieten, die alten Straßenlaternen, die unzähligen Treppen und Hinterhöfe und die kleinen, zum Teil dunklen Cafés mit den roten Samtvorhängen, aus denen die französischen Laute dringen, dieses Schnattern und Nasale und der harte s-Laut, aber jeder Satz wie eine kleine Melodie, die hastig gerauchte Zigarette, der Pastis am Tresen, die vielen Parks mit ihren Skulpturen, Brunnen und geschwungenen Bänken, die breiten Boulevards, die auf enorme Plätze münden, der Duft von frisch gebackenem Baguette, die vielen Patisserien mit den kleinen Petits Fours, Eclairs, Tartes – hach, Paris!

In Paris habe ich zwei Jahre gelebt, die Liebe zur Stadt ist geblieben, sie war lange Zeit wie eine zweite Haut für mich. Ich versuche, auch seitdem ich eine Familie habe, einmal im Jahr für kurze Zeit alleine in eine andere Stadt einzutauchen, zwei, drei oder mehrere Tage lang – nur die Stadt und ich. Dann gehe ich in Ausstellungen, abends ins Theater oder Kino, teste Restaurants und stöbere in Buchläden und auf Flohmärkten. Wenn Frank ab und zu alleine mit den Mädchen zu seiner Familie fährt und mir somit ein freies Wochenende schenkt, erkunde ich auf diese Weise auch meine Heimatstadt. Das schärft den Blick. Für die eigene Stadt und für sein Leben. Und das Wiedersehen ist jedes Mal ein kleines Fest.

Sydney löst merkwürdigerweise nichts aus bei uns. Aber das kann Sydney ja egal sein, wie wir es als Stadt finden. Es scheint eine sehr selbstbewusste Stadt zu sein, sagte man uns mehrfach, Sydney steht da sicher drüber, wenn man es nicht ganz so aufregend und sexy findet. Woran es liegt, darüber grübele ich noch.

Etwas überrascht uns: Wir dachten, Antonia und Helen würden sich freuen, wieder Eiskugeln essen zu können, sich die Zähne mit Leitungswasser putzen zu dürfen und nach Wochen der Enthaltsamkeit Spielplätze zu entdecken. Das alles finden sie auch prima, aber es ist weniger wichtig, als wir annahmen. Obwohl sie sogar mehrfach täglich einen Hund streicheln dürfen. Denn wir wohnen in Sydney privat, in zwei sehr gemütlichen Zimmern bei einem älteren, etwas zerstreuten, aber liebenswerten Ehepaar, mit dem wir morgens immer gemeinsam frühstücken. Die Unterkunft befindet sich in Darlinghurst, einem hippen und zentral gelegenen Viertel mit vielen kleinen Cafés und Bars, und obwohl unsere Vermieter einen Dalmatiner haben, der sich gerne streicheln lässt, reden Antonia und Helen oft von Kambodscha, Nepal und Kerala. Vielleicht, weil wir die Menschen dort so herzlich und offen erlebt haben, vielleicht, weil dort Elefanten, Kamele und Kühe auf der Straße rumliefen, vielleicht aber auch, weil wir dort so glücklich waren und weil alles noch so neu war. Antonia wirft spaßeshalber immer mal wieder ihre Lieblingsfrage in die Runde: »Alles roger in Kambodscha?«

Mit Franks Onkel Heino, dem Halbbruder seines Vaters, den Frank seit mehr als zwanzig Jahren nicht mehr gesehen hat, machen wir am zweiten Tag eine kleine Stadtrundfahrt. Er ist stolz auf seine Stadt, das spürt man, und er zeigt uns gerne alle Sehenswürdigkeiten. Wir nehmen dankbar an. Er und seine Frau wohnen in einem Haus etwas außerhalb von Sydney, und es wird ein lustiger Nachmittag und Abend.

Einen Tag später nehmen wir die Fähre nach Manly Beach, es soll einer der entspanntesten Strände Sydneys sein, und in der Tat: Der Stadtteil gleicht einem Urlaubsort, vom Fähranleger aus geht es durch eine Fußgängerzone mit Cafés und Surfshops direkt an den Strand. Wir springen flugs ins Wasser, doch es bleibt ein sehr kurzes Vergnügen, denn das Meer tut nicht gut, sondern weh. Helen weint, Antonia verlässt ebenfalls mit schmerzverzerrtem Gesicht das Wasser. Offensichtlich sind es Quallen, die diese Stiche verursachen. Der Schmerz bleibt, doch Hautreaktionen gibt es glücklicherweise keine.

Trotzdem suchen wir ein Medical Center auf. Denn Helen hat sich in Asien offenbar eine Infektion zugezogen, eine Stelle im Gesicht hat sich entzündet und heilt nicht ab, sondern breitet sich immer weiter aus. Wir müssen lange warten, ehe wir an der Reihe sind, denn es ist Sonntag, und die Klinik hat nur eine Notbesetzung. Der Arzt vermutet eine Bakterieninfektion und verschreibt Helen Antibiotika, die sie die nächsten zehn Tage einnehmen soll.

Nachdem wir uns den botanischen Garten, die Oper, den Hafen und weitere Stadtteile angeschaut haben, zieht es uns nach vier Tagen zum berühmten Bondi Beach von Sydney. Dort erwartet uns Beachlife at its best. Ein gut besuchter Strand, dahinter eine Vielzahl an Cafés mit wummernden Bässen, man schiebt und zeigt sich, Surfer springen in den hohen Wellen, und im Ort gibt es unzählige Bars, Restaurants und Cafés mit entspannten Weekendern, die mit ihrer Sonnenbrille verwachsen sind.

Nach fünf Tagen verlassen wir Sydney Richtung Hinterland. Ins Outback werden wir es nicht schaffen, dafür reichen die zweieinhalb Wochen nicht aus. Aber die Traumstraße Australiens, den von allen gepriesenen Pacific Coast Highway, wollen wir zumindest 1000 Kilometer weit mit einem Campervan befahren und vorher noch einen Abstecher ins von den Reiseführern gepriesene Hinterland in die Blue Mountains machen, um die Eukalyptuswälder zu sehen.

An der Verleihstation warten bereits einige Touristen mit ihrem Gepäck vor dem Gebäude, denn jeder Schreibtisch ist besetzt, jeder Angestellte in ein Gespräch vertieft. Wir hören viel Deutsch. Und ich stelle fest, dass ich zwar meinen internationalen Führerschein dabeihabe, mein deutscher aber zu Hause liegt. Dann der nächste Schreck: Der Campervan, den wir von zu Hause aus gebucht hatten, erweist sich als Minivariante eines VW-Busses. Wir stellen fest, dass alles für die nächsten zwölf Tage in den Rucksäcken bleiben müsste, denn der Mini-Camper hat keinen Schrank, keine Schublade, keinen Stauraum.

Wir fragen nach einem etwas größeren Modell, doch die Aussichten, einen anderen Camper zu bekommen, sind minimal. Der junge Mann telefoniert herum, und wir sehen uns währenddessen schon jeden Abend unsere Siebensachen packen, das Bett aufbauen und jeder mit einem Rucksack im Arm schlafen. Plötzlich erhellt sich das Gesicht des jungen Mannes: »Really, that sounds fantastic!« Er legt den Hörer auf und wendet sich an uns:

»Also, ihr könnt einen Camper haben, der ist allerdings einige Kategorien größer und deshalb auch teurer. Er ist das einzige Modell, das wir gerade zurückbekommen haben und das in einer Stunde fahrbereit ist.«

Wir begutachten das Gefährt. Vor uns baut sich ein Monstertruck auf, ein Fahrzeug von der Größe eines Lkw, mehr als sieben Meter lang. In dieser Kategorie heißen die Dinger bereits Motorhome. Weil sie eher einem rollenden Haus gleichen als einem Auto. Und dieses Haus soll fahren? Für einen klitzekleinen Augenblick bin ich fast erleichtert, dass ich meinen deutschen Führerschein vergessen habe.

Dieses Motorhome kostet uns – und da muss ich doch noch einmal tief durchatmen – 160 Euro. Pro Tag. Darin nicht enthalten ist die Gebühr für die Campgrounds, und im Magen haben wir damit auch noch nichts geschweige denn der Camper, so eine Karre schluckt locker 15 bis 20 Liter. Gut, ich versuche mal, das Rechnen zu lassen, es macht irgendwie so unentspannt. Wohl oder übel schlagen wir ein.

Vor uns liegen knapp zwei Wochen in unserem rollenden Riesenzuhause. Im Anschluss wollen wir noch einige Tage in der Gegend nördlich von Brisbane bleiben, wo genau, wissen wir noch nicht. Nachdem alles provisorisch verstaut ist, besteigen wir aufgeregt und voller Vorfreude unser Motorhome und zockeln los. Sobald das Ding sich in Bewegung setzt, fangen die Hängeschränke an zu klappern, bei der ersten Bremsung fliegt eine Schranktür auf, irgendetwas rutscht, der Lärm ist infernalisch. Der Motor heult und faucht, er stöhnt bei jedem Berg, der Boden vibriert, das Armaturenbrett wackelt und zittert, und trotzdem ist es herrlich. Für Frank weniger.

Denn der muss zunächst die einzelnen Hebel suchen an dem Gefährt, und ich bin heilfroh, dass ich dieses Ungetüm nicht fahren muss. Die Kinder jubeln jedes Mal, wenn Frank den Gang wechselt, weil es ruckt und hopst. Irgendwann wird die Fahrt ruhiger und das Geklapper nach einigen Handgriffen weniger; aber vielleicht haben sich auch einfach nur die Ohren daran gewöhnt. Der Campervan schnurrt jetzt wie ein Kätzchen. Und nimmt Fahrt auf – zunächst in südwestlicher Richtung ins Hinterland. Danach schrauben wir uns in die Blue Mountains.

Der Himmel ist grau, und irgendwann fängt es an zu regnen. Ein kleiner Schauer, denken wir, doch der australische Regen bleibt standhaft. Als wir die in jedem Reiseführer gepriesenen Felsen der Three Sisters erreichen, liegen diese unter einer Wolkendecke. Doch dann hört der Regen plötzlich auf, die Sonne knipst das Licht an und richtet ihren Scheinwerfer für einen kurzen Moment auf die drei imposanten Felsen. Dieses Schauspiel wollen natürlich auch andere sehen, und wie kleine Ameisen klettern Menschen aus aller Welt aus ihren Reisebussen, stellen sich in Position und machen Fotos, die meisten mit Selfiestick. So ähnlich muss es bei den ebenfalls berühmten Felsen der Twelve Apostels zugehen, vermuten Frank und ich, und bedauern absolut nicht, dort nicht hingefahren zu sein.

Der schöne, kurze Moment der Stille ist also vorbei, und deshalb wandern wir einen kleinen Trail durch die Natur. Danach wird es Zeit, sich zum Campground im Nationalpark aufzumachen, um noch rechtzeitig einchecken zu können. Wild campen darf man in dieser Gegend nicht. Wir haben Glück und bekommen noch einen Platz. Die Nachbarn zu beiden Seiten stehen so dicht, dass wir auf ihre Abendbrottische sehen und jedes Gespräch mitverfolgen können, denn man parkt auf einer Betonfläche und stellt Tisch und Stühle direkt neben sein Fahrzeug. In diesem Fall auch auf Beton.

Wegen des Nieselregens fahren wir die Markise aus und

essen draußen. Stellen aber fest, dass das nicht ganz so viel Spaß macht, denn obwohl wir uns in einem Nationalpark befinden, gucken wir anstatt auf Bäume auf Campervans und Autos. Wohin man blickt, nichts als Blech. Noch ist der Australien-Hype bei uns nicht ausgebrochen.

Egal wo wir hinkommen, wir werden stets mit einem lockeren »Hi guys« begrüßt, und man teilt uns mit, dass alles in Australien »really down to earth« sei und »easy«, ausgesprochen wie iiiiisy. Also hey, wir sind dabei! Hier kann ich mein Gelassenheitstraining anpacken, also blicke ich optimistisch in die australische Reisezukunft. Gebt uns nur ein bisschen Zeit. Dann wird das schon.

Im Känguruland
(von Antonia)

Australien ist ganz anders als Asien. Viel entspannter, aber auch nicht so aufregend. Gestern waren wir bei einem Koala-Krankenhaus, und da waren richtig süße Koalabären. Wenn man will, kann man einen adoptieren, das finde ich lustig. Danach sind wir weiter zu einem Campingplatz gefahren. An der Rezeption haben Mama, Helen und ich einen Lolli bekommen und Papa keinen. Da hat Papa aus Spaß zu dem Mann an der Rezeption gesagt: »Und der Vater ein kühles Bier.« Da ist der Rezeptionist kurz weggegangen und hat Papa tatsächlich ein Bier geholt. Papa hat gefragt: »How much?«
Doch der Mann sagte nur: »No, no, is okay.«
Papa hat dann gelacht und meinte: »Really? That is great.«
Auf dem Campingplatz sind Kängurus frei herumgelaufen und die waren nicht gerade klein. Ein Känguru hatte ein Baby im Beutel, und man sah nur die Arme und Beine, die rausguckten. Ab und zu kam auch der Kopf heraus, und das Baby hat Gras gefressen. Das sah richtig süß aus!

In Australien komme ich ins Grübeln. Wie oft haben wir gehört, als wir diese Reise planten: Das würden wir auch gerne machen! Doch dazwischen drängte sich immer ein großes Aber: Der Arbeitgeber würde komisch gucken. Das Haus beziehungsweise die Wohnung müsse erst abbezahlt werden. Die Kinder seien noch zu klein oder schon zu groß, es sei viel zu gefährlich mit Kindern, was könne da alles passieren. Bei genauer Betrachtung verhält es sich so: Viele Weltreisende haben feste Jobs und beantragen in ihrer Firma ein Sabbatical, was heutzutage in den meisten größeren Unternehmen angeboten wird, oder sie sind in Elternzeit. Manchmal reicht es schon, sein Auto zu verkaufen, um längere Zeit durch die Welt reisen zu können – je nach Wagenkategorie und Zustand des Vehikels natürlich. Eins ist auch klar, wenngleich es sich in Ratgebern oft so einfach anhört: Eine Weltreise ist kein Urlaub.

Ich wollte nach der Erbschaft möglichst alles: Finanzielle Sicherheit war zunächst das Wichtigste. Zusätzlich war da der Wunsch nach einer kleinen Datsche auf dem Land, möglichst am Meer. Und vielleicht noch ein unvergessliches Erlebnis für uns als Familie. Das war alles erst einmal nur ein Traum. Nachdem ich das meiste Geld angelegt hatte, entdeckten wir durch Zufall ein winziges Steinhaus auf einem riesigen Grundstück, mit Küche und Bad und nicht weit vom Meer, mit sonniger Terrasse, vielen Obstbäumen, Seerosenteich, Baumhaus, und das alles zum Preis eines billigen Gebrauchtwagens. Wir wussten sofort: Das ist es! Für uns gibt es seitdem kaum etwas Beglückenderes, als bei schönem Wetter am Meer und in unserer Datsche auf dem Land zu sein, in der Hängematte zu liegen, im Garten Gemüse anzubauen und bis in die Nacht mit unseren Freunden zu quatschen.

Und dann war noch Geld für die Weltreise übrig…

Der nächste Campground hat alles, was wir und vor allem die Mädchen sich wünschen: ausreichend Platz, das Meer zwar nicht in Sicht-, aber in Hörweite, einen Pool, einen Spielplatz und – Kängurus. Die possierlichen Tierchen sind an Touristen gewöhnt und hüpfen um uns herum, und Antonia und Helen rufen ganz aufgeregt: »Guck mal, die haben ja Babys im Beutel!«

Wir wollen drei Nächte bleiben und endlich etwas »chillen«.

Zumindest auf dem Campground, denn am Strand wird es schwieriger, Gelassenheit zu bewahren aufgrund eines Phänomens auf vier Beinen. Die Hunde mögen vielleicht sogar einen guten Charakter haben, vom Aussehen her jedoch stehen sie in Deutschland auf den Fahndungslisten der Polizei. Diese Hundefotos kenne ich, da ich vor der Weltreise einen längeren Film über eine Polizistin gedreht hatte und mir das Plakat mit den Kampfhunden einprägen wollte. So ein Viech ist verdammt schnell und frisst kleine Kinder. Klar, nicht alle diese Tiere sind als Kampfhund ausgebildet und manche von ihnen sicher lammfromm. Da sich ein Hund aber nicht vorstellt, wenn er auf einen zurennt – »Hi, ich bin Bite, ich sehe zwar fies aus, bin aber total lieb« –, versuchen wir, einen großen Bogen um diese Tiere zu machen.

Manche sind angeleint, und ich beobachte mit Schrecken, dass sie vom Besitzer aufgefordert werden, meterhoch zu springen und nach etwas zu schnappen.

Das Joggen wird somit zu einer echten Herausforderung, und ich bekomme jedes Mal fast einen Herzstillstand, wenn mir so ein Viech mit hechelnder Zunge und im Zickzack entgegensprintet. Ich habe Todesangst. Doch das ist noch nicht alles. Einen Tag später sehen wir Hubschrauber über dem Strand kreisen, und als wir nachfragen, erfahren wir, dass sie einen kleinen Jungen tot von seinem Bodyboard gefischt haben. Kein Kampfhund, ein Hai hat das Kind zerfetzt. Da war doch was … in Australien gibt es ja Haie. Aber dass die Tiere bis ans Ufer kommen, macht uns ein wenig nervös. Damit ist nicht nur der Strand zu einer Herausforderung geworden, sondern auch das Meer. Hinter einem hecheln die Kampfhunde, vorne schwimmen die Haie. Was ist die kleinere Hürde? – Wir entscheiden um und gehen in den Pool.

Jeden Tag versuchen wir es. Das Chillen. Vor allem ich. Aber es klappt einfach noch nicht. Das allerdings liegt nicht an Australien.

»Mama, woran denkst du gerade?« – »Ich habe eine komische Stelle am Fuß, guck mal.« – »Mir ist heiß.« – »Mir ist kalt.« – »Was ist das für ein Vogel?« Ich befinde mich, zumindest gefühlt, in den Klauen meiner Familie. Kein Entkommen, nirgends.

Die Mädchen sind höchst kompatible Reisebegleiterinnen, ohne Frage. Kaum Gemecker, sie schlafen überall, sie spielen zu zweit, sie singen und lachen viel zusammen. Und jammern nicht, auch nicht bei gewöhnungsbedürftigen und stinkigen Stehklos und dem Anblick von Halbtoten auf der Straße, die wir in Südafrika und Asien gesehen haben, nicht beim Kotzen im Bus, nicht beim Eisverzicht. Dafür waren die Eindrücke in diesen Ländern vielleicht einfach zu stark. Der Adrenalinspiegel war in den letzten Wochen recht hoch, denn jeder Tag war spannend und neu und eine kleine Herausforderung.

In Australien dagegen gibt es keine großen Pegel mehr. Insofern stimmt es mit dem »down to earth« und »easy living«, alles ist hübsch ruhig. Eigentlich könnte man prima chillen, denn die Weingegend Hunter Valley ist zwar nicht spektakulär, aber hügelig und hübsch und laut Reiseführer eines der Highlights der Ostküste Australiens, die Strände sind toll, drum herum viel Grün, das Essen lecker, kurz, es gibt wenig, das einen aus der Bahn wirft und überrascht.

Vielleicht ist das der Grund, weshalb ich in Australien umso deutlicher spüre, dass es kein Entweichen gibt, keine Auszeit, keine »Ich tauche mal kurz ab«-Momente. Weder für Frank noch für mich. Das war zwar die letzten beiden Monate nicht anders, aber hier wird es wie unter einer Lupe ganz besonders deutlich.

Will ich auf dem Campground die Waschräume aufsuchen,

kommt garantiert eines unserer Mädchen mit, meist alle beide. Zum Duschen genauso. So anstrengend ich das an manchen Tagen finde, so schön ist es an anderen: wenn wir lauthals unter der Dusche singen, während draußen der Regen gegen die Scheibe prasselt. Abends beim Kochen spielen Antonia und Helen gerne das Rollenspiel »Restaurant« mit mir als Köchin, das wir auch manchmal zu Hause spielen, bloß dass ich dann nicht mitten in der Natur am Gasherd rumwerkele, und in Hamburg laufen auch keine Kängurus um den Esstisch, und man sieht vom Fenster aus beim Kochen keine bunten Vögel, man hört kein Meeresrauschen.

Am späten Abend, wenn alle schlafen, habe ich dann einen Moment für mich, und da ich ein Nachtmensch bin, genieße ich diese Augenblicke besonders. Der Camper und darin das Liebste, was ich habe, und wir alle mitten in Australien, umgeben von dösenden Kängurus. Eine Welle des Glücks schwappt hoch. Dann schreibe ich oder lese im Schein einer Lampe. Manchmal kommen Wombats vorbei und schnüffeln neugierig. Es sind schöne, stille, intensive Augenblicke. Das Ausschöpfen dieser raren ruhigen Momente, das nächtliche Schreiben und Lesen und Wombats-Beobachten hat allerdings zur Folge, dass ich nach der Reise wahrscheinlich stecknadelgroße Augen habe und irgendwann im Stehen einschlafe.

Frank spürt, dass ich unruhig bin. »Brauchst du mal eine Auszeit von uns?«, fragt er rhetorisch. Mein Mann kennt mich… Wir beschließen, uns am nächsten Tag zu trennen – für ein paar Stunden.

Kontakte zu anderen australischen Campern haben wir kaum. Die meisten ziehen sich zurück, gerne hinter großen Plastikplanen und einem meist sehr imposanten Auto. Die Menschen dahinter bekommen wir kaum zu Gesicht. Es geht weiter Richtung Norden. Die Touristenhochburg »Gold Coast« siebzig Kilometer vor Brisbane umfahren wir bewusst, machen einen großen Bogen um die riesigen Einkaufszentren, Hochhäuser, Klubs und Freizeitparks.

Und dann lesen wir im Reiseführer etwas über ein Koala-Krankenhaus. Den Umweg nehmen wir gerne in Kauf. Die Kinder jubeln. Das Krankenhaus erweist sich als kleines Resort in einer Art Urwald, in dem verletzte Koalas aufgepäppelt und tatsächlich operiert werden. Gegen eine kleine Spende darf man sich die Krankenstation angucken. Wir sind die einzigen Besucher dort. Zu jedem pelzigen Patienten gibt es ein Hinweisschild mit Erklärungen: Seit wann dieser Koalabär da ist, welche Krankheit oder Verletzung er hat und ob er noch Angehörige hat. Wir sehen die Tiere zum Greifen nah und haben Zeit, sie in Ruhe zu beobachten. Egal ob krank oder gesund, ein Koala ist nicht gerade der James Bond der Tierwelt, denn die Tiere sind – nun ja – recht phlegmatisch. Hocken auf dem Baum, mampfen Berge von Eukalyptusblättern und schlafen auch in gesundem Zustand sehr viel. Antonia und Helen grüßen jeden einzelnen und wollen alles über dessen Krankheit oder Verletzung wissen.

»Wird er wieder gesund? Hat er Schmerzen?«, fragt Helen, als wir einen Koala mit Verband sehen.

Antonia macht Fotos und überlegt, ihrer Klasse davon zu berichten, deshalb nehmen wir noch Infomaterial mit und kaufen natürlich Mini-Koalas. Aus Plüsch, wohlgemerkt.

Unser nächstes Ziel ist eine Ex-Hippie-Stätte, Byron Bay, einhundert Kilometer südlich von Brisbane. Kaum sind wir in den Ort reingefahren, kommen uns braun gebrannte Surfer mit ausgebleichten Haaren und Typen mit Dreadlocks entgegen, gefolgt von einer Gruppe bunt gekleideter Hippies im Seventies-Style, die auf Gitarren klampfen und auf Trommeln trommeln und dabei laut Hare Krishna zum Besten geben. Wir fühlen uns wie um vierzig Jahre zurückversetzt. Antonia und Helen sind schwer beeindruckt. Immer wieder rufen sie: »Guck mal, der hat lustige Haare!«, und zeigen auf einen älteren Typen mit blond gefärbter Rastamähne.

Wir bummeln durch die Läden, trinken einen starken Kaffee bei Hippies und genießen die insgesamt entspannte Atmos-

phäre. Eigentlich. Denn es gibt leider nur ein Gesprächsthema: den Surfer. Einen Tag zuvor hat es nur ein paar Kilometer vom Ortsstrand entfernt einen Surfer erwischt; ihm wurden, obwohl er nicht weit draußen war, von einem Hai beide Beine abgebissen. Kurz darauf ist er verstorben. Als wir an den Strand gehen, sehen wir viele Surfer im Wasser. Und fragen die Jungs am Rande, ob sie denn keine Angst hätten vor dem weißen Hai. Schulterzucken und als kurze Antwort: »Bad luck. Shit happens.«, dann stellen sie sich wieder aufs Brett.

Wir als Nicht-Surfer und Hai-Schisser tunken lieber nur die Fußspitzen ins Wasser… ist sicherer. Baden in Australien gestaltet sich schwierig bisher. Entweder brennen uns Quallen Löcher in die Haut, oder wir müssen Angst haben, unsere Gliedmaßen oder gar eines der Mädchen an einen Hai zu verlieren. Um uns selbst ein bisschen aufzumuntern, scherzen wir vier: »Guck mal, der da kommt mit beiden Beinen wieder raus, kann so schlimm nicht sein.«

Und wieder begeben wir uns auf die Suche nach einem Campground. Möglichst mit Wi-Fi, denn ich muss Antonias Lehrerinnen kontaktieren und die Klassenarbeit sowie einen Aufsatz von ihr mailen. Sämtliche Arbeiten fotografiere ich ab und schicke die Fotos dann per Mail. Das hört sich einfach an, ist es aber nicht, denn wir haben, anders als in Asien oder Südafrika, in Australien oft kein freies Internet, sondern kaufen gegen eine hohe Gebühr 50-MB-Pakete und sind schon froh, wenn wir überhaupt Zugang zum Netz haben.

Die Suche nach bezahlbarem Wi-Fi in Australien führt zu skurrilen Szenen. So stehen wir einmal auf einem Campground und fragen nach einem Internetzugang, den es offenbar nicht gibt, doch die nette Dame am Check-in hat Verständnis für unser Anliegen. Die Verzweiflung kennt sie schon von anderen Touristen. Sie gibt uns den Tipp, unseren Camper möglichst dicht an den benachbarten Bingo-Klub zu stellen, denn die hätten Zugang zu einem Wi-Fi-Hotspot, und vielleicht würde die Verbindung sogar bis zu unserem Camper reichen? Winziger Haken: Wir müssten vorher Mitglied im Club werden. What? Wir sollen in einen Bingo-Klub eintreten? Wir fackeln nicht lange, wir brauchen das Internet, um einige Dinge zu erledigen, richten also noch einmal schnell die Frisur und betreten kurz darauf lächelnd und frisch gewaschen den Senioren-Klub.

Die älteren Herrschaften begrüßen uns freundlich nickend. Über einen immensen Bildschirm laufen die Bingo-Ergebnisse, wir tun so, als würden wir interessiert zugucken. Im Neben-raum wird an einigen Automaten Black Jack gespielt. Eine Ser-vice-Kraft in roter Uniform kommt auf uns zu. Ob sie uns hel-fen könne? Wir tragen unser Anliegen vor. »We love to play Bingo and we'd like being member of this Club. Is it possible? We are from Germany, but we stay in Australia for a while.« Nachdem wir unsere Ausweise gezeigt, ein paar Angaben ge-macht und Unterschriften geleistet haben, hat der Bingo-Klub zwei neue Mitglieder. Wie beiläufig fragen wir: »Ah, do you have by pure chance Wi-Fi? We'd like to check our mails, just a short look....«

Unseren Camper platzieren wir derart, dass wir möglichst dicht am Bingo-Klub parken. Doch leider reicht die Entfernung nicht. Kurz vorm Camper reißt sie ab. So kommt es, dass ent-weder Frank oder ich uns am Abend zu den älteren Herrschaf-ten im Klub gesellen und anstatt Bingo zu spielen ein Getränk bestellen und ein bisschen arbeiten.

Tagsüber übe ich mich nach wie vor im Chillen, in Gelas-senheit. Bisher einigermaßen erfolglos. (Man findet ja immer prima Gründe, um bloß nicht zugeben zu müssen, dass es vielleicht einfach nur an einem selbst liegt.)

Es ist der zehnte Februar, es ist warm, es regnet nicht. An-tonia hat nach der ersten schlechten Mathenote gute Arbeiten abgeliefert, genauso in Deutsch und Englisch, wir sind seit etwas mehr als zwei Monaten unterwegs und sind uns gegen-seitig noch nicht an die Gurgel gegangen. Drei volle Monate liegen noch vor uns, das ist eine fantastische Aussicht, alles bestens also, und ich frage mich, warum ich trotzdem in Australien immer wieder angespannt bin. In Asien war ich deutlich lockerer. Frank geht es interessanterweise ähnlich. Er meint, als wir abends einen Weißwein vor unserem Camper zusammen trinken, es läge an der Fahrweise der Australier, weil sie einem immer wieder deutlich zu verstehen geben, dass man selbst zu langsam sei.

Die Strände jedoch sind fast immer leer, breit und feinsandig. Und dann gibt es doch noch einen echten Zen-Moment: Das Licht ist perfekt, es sind nur wenige Menschen an diesem Strandabschnitt und keine Kampfhunde, wir haben gebadet, die Haie einfach mal vergessen, und Quallen haben wir ebenfalls keine entdeckt. Helen und ich sammeln glatte, rund geschliffene Steine und bauen daraus Türmchen. Helen summt leise vor sich hin. Es gibt keinen Zeitrahmen, keine Verabredung, nichts außer in diesem Moment die Steine zu stapeln.

Die australischen Camper allerdings bleiben nach wie vor unter sich, und anstatt aufs Meer zu schauen, sitzen sie unter einer Plane zwischen ihren Autos. Als ich eines Abends im Waschraum ein Gespräch mit zwei Australierinnen anfange, fragt eine der Frauen mich freundlich: »How do you like Australia?« Jedes Mal die erste Frage, die uns gestellt wird. Und ich antworte stets: »Thanks, it's great. We love it.« Dann folgt fast immer Frage Nummer zwei: »How long do you plan on staying?« Wenn ich erwidere, mittlerweile schon recht kleinlaut nach den ersten zehn Tagen in Australien, dass wir leider insgesamt nicht einmal drei Wochen im Land sind, kommt meist ein: »Oh dear, this is short!« Die Australier – zumindest die in der Gegend zwischen Sydney und Brisbane – lieben ihren Landstrich eben sehr. Ich erwidere also, ja, das stimme, sie sei kurz, die Zeit für diesen riesigen Kontinent, ich verstünde das, aber wir würden auch noch durch andere Länder reisen. Als ich erwähne, dass wir einen Round-the-world-Trip machen, ernte ich ungläubige Blicke, und als ich Neuseeland als nächstes Reiseziel erwähne, gucken die Damen mich mitleidig an. Was wir denn da bloß so lange wollten? Neuseeland sei ja ganz hübsch, nette Natur, aber doch recht klein, ganz anders als Australien, und irgendwie »backwards«. Dieses Wort hören wir häufiger, wenn von Neuseeland die Rede ist. Backwards. Zurückgeblieben. Und dann reden sich die Frauen am Waschbecken in Fahrt.

»Did you see the zoo in Sydney? No? It is the best zoo you will ever see in your life!« Die anderen nicken.

Als ich erwähne, dass wir in Südafrika waren und frei herumlaufende Giraffen, Zebras, Löwen und Elefanten gesehen haben, schüttelt die Dame mit der Zahnbürste erneut den Kopf.

»But this zoo is very special.« Sie cremt sich das Gesicht ein und blickt mir im Spiegel in die Augen: »How did you like Sydney?«

Diese Art des Gesprächsverlaufs erleben wir häufiger, egal ob beim Weinhändler, an der Tankstelle oder auf einem Campground. An einem anderen Tag – ich bin gerade mit Antonia in einem Café, in dem nur ein Tisch besetzt ist, und bestelle für Frank und mich zwei Coffee to go und für die Mädchen Cookies – fängt Antonia an, vor sich hin zu pfeifen. Der Typ hinter dem Tresen wirkt genervt, dann wendet er sich an Antonia und gibt ihr das Zeichen zu schweigen, indem er sich mit Daumen und Zeigefinger den Mund verschließt. Antonia verlässt entsetzt den Laden.

Am nächsten Morgen bekommen wir einen neuen Nachbarn auf unserem Campground bei Byron Bay. Ein Surfer, der anscheinend gerne Fahrrad fährt, das haben wir bisher selten gesehen. Zudem hat er ein eher älteres Campermodell. Als er sein Surfboard wachst, stellen sich Antonia und Helen dazu und dürfen mithelfen. Der sympathische Typ, wir schätzen ihn auf Anfang vierzig, möchte wissen, wohin unsere Reise noch geht, wo wir schon waren, was wir erlebt haben, und er ist sehr interessiert daran, wie wir Antonia während der Reise unterrichten. Am Abend, bevor er mit seinem Fahrrad zu einer Essensverabredung aufbricht, unterhalten wir uns noch ein bisschen, auch über die Haiattacken und diesen Teil der Ostküste Australiens, den er gut kennt, doch er bevorzugt den einsamen Westen, sagt er. Wir sind erleichtert. Na also, endlich mal einer, mit dem wir uns länger unterhalten, der Fragen stellt und der nicht ausschließlich von seinem Land schwärmt. Bis wir fragen, wo er denn genau in Australien lebt. Er sagt, er hätte mehrere Jahre hier in verschiedenen Orten gelebt, aber er sei dann in seine Heimat zurückgekehrt. Er kommt aus England.

Abends haben wir zweimal versucht zu grillen. Auf jedem Campground gibt es Metallplatten. Diese werden mittels Gas vorgeheizt, dann legt man sein Grillgut drauf. Und wartet. Hinter einem warten meist noch andere, sofern man nicht, wie wir, nachts grillt, also ab 19 Uhr. Gewöhnlich grillt man hier zwischen 17 und 18 Uhr. Das heiße Grillgut wird von der Metallplatte genommen und zur Familie gebracht. Und sofort hinuntergeschlungen, denn nach zwanzig Minuten kühlt die Platte ab und muss gesäubert werden.

Zunächst vermuten wir, es liege an der Buschfeuergefahr. Bis wir die Australier fragen und sie uns sagen, man verfahre so, weil es einfach und schnell geht. Es sei aus rein praktischen Gründen so. Dazu ein eiskaltes Bier und fertig. Frauen sieht man nie an der Metallplatte, das Wenden des Fleisches ist ausschließlich ein Männerjob. Um 20 Uhr gehen dann die meisten in ihr Zelt, in den Camper oder die Cabin, und niemand ist mehr zu sehen.

Wir beschließen, mit dieser Form des Grillens erst einmal aufzuhören und damit zu warten, bis wir den Campervan in den USA haben. Dort gibt es sogar – welch Vorfreude – eine Feuerstelle auf den Campgrounds.

Aus Hamburg bekommen wir die Nachricht, dass unser Untermieter mit seiner Familie aus beruflichen Gründen nach Süddeutschland zieht, seine Firma die Miete jedoch wie vertraglich vereinbart weiterhin zahlt. Auf diese Weise sparen wir Heizung, Wasser und Strom. Besser hätte es nicht laufen können. Ansonsten denken wir nur sehr selten an zu Hause. Wir sind tatsächlich ziemlich abgetaucht.

Nach zwölf Tagen geben wir in Brisbane unser rollendes Haus wieder ab. Wir wollen die letzten Tage in Australien auf keinen Fall in Brisbane verbringen, da genügt ein Blick. Also versuchen wir, auf die Schnelle noch einen kleinen Mietwagen zu bekommen, und haben Glück. Doch wohin? Nach Fraser Island, das traumhaft sein soll, aber mit herkömmlichen Fahrzeugen wegen der Sanddünen nicht befahrbar? Weiter Richtung Norden?

Seit einer Woche befinden wir uns im Staate Queensland und entdecken dort eine vorgelagerte Insel, Bribie Island. Sie liegt 70 Kilometer nördlich von Brisbane an der Sunshine Coast. Da fahren wir hin und wohnen in einem Apartment in einem Kiefernhain direkt gegenüber der Bay. Am Ostufer der Insel gibt es lange weiße Sandstrände und kleine Ortschaften, die ganz auf den Tourismus eingestellt sind, auf jeden Fall keine Hochhäuser wie in Brisbane. Für uns ein schöner Abschluss für Australien.

Am letzten Tag am Flughafen dann noch einmal ein Schock. Für unser Übergepäck müssen wir für die Strecke Brisbane–Sydney 400 Dollar zahlen! In Nepal hätten wir auch Übergepäck zahlen sollen, doch die Nepalesen regelten das auf ihre Weise: Sie zwinkerten uns zu, bis wir begriffen: Aha, gegen ein kleines Trinkgeld kommen unsere Koffer auch so mit. Doch in diesem Fall bleibt die Dame am Schalter leider beinhart. Und kühl. Ich zücke zähneknirschend die Kreditkarte. Wie immer wollen wir uns einen Trolley für das Gepäck holen. Frank kommt jedoch ohne zurück: »4 $« steht auf dem Schild am Trolley. Ganz easy mit Kreditkarte zahlbar. Also schleppen wir, wie die meisten anderen auch. Wir sehen Frauen schwere Taschen und Kinder-Autositze tragen, eine lange Schlange

Reiseimpressionen

Südafrika

Singapur: Pool im »Marina Bay Sands«

Indien

Taj Mahal

Nepal

Vietnam: Halong Bay

Neuseeland: Fox-Gletscher

Neuseeland

Unser Haus in Takaka, Neuseeland

Australien: Koala Hospital

Franks Fotos

Nepal: Nagarkot

Singapur:
Warten auf Abflug

Indien: Kochi

Kambodscha: Angkor Wat

USA

Antonia und Helen in Neuseeland

Nepal: Kathmandu vor dem Erdbeben

Cook Islands: Aitutaki

Joshua Tree NP

San Francisco

USA

Death Valley

USA: Küste von Oregon

Vancouver Island: Versuch zu angeln

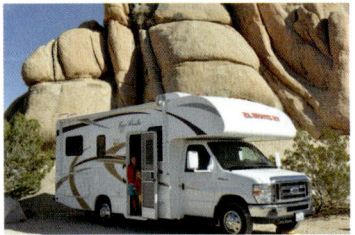

New York: Umzug

USA: Camper

New York

Helens Blick auf die Welt

Buddha in Kathmandu

Ziege in Indien

Koala in Australien

Lotti und Fini im Camper

Blick vom Balkon in Indien

Kühlschrankmagneten in Indien

Schleppender bildet sich, und wir schleppen mit. Das haben wir bisher auf der gesamten Reise in keinem Land so erlebt. Trolleys waren bisher kostenfrei.

In dem Moment fällt Antonia ein Aufkleber ein, den wir auf einigen australischen Autos gesehen haben, darauf die australische Flagge und der Spruch: »Love it or leave it!«

Meine völlig subjektiven Buch- und Filmtipps

Bruce Chatwin: *Traumpfade*. Frankfurt a. M. 1992

»Muriels Hochzeit«. Regie: P. J. Hogan, 1994

Kapitel 7: Neuseeland

Das große Staunen

Beim Zwischenstopp auf dem Flughafen in Sydney erreicht uns eine Nachricht aus Neuseeland. Da wir die ersten Tage in Auckland noch keinen Mietwagen haben, schreibt unsere Vermieterin zurück: »Leave that with me. I am sure we can help.« Kurz darauf eine weitere Mail: »Yes. I can help. I will pick you up and so long as you don't mind a scruffy car you can use mine.« Welcome to Neuseeland! Das mit dem Mietwagen haben wir noch regeln können. Unsere Vermieterin meinte, sie brauche ab und zu das Auto, aber wir würden uns sicher einigen. Um unabhängiger zu sein, haben wir uns dann doch eine kleine Karre für die ersten Tage in Auckland gemietet.

Die Stewardessen der neuseeländischen Airline am Flughafen von Sydney tragen mit Farnen verzierte Kleider, die wie Kittelschürzen aussehen, und ein Lächeln im Gesicht. Uns gefällt das Outfit, zumal die Damen und Herren mit uns scherzen, sodass wir uns schon am Flughafen willkommen fühlen. Das steigert sich noch, als wir das Flugzeug betreten und über den Monitor der Film mit den Sicherheitsvorkehrungen läuft. Normalerweise guckt den keine Sau, doch hier lässt jeder seine Zeitung sinken, sein Buch, und das Gespräch verstummt. Denn wir tauchen kurz ein ins Land der Hobbits, ins Filmepos von »Herr der Ringe«, der Kinotrilogie, die komplett in Neuseeland gedreht wurde.

Die Darsteller demonstrieren im Sicherheitsfilm von Air

New Zealand zu Pferd oder an einem Baum hängend, wie man sich anschnallt, wie man im Notfall die Atemmaske benutzt und wie man den Berg (das Flugzeug) auf einer Rutsche verlässt. Der Film stammt von Peter Jackson himself, dem mittlerweile berühmten Regisseur dieses Epos, der auch den Nachfolgefilm »Der Hobbit« gedreht hat, und einige Darsteller der Filme machen bei dem Sicherheitsfilm der Fluglinie mit. Antonia und Helen sind entzückt vor Begeisterung, und Frank und ich würden den kurzen Film am liebsten noch ein zweites Mal sehen.

Es ist für mich ein Herzenswunsch, dieses Land zu besuchen, und der eigentliche Grund dieser Weltreise. Irgendetwas löst Neuseeland in mir aus, ohne dass ich vorher jemals dort gewesen wäre.

Neuseeland ist entstanden aus dem riesigen Urkontinent Gondwana. Vor etwa 80 Millionen Jahren driftete ein Teil des Großkontinents ostwärts ab, Zealandia. Dieser mysteriöse Kontinent, dieses Abbruchstück, lag genau zwischen zwei Kontinentalplatten, und ein Großteil Zealandias versank wieder im Meer. Das heutige Neuseeland ist der winzige Rest des Festlands, das noch aus dem Meer ragte. Deshalb stammen die Southern Alps auf der Südinsel noch aus der Zeit von Gondwana und sind über hundert Millionen Jahre alt.

Warum erzähle ich das, wo Geologie doch sonst nicht zu meinen Hauptinteressen gehört? Weil über achtzig Prozent der Tier- und Pflanzenwelt Neuseelands noch aus dieser archaischen Zeit stammen und endemisch sind, das heißt, dass sie nirgendwo anders vorkommen auf dieser Erde. Das ist einer der Gründe, warum ich schon immer nach Neuseeland wollte. Dafür muss man gar kein Botaniker sein, um das faszinierend zu finden. Meine damalige Biolehrerin, die meinte, ich solle lieber in einer Fabrik arbeiten, als zu studieren, da brauchte ich wenigstens mein Gehirn nicht, würde sich über mein plötzliches Interesse an der Pflanzenwelt und deren Entstehung sicher freuen.

Ein weiterer Grund ist, dass Neuseeland laut Reiseführer so aussehen soll, wie ich mir ein Märchenland vorstelle: gigantische Regenwälder mit baumhohen Farnen, schneebedeckte Berge, weiße Sandstrände mit türkisfarbenem Wasser, dahinter Palmen, heiße Quellen und kochende Erde, Vulkane, glasklare Seen und merkwürdige, flugunfähige Vögel, die urzeitlich daherkommen und so speziell sind, dass Ornithologen ihren Spaß hätten. Und nein, ich erwähne ausdrücklich nicht das Wort Paradies! (Okay, nun habe ich es doch geschrieben.) Oft wird Neuseeland damit verglichen, mit dem gottgleichen Paradies, wir stießen bei unseren Vorbereitungen überall darauf.

Ich habe sehr viel über dieses Land gelesen, doch meine große Vorfreude ist einer Skepsis gewichen, denn ich habe Angst, dass meine Erwartungen an das Land zu groß sind – und somit gar nicht erfüllt werden können. Bei der Ankunft bereue ich fast, sechs Wochen für Neuseeland veranschlagt zu haben, denn wenn wir in diesem Land ähnliche Erfahrungen machen wie in Australien, dann wären wir doch lieber längere Zeit in Asien geblieben. Deshalb gehen Frank und ich mit sehr gemischten Gefühlen in die Ankunftshalle von Auckland, vorbei an Maori-Schnitzereien und Waiata-Gesängen, die leise aus den Lautsprechern erklingen. Dahinter wandgroße Fotos von Neuseeland, Natur in solcher Pracht, dass einem fast die Tränen kommen vor so viel kitschiger Schönheit.

Der erste Neuseeländer, der uns begrüßt, hat vier Beine und ist ein Hund. Antonia und Helen freuen sich über den Anblick des Beagles, der uns beschnüffelt. Frank und ich gucken eher auf das Schild: »Last point before we get you.« Meine Güte, was haben wir verbrochen? Weshalb könnten wir verhaftet werden?

Die Beagles gehören zur Bio-Security Neuseelands. Sie erschnüffeln alles, jeden angebissenen Apfel, jeden Brotrest, jede Nuss. Alles Essbare muss im Müll verschwinden, bevor man dieses für uns so ferne Land betritt. Die Neuseeländer wollen mit dieser Kontrolle ihre endogenen Pflanzen und Tiere vor Bakterien und Fruchtfliegen schützen. Wir werden von einer Dame in Uniform gebeten, unsere Schuhsohlen zu zeigen. Ob wir damit durch einen Regenwald gelaufen seien? Wir verneinen. Wir haben die Schuhe extra vorher gesäubert, weil wir von der Schuhkontrolle gelesen hatten, und werden durchgewunken.

Vielleicht kann ich in Neuseeland Gelassenheit trainieren, denke ich beim Warten auf unser Gepäck, indem ich einfach einen Kiwivogel beobachte, das Nationalheiligtum der Neuseeländer; einen flugunfähigen Vogel, der sehr langsam sein soll, behäbig, sodass er aufgrund seines Körperumfangs ab und zu vornüberkippt und dabei auf seinen langen Schnabel fällt.

Was uns nach der Ankunft in Auckland sofort auffällt: Wir sehen keine panzerartigen Autos, keine blitzenden Geländewagen, sondern viele Modelle älteren Jahrgangs. Und überall bunt bemalte VW-Busse. Genauso farbenfroh sind die Holzhäuser, die in meist üppig bepflanzten Gärten stehen. Als seien wir auf einen völlig anderen Planeten geschossen worden. In eine Art Wunderwelt. Bei Pippi Langstrumpf oder Rotkäppchen oder dem kleinen Hobbit. Antonia und Helen sind entzückt, als sie die bunten Autos entdecken: »Guck mal, das Auto hat Vögel aufgemalt!«

Unser Zuhause für die ersten vier Tage in Auckland ist ein knallroter, umgebauter Trailer mit Namen »Cedric«. Cedric steht im Garten von Lucy, einer Frau mit kurzem Haar und Latzhosen, die handwerklich ziemlich begabt zu sein scheint und zusammen mit ausländischen Studenten, die jeweils für ein paar Monate bei ihr wohnen, aus alten Dingen Neues schafft. Auch den Trailer hat sie selbst umgebaut. Er ist winzig klein, nicht größer als ein Campervan, aber alles ist vorhanden: ein Bad, zwei Doppelbetten unterm Dach, eine winzige Küchenzeile, und das Tollste ist: Es gibt viele Spiele für die Kinder und einen Kater.

Im Garten stehen eine Schaukel und ein Trampolin und vor der Haustür eine Art Regenwald. Der bis in die Gärten hineinzuwachsen scheint, denn dort stehen meterhohe Farne, Palmen und uns unbekannte Bäume, deren Wurzeln über Steine wuchern.

Was uns bei unseren ersten Spaziergängen durch Auckland auffällt: Die Gartentore stehen alle offen, wenn es denn überhaupt welche gibt, wir sehen keine Hausnummern, und die Menschen grüßen freundlich, während sie in ihrem Garten wühlen. Und die Straßen sind extrem steil. Zum Joggen eine echte Herausforderung. Doch ich habe am ersten Morgen in Auckland Lust zu laufen und kämpfe mich einen der Hügel hoch, den Lucy uns empfohlen hat, weil es dahinter gleich in den Regenwald geht. Ich laufe vorbei an pastellfarbenen Holzhäusern, irgendwann krieche und keuche ich nur noch und pausiere kurz auf einem der Hügel. Schnappe nach Luft, dabei fällt mein Blick ins Tal, auf die City von Auckland. Man kann sehr weit gucken, ich sehe den Skytower und die Skyline im Hintergrund, viel Wasser drum herum und davor grüne Hügel mit gigantischen Bäumen. Atme tief durch und freue mich wie ein Kind auf die nächsten Wochen, die wir vor uns haben.

Nach vier Tagen in Auckland fahren wir weiter Richtung Coromandel auf die andere Seite der Nordinsel. Auf diesem Erdteil fällt rasen schwer, denn Neuseeland ist ein gebirgiges Land, flache Ebenen gibt es kaum. Das Schöne: Das Meer ist nie weiter als 110 Kilometer entfernt.

Irgendwo las ich bei den Vorbereitungen, Neuseeland sei die beste Annäherung an das Leben auf einem fremden Planeten. Dieser Planet fordert uns mit seinen Ansichtskartenmotiven schon bald nach der Landung ständig zum Anhalten heraus: Wir machen Fotos, sammeln Muscheln am Strand, tauchen Hände und Füße in das kristallklare Wasser, und die Mädchen schaukeln in den Bäumen, das Meer vor Augen. Die Luft ist klar, Neuseeland gilt als eines der saubersten Länder der Welt, allein schon wegen der günstigen Winde und der vielen Feuchtigkeit von oben, auch Regen genannt. Und natürlich liegt es daran, dass in ganz Neuseeland nicht mehr als etwas über vier Millionen Menschen leben, so viel wie in Berlin nebst Umland.

Ich spüre eine große Ruhe, seit wir Neuseeland betreten haben. Als wir am Ufer der Coromandel-Halbinsel entlangfahren, wo uns nur ab und zu ein Auto begegnet, vorbei an unberührten Stränden und vereinzelten Holzhäusern, die auf einer Anhöhe stehen, immer den Ozean vor Augen, fragen Frank und ich uns, wie es wohl wäre, hier zu leben. Ob man nicht jeden Tag einen Purzelbaum machen müsste vor lauter Freude über den Anblick dieser Landschaft. Gleich darauf frage ich mich, wie ich ohne Kino, Theater und Supermarkt in der Umgebung zurechtkäme. In Neuseeland shoppt man mit den Augen. Sammelt Bilder, Eindrücke, Landschaften.

Einige der Ortschaften erinnern an eine kitschige Kulisse: Die Häuser, meist aus Holz, sind entweder strahlend weiß oder pastellfarben, eine Blütenpracht verziert die Gärten, und es gibt kleine Läden, die Topflappen mit Schafmotiven anbieten. Orte, in denen man rumstromern kann, hier mal einen Kaffee trinken, dort in ein Buch gucken und einfach lustvoll die Zeit verstreichen lassen. Was wir ausgiebig tun. Doch dann naht der Abend, und wir haben noch keine Unterkunft. Sämtliche Guesthouses in dieser pittoresken Gegend übersteigen unser Budget, und wir beschließen deshalb zähneknirschend weiterzufahren. Im nächstgrößeren Ort halten wir an. Die zwei Backpacker-Unterkünfte sind ausgebucht. Wir fahren an den Hafen des Ortes und entdecken ein kleines Hotel mit Restaurant direkt am Wasser. Obwohl es völlig abstrus erscheint, in diesem Hotel direkt am Wasser ein bezahlbares Familienzimmer zu bekommen, frage ich an der Rezeption nach, und, wie kann es auch anders sein, die junge Frau schüttelt den Kopf. (Leider heißt das Kopfschütteln in Neuseeland im Gegensatz zu Indien ein unzweideutiges Nein und nicht ein »Vielleicht« oder sogar »Ja, klar doch«...). Sie hätte nur noch ein ganz normales Doppelzimmer frei, allerdings mit einem Kingsize Bett, doch das würde sie uns nicht empfehlen, denn es läge direkt über dem Pub, und deshalb könnte es am Abend sehr laut werden.

Ich überlege schnell und teile ihr mit, dass wir das Zimmer trotzdem nehmen würden – bevor wir die Nacht im Auto schlafen müssen. Auch wenn das Zimmer eigentlich nicht für eine Familie mit zwei Kindern zugelassen sei. Aber vielleicht könne sie eine Ausnahme machen? Die junge Rezeptionistin guckt auf Antonia und Helen, die ihrerseits sehnsüchtig auf die Terrasse ins Restaurant blicken, denn sie haben großen Hunger, überlegt kurz, und dann sagt sie: »It might get loud, so I will give you the room for half the price«, und händigt uns den Schlüssel aus. Das gesparte Geld investieren wir in unser Abendessen.

In Neuseeland kann man wunderbar essen, vor allem Fisch, aber auch – welch ein Wunder bei 33 Millionen Schafen – Lamm, außerdem zartes Rind und Wildfleisch. Die meisten Tiere wachsen in freier Natur auf und würden bei uns wahrscheinlich als Biofleisch über die Theke gehen.

Diesmal habe ich nur einen der drei Kompressionsbeutel öffnen müssen, in dem ein Teil der Kleidung der Mädchen und meine Klamotten verstaut sind. Auch wenn man jedes Mal aufs Neue die Luft rauslassen und den Beutel per Zipper fest verschließen muss, so erweisen sich die Plastikteile für meine Zwecke als kleine Wundertüten. Denn es ist tatsächlich so, dass aufgrund des Vakuums mehr in den Kofferrucksack gequetscht werden kann. Das Teil wird aufgrund der großartigen Kleinigkeiten, an denen ich nicht vorbeigehen konnte (Filzschafe, Topflappen mit Schafmotiven, Handtücher mit altem Hanoi-Stadtbild, diverse Bilder und Postkarten, Mandalas, Buddhas, diverse Muscheln, bunte T-Shirts und Saris…) immer »fetter«. Mutiert allmählich zu einer Schildkröte oder einem Rieseninsekt, und deshalb nennen Antonia und Helen den Kofferrucksack ab sofort »Käfer«.

Eigentlich hatten wir uns vorgenommen, jeden Tag eine Unterrichtsstunde mit Antonia zu arbeiten. Doch das konnten wir bisher kaum einlösen, da wir viel gereist sind oder uns um andere Dinge kümmern mussten. Deshalb unterrichten wir meist in Einheiten von eineinhalb bis zwei Stunden. Da wir in Neuseeland mehr Zeit haben, hoffen wir, dass Antonia den versäumten Stoff nachholen kann. Eine Mathearbeit steht an, außerdem drei Diktate.

In Aotearoa, dem Land der langen weißen Wolke, wie die Maoris Neuseeland nennen, hat man bei der Planung der Spielplätze offenbar auch an die Eltern gedacht. Denn es gibt kaum einen Spielplatz ohne Café und kein Café ohne Spielplatz, oft befinden diese sich sogar direkt am Meer. Es gibt außerdem kostenfreies Wi-Fi, und so kann ich entspannt bei einem Kaffee Antonias fertige Aufgaben abfotografieren und der Schule schicken, damit ihre Lehrerinnen überprüfen können, ob sie alle Aufgaben erledigt hat und auf dem Stand ihrer Klasse ist. Die Lehrerinnen mailen uns im Gegenzug regelmäßig die neuen Aufgaben der verschiedenen Lehrbücher.

Glücklicherweise ist Neuseelands Kaffee mittlerweile geradezu legendär, denn es gibt sowohl auf der Nord- als auch auf der Südinsel eine große Kaffee- und Baristakultur. Für Frank und mich fast paradiesische Zustände.

Wir fahren weiter die Küste Coromandels entlang nach Hahei, einer Bucht mit fantastischen Felsformationen. Auch dort ist es nicht einfach, eine Unterkunft zu finden. Die ständige Suche kostet uns Zeit und Nerven. Zudem müssen wir mal wieder unsere Wäsche waschen. Leider sind alle Familienzimmer des Backpackers belegt, deshalb fragen wir auf einem Campground nach einer kleinen Cabin. Diese erweist sich als Plastikcontainer, wie wir sie in einer Township in Südafrika gesehen haben. Die Hütte ist ausgestattet mit zwei Stockbetten, und es ist stickig heiß. Innen riecht es nach Plastik und draußen nach Klo. Denn der Container befindet sich direkt gegenüber der Dump-Station, sodass wir beim Essen den Leuten zugucken können, wie sie ihre Scheiße ablassen. Daneben befinden sich die Waschräume und Toiletten. Man muss praktisch denken, so haben wir es nicht weit zum Klo.

Der Strand schlägt dann alles, was wir auf der bisherigen Reise an Stränden gesehen haben. Eine weit geschwungene Bucht mit Dünen, türkisfarbenem Wasser und moosbewachsenen Felsen. Hier wollen wir ein paar Tage bleiben.

Am Abend bereiten wir in der Gemeinschaftsküche unser Essen zu, es gibt mehrere moderne Kochstellen und ausreichend Platz zum Zubereiten der Speisen. Die Küche ist gut belegt, aber wir finden noch einen Kochplatz. Neben uns wird gewaschen, geschnitten, geplaudert und gekühlter Sauvignon getrunken. Wir kommen mit anderen Neuseeländern ins Gespräch, tauschen Gewürze aus und Geschichten, und ich erinnere mich an die langen Sommer als Jugendleiterin in Frankreich mit vierzig deutschen und französischen Jugendlichen und dieses intensive Gruppenleben. Die vielen Menschen in der Küche, die Gespräche, die Gemeinschaft – ein kurzer Flashback.

Auf unserem Campground wird auch noch nach Sonnenuntergang gegrillt, und das sogar mit Rost und echtem Feuer, da macht das Grillen wieder Spaß.

Am nächsten Tag gehen wir nach einer Deutschstunde mit Antonia an den Strand und suchen uns einen Platz unter einem Baum im Schatten, als uns eine Neuseeländerin anspricht und aufs Meer zeigt.

»Have you seen the dolfins?«

Aus dem Wasser springen tatsächlich diverse Delfine! Es sind so viele, dass wir sie nicht zählen können. Scheint eine Großfamilie zu sein – oder eine Delfin-Schwimmgruppe. Frank rennt ins Wasser und strahlt: »So kann ich einmal in meinem Leben sagen, ich habe mit Delfinen gebadet!« Dann schwimmt er los. Wir alle freuen uns wie die Kinder. Die Delfine bleiben noch lange in der Bucht, schwimmen ein paar Mal auf und ab und entfernen sich allmählich. Am Abend sehen wir sie erneut. Und am nächsten Tag wieder. Wir vermuten zumindest, dass es immer dieselben sind, aber vielleicht irren wir uns auch, und die Bucht ist ein beliebter Ausflugsort von Delfinen in Neuseeland.

Merkwürdigerweise gibt es in Neuseeland keine Haie. Warum sie sich nicht hier, sondern 1700 Kilometer weiter nordwestlich alle in Australien tummeln – wir wissen es nicht. Da könnte vielleicht tatsächlich meine alte Biolehrerin mit nützlichen Erklärungen weiterhelfen.

In Neuseeland gibt es überhaupt keine gefährlichen Tiere. Keine giftigen Spinnen, keine Schlangen, keine Skorpione und keine Haie. Da es abgesehen von den fiesen Sandfliegen, die einem brennende Löcher in die Haut bohren, keinerlei gefährliche Insekten gibt, geht der Neuseeländer am liebsten barfuß. In jedem Supermarkt sieht man barfüßige Männer, egal ob in Shorts oder in Anzug und Krawatte. Wir sehen Kinder, die barfuß laufen, Frauen und ältere Menschen. Hier nennt man diese Gepflogenheit »shoeless«. Ohne Schuhe, denn Schuhe gelten als eher notwendiges Übel.

Neuseeländische Kinder wachsen barfüßig auf, und auch Antonia und Helen laufen in Neuseeland gerne ohne Schuhe herum. Sie fühlen sich sehr wohl damit und als Teil der anderen. Vielleicht sind es all diese Dinge, die mich so ruhig werden lassen. Vielleicht liegt das auch an den Neuseeländern, die uns oft zum Lachen bringen aufgrund ihres trockenen englischen Humors, den ich sehr mag.

Neuseeland wird auf Landkarten gerne mal vergessen, haben wir festgestellt, vielleicht weil es so weit ab vom Schuss liegt und ungünstig platziert ist für Kartenmacher, irgendwo rechts unten am Rand. Man muss in Hamburg nur mal ins Troparium gehen – die Weltkarte endet hinter Australien. So wie einige Wetterkarten im Fernsehen. Neuseeland wurde früher gern mal als »australische Insel« bezeichnet. Das ist vielleicht der Grund, dass wir Neuseeländer erleben, egal wo wir hinkommen, die uns freundlich den Vortritt geben an der Kasse und sich selbst hinten anstellen. Keiner drängelt, und als wir einmal eine Frau auf dem Bürgersteig aus Versehen anrempeln, gibt es eine Entschuldigung – von ihr. Wir lasen in einem Bericht, dass Neuseeländer dafür bekannt seien, sich auch zu entschuldigen, wenn sie bei einem Wettbewerb gewonnen hätten, und in dem Fall betonen, der andere hätte den Sieg viel eher verdient. Außer beim Rugby. Da geht es um Leben und Tod und um die Ehre. Da haben auch Neuseeländer ihren Stolz. Edmund Hillary, einer der berühmtesten und beliebtesten Neuseeländer, der zusammen mit Tenzing Norgay 1953 als erster Mensch den Mount Everest bestiegen hatte, wollte nach der Verleihung des Adelstitels weiterhin mit »Ed« angesprochen werden und nicht mit »Sir«, und er bezeichnete sich nicht als Bergsteiger, sondern als Bienenzüchter, seinem gelernten Beruf. Er galt als bescheiden und typischer Neuseeländer.

Die Neuseeländer, die wir kennenlernen, reden tatsächlich nicht darüber, was sie beruflich machen, es scheint nicht wichtig zu sein. Hierarchien gebe es kaum, erfahren wir, denn es herrsche das Prinzip der Egalität. Vielleicht deshalb haben wir weder fette Autos noch Häuser mit Mauern gesehen, keiner soll anscheinend besser oder schlechter sein als der andere. Standesdünkel kennen Neuseeländer ebenfalls nicht. In Neuseeland geht der Zahnarzt zusammen mit seinem Klempner segeln, berichtet die Journalistin Anke Richter, die mit ihrer Familie seit vielen Jahren in Christchurch lebt und regelmäßig über die »Kiwis« und ihr Leben dort schreibt.

Dieses neuseeländische Leben dürfen wir ab sofort jeden Tag entdecken. Wir kommen allerdings nur langsam voran, denn schneller als achtzig Stundenkilometer kann man nicht fahren, dafür sind die Straßen viel zu kurvenreich und hügelig. Zudem lauert hinter jeder Wegbiegung ein neues Naturwunder, sodass wir ständig anhalten. Glotzen. Und seufzen beim Blick auf türkisfarbenes Wasser, grüne Hügellandschaften, gigantische Silberfarne und prächtige, uns fremde Bäume, wie wir sie bisher höchstens aus Märchenbüchern kennen. Und dann dieses Licht! Da es nicht weit ist bis zum Südpol, wechseln die Farben des Himmels in kurzen Abständen und lassen die Landschaft leuchten. Wie soll das bloß auf der Südinsel werden, die angeblich noch gewaltiger, noch paradiesischer sein soll?

Am nächsten Tag suchen wir einen Supermarkt. Doch, den gebe es hier, sagt man uns. Man müsse nur die kleine Fähre nehmen und dann zehn Minuten zu Fuß gehen. Völlig normal in Neuseeland, Einkaufen mit einem Naturerlebnis zu verbinden. Wir fahren dennoch weiter zur Flaxmill Bay und entdecken ein buntes, selbst gemaltes Schild mit der Aufschrift »Eggsentric cafe and our little store«.

Im Garten stehen knallbunte Skulpturen, außerdem pastellfarbene Spieltürme mit kleinen Fenstern und Türen, Holzschnitzereien und mittendrin Tische und Stühle für die Gäste des kleinen Cafés. In den Bäumen hängen – logisch – Schaukeln. Die gehören in diesem Land zur Standardausrüstung. (Hatte ich schon erwähnt, dass die Mädchen Neuseeland ziemlich gut finden?)

In dem kleinen Deli-Shop geht mir sofort das Herz auf, denn der Laden sieht aus wie aus der Zeit gefallen mit seinen zum Teil selbst gefertigten Produkten aus der Gegend, die in Holzregalen und großen Körben angeboten werden. Eine junge Frau, die in den Laden kommt, empfiehlt das Rindfleisch, das von einem Tier aus der Nachbarschaft stammt. Obwohl es extrem teuer ist, kaufen wir zwei dicke Scheiben. Es wird das beste Fleisch sein, das wir während der Reise grillen werden, so zart, so saftig, so einmalig im Geschmack, dass jedes andere Steak danach irgendwie fade schmeckt.

Beim Bezahlen entdecken wir, dass man in dem Café auch zu Abend essen kann, und blicken neugierig auf die verheißungsvoll aussehenden Gerichte, die aus der kleinen Küche getragen werden. Also verabschieden wir uns mit dem Versprechen, am nächsten Tag zum Essen wiederzukommen. Denn auch wenn man Geld spart, indem man selbst kocht, entgeht einem doch der kulinarische Genuss der neuseeländischen Küche.

Als wir gerade im Auto sitzen, um loszufahren, stelle ich fest, dass ich vergessen habe, Salz zu kaufen, und kehre zurück. Der Laden ist bereits dunkel, ich frage nach Salz, und die junge Frau meint, ich solle einfach nach hinten in den Laden gehen, das Licht sei links, und mir ein Salz aussuchen. Es gibt die unterschiedlichsten Sorten von Meersalz, ich greife einen Beutel, gehe wieder nach vorne und will zahlen, doch der Chef ruft mir aus der Küche zu: »It's fine. See you tomorrow!«

Da ist es wieder. Das Vertrauen. Neuseeländer scheinen in alles und jeden großes Vertrauen zu haben. Deshalb werden die Türen nie abgeschlossen, oft gibt es nicht einmal einen Schlüssel, deshalb stehen die Gartentore offen, deshalb sind alle so entgegenkommend. Deshalb liebe ich dieses Land.

Am nächsten Abend kehren wir zurück, betrachten diesmal in Ruhe die Fotos von Musikern, denn an diesem Ort treten alle paar Abende welche auf, wir gucken uns die Skulpturen an, die vielen Instrumente an den Wänden und die Spielgeräte im Garten. Neben den Schaukeln hängt an einem Baum ein dickes Tau mit einer Schlaufe, an dem man prima Tarzan spielen kann. Helen jubelt, als sie es schafft, sich mit eigener Kraft in die Kuhle zu schwingen. Antonia springt auf dem Trampolin. Sind die Kinder zufrieden, sind die Eltern es auch. Eigentlich sind wir ja zum Essen hier, und deshalb nehmen wir kurz darauf an einem der Tische im Garten Platz. Der Boss, wie er hier neckisch und liebevoll genannt wird, kommt in der Schürze aus der Küche, setzt sich mit einer Gitarre auf einen Hocker und fängt an zu klampfen. Dann blickt er Antonia und Helen an und gibt mit tiefer Stimme ein lustiges Kinderlied zum Besten. Grunzt wie ein Schwein und wiehert wie ein Pferd. Antonia und Helen sind begeistert. Ich betrachte die

Hände vom »Boss«, sie sind groß und mächtig, sie sehen nach Arbeit aus, und wie wir später erfahren, baut und schnitzt er alle Skulpturen im Garten selbst. Nebenbei betreibt er das Restaurant und den kleinen Bioladen direkt am Meer. Nach unserem Besuch haben wir ihn in Badehose auf seinem Balkon gesehen, er sah sehr zufrieden aus.

Am nächsten Tag fahren wir zum »Cathedral Cove«, einem Strand mit Felsbogen, der nur bei Ebbe und durch eine kleine Wanderung zu erreichen ist. Es ist warm und sonnig, und wir haben Glück, denn wir haben noch vier Stunden, ehe die Flut kommt und der Strand unter Wasser steht.

Die kurvenreiche Fahrt geht vorbei an riesigen Kauri-Bäumen, Holzhäusern, Baumfarnen und zehn Meter hohen Nikau-Palmen. Die deutsche Eiche finde ich auch sehr schön, aber diese Bäume in ihrer Unterschiedlichkeit erinnern an eine Landschaft auf einem fernen Planeten. Der Eindruck verstärkt sich noch, als wir uns zu Fuß auf den steilen Weg hinunter zur Bucht machen.

Antonia und Helen halten immer wieder an: »Guck mal, wie die sich kringeln«, kichert Helen, als sie die jungen Silberfarnwedel entdeckt, die wie eingerollte pelzige Würmer aussehen. Es gibt allein einhundertneunzig (!) Farnarten in Neuseeland und acht Baumfarnarten. Die gigantischen Baumfarne, die bis zu 20 Meter hoch werden, beeindrucken auch die Mädchen.

»Als ob hier gleich ein Dinosaurier um die Ecke trampelt«, staunt Antonia, weil der Regenwald so urzeitlich wirkt.

In Neuseeland wollen wir immer alles anfassen, weil es so unecht aussieht. Dazwischen flattern bunte Schmetterlinge, und als Geräuschkulisse begleitet uns das Gesangsspektakel der Tui-Vögel, deren Gesang einem melodiösen Telefonklingeln gleicht. Ein Klingelton mit Tonstörung, denn die Melodie wird immer wieder unterbrochen von klickenden und schnarrenden Krächzgeräuschen.

Am Strand erhebt sich ein zwanzig Meter hoher bogenförmiger Höhlendurchgang, der an eine Kathedrale erinnert und zwei Strandabschnitte miteinander verbindet. Dahinter stehen Pohutukawas, die »Weihnachtsbäume« der Insel, die zum Glück Schatten spenden und die es natürlich auch nur hier gibt, in Neuseeland. War klar.

Es ist Ende Februar und somit Spätsommer in diesem Teil der Erde und noch immer sommerlich heiß. Dass die Sonne auf der südlichen Erdhälfte im Sommer mittags im Norden und nicht wie bei uns im Süden ihren Zenit erreicht, daran muss ich mich erst einmal gewöhnen. Am Anfang rücke ich immer in die falsche Richtung in den Schatten. Der Mond ist ebenfalls entgegengesetzt, wie kann es auch anders sein. Was bei uns der abnehmende Mond ist, ist hier der zunehmende.

Antonia und Helen sammeln angeschwemmtes Strandgut, das in großer Anzahl zu finden ist. Vom Meerwasser knochenbleich verfärbte und verschraubte Äste und Hölzer, die aussehen wie Skulpturen und unseren Mädels als Musikinstrumente dienen. Sie klopfen rhythmisch auf die Hölzer und fangen laut an zu singen. Das ist das Faszinierende an Neuseeland: Das Spielzeug liegt quasi einfach so rum, inmitten der Natur. Neuseelands Natur, ein großer Kinderspielplatz.

Nach vier Tagen fahren wir ins Landesinnere nach Rotorua, einer Stadt, die in der Maorisprache »übel riechender Ort« bedeutet. Und übel riecht es tatsächlich. Kaum nähern wir uns der Vulkangegend, dringt uns der Geruch nach faulen Eiern in die Nase. Wir befinden uns in dem größten Thermalgebiet der Welt mit Geysiren, Vulkanen, Kraterseen und brodelnder Erde.

Es regnet, und es hat deutlich abgekühlt. Viele Straßen sind abgesperrt, und uns leuchten rote »No vacancy«-Schilder entgegen. Wir versuchen es Richtung Ortsausgang mit einer Bleibe. Doch auch hier: no vacancy. Bei jeder Unterkunft! Leider wussten wir nicht, dass an diesem Wochenende halb Neuseeland nach Rotorua kommt, um einem Musikfestival beizuwohnen. Wo wir auch nachfragen und eine Absage erhalten, ist man dennoch bemüht. Telefoniert herum, bei befreundeten Guesthouse-Besitzern, in kleinen Hotels. Dann ein mitfühlender Blick. »Sorry, but they have also no vacancies.« Wir sind müde, wir sind hungrig, wir würden alles geben für ein warmes Bett in diesem Moment.

Aus lauter Verzweiflung frage ich in dem wahrscheinlich teuersten Hotel der Stadt nach, einem hochhausartigen Vier-Sterne-Kasten. Hier wird sicher noch ein Zimmer frei sein, denke ich, doch der Mann hinterm Tresen guckt mich fast überrascht an und äußert dann etwas, das mich zusammenzucken lässt: »Oh, sorry, but we don't have any family room left.« Ich teile ihm mit, leicht verzweifelt, dass wir auch ein Doppelzimmer nehmen würden, das hätten wir schon häufiger getan. Doch er schüttelt bedauernd den Kopf. »I am sorry, but we don't have any room left, any.«

Das kann doch nicht wahr sein. In diesem Kasten? Kein einziges Zimmer mehr? Als ich mich resigniert umdrehe, sehe ich unser Auto in der Hotelzufahrt und die erwartungsvollen Blicke der Mädchen auf der Rückbank, den tapferen kleinen Reisenden. Bin so enttäuscht, ihnen jetzt keine frohe Botschaft überbringen zu können. Der Mann erkennt wohl meine Verzweiflung, doch er meint, die Stadt sei an diesem Abend leider komplett ausgebucht, wir hätten uns den falschen Tag ausgesucht und ganz großes Pech. Er nimmt einen kleinen Zettel und einen Stift, schreibt eine Nummer drauf und meint, das sei seine private Mobilnummer, und ich solle in ein bis zwei Stunden anrufen, um nachzufragen, ob vielleicht ein Gast nicht erschienen sei. Das, so fügt er leise hinzu, sei allerdings eher unwahrscheinlich an Tagen des Musikfestivals. In zwei Stunden ist es zehn Uhr abends.

Wir verfluchen das Festival. Den Regen. Und die ganze Situation.

Frank und ich überlegen. Wir haben ja ein Dach über dem Kopf, es könnte also schlimmer sein, beruhige ich mich. Wir haben das Auto, das zwar klein ist und vollgestopft mit Gepäck, aber wir haben Daunenjacken und Skiunterwäsche. Wir müssen nicht hungern, wir müssen halt nur mal eine Nacht im Auto schlafen.

»Das wird lustig, Mädels«, versuche ich zu scherzen.

Antonia ist sich noch nicht so sicher, ob sie das lustig finden soll. »Aber wo parken wir denn? Hier ist doch alles voll. Und ist es nicht zu eng im Auto für uns alle?«

Ich versuche sie zu beruhigen: »Nee, das geht, das haben wir früher ganz oft gemacht. Wir essen erst mal was Leckeres, denn nun sparen wir ja Geld für die Übernachtung, danach gehen wir in den Luxusschuppen und ziehen uns auf der Toilette um, machen uns ein bisschen bettfertig. Ihr dürft euch noch leckere Schokolade aussuchen, und dann machen wir eine kleine Wagenparty.«

Frank ergänzt: »Genau, wir schalten das Radio an, ihr trinkt eine Limo, wir Wein, und dann singen wir alle.«

In dem Moment finde ich die Situation plötzlich gar nicht mehr so hoffnungslos. Das wird sicher eine Nacht werden, die man nicht vergisst – und es gibt wirklich Schlimmeres.

Doch Frank hat noch einen anderen Vorschlag. »Ich trinke noch schnell einen Kaffee, und dann fahren wir weiter, bis zum nächsten größeren Ort.«

Ich gucke ihn erstaunt an. »Echt? Ich bin todmüde. Obwohl – langsam werde ich wieder wach.« Die Mädchen ebenso, sie sind jetzt ganz aufgekratzt.

Der nächste größere Ort ist 80 Kilometer entfernt. Zu weit eigentlich, denn wir wollen ja in der Gegend der Maoris bleiben.

Wir haben die Stadt gerade verlassen, da hält Frank plötzlich an. »Da war eben ein Schild. Anscheinend ein Campground!« Wir wenden, und tatsächlich: ein Hinweisschild zu einem Campingplatz. Frank geht an die Rezeption, die zum Glück noch geöffnet hat, kurz darauf kommt er wieder raus und reckt die Faust in die Höhe: »Wir haben etwas! Wir haben eine Unterkunft!« Fünf Minuten zuvor hat ein Gast abgesagt. Die Plastikcabin auf dem Campground mutiert plötzlich zur Luxushütte, und wir brechen kurz in Freudengeschrei aus. Nach diesem Erlebnis nehmen wir uns jedoch vor, unsere nächsten Unterkünfte per Internet im Voraus zu buchen.

Am nächsten Morgen wollen wir in einen Nationalpark, doch unser Auto will nicht. Nix zu machen. Als der Mann von der Rezeption uns am Auto rumfummeln sieht, kommt er sofort raus und fragt, was los sei. Kann nur die Batterie sein, meint er. Das sei nicht ganz unüblich bei diesen Modellen. Der Mann in typischem Neuseeland-Outfit, Jeans und grobes Karohemd, reicht uns das Telefon, und wir kontaktieren die Autovermietung. Wir sollten uns eine neue Batterie einbauen lassen, die Rechnung übernehme die Firma. Der Mann von der Rezeption telefoniert erneut und ruft seine Tochter an. Die würde gleich mit ihrem Auto und einem Überbrückungskabel vorbeikommen, und dann könnte man die Batterie zumindest für die Fahrt zur Werkstatt startklar machen. Für den Mann scheint es das Selbstverständlichste der Welt zu sein. Bleibt die Arbeit eben liegen, es gibt grad Wichtigeres, uns und unsere Batterie.

Für seine Tochter anscheinend auch, denn die fährt zehn Minuten später die Einfahrt hoch. Sie grüßt freundlich, ist die Ruhe selbst, sie käme gerade von der Arbeit. Dann sorgen Vater und Tochter dafür, dass unser Auto wieder anspringt. Diese selbstverständliche Hilfsbereitschaft rührt uns, genauso wie die zurückhaltende Freundlichkeit und das Interesse am anderen.

Da wir mehr Zeit und Ruhe haben, seit wir in Neuseeland sind, fällt auch das Unterrichten leichter. Antonia hat mittlerweile einige Klassenarbeiten geschrieben. Die erste Mathearbeit am Anfang der Reise fiel schlecht aus, da haben ihre Eltern-Ersatzlehrer geschlampt, und Antonia war offenbar überfordert mit allem: den Vorbereitungen zu Hause, den vielen Abschieden von ihren Freunden und ihrer Klasse und den ersten Eindrücken auf der Reise. Wir dachten, sie würde das locker wegstecken, aber so war es anscheinend nicht. Die Mathearbeit ging also in die Hose. Alle anderen Fächer laufen von Anfang an gut, Deutsch fällt ihr leicht, und Englisch klappt immer besser, da Antonia selbst anfängt, auf andere zuzugehen und sich zu unterhalten.

Ich habe Glück, denn ich darf Deutsch und Englisch unterrichten. Frank muss mehr Kämpfe ausfechten, damit Antonia in Mathe am Ball bleibt. Die Lust kommt jedoch mit dem Erfolg. Die nächste Klassenarbeit ist wesentlich besser ausgefallen, auch die Übungen und Hausaufgaben löst Antonia seither mit mehr Ehrgeiz. Der Erfolg und das Lob ihrer Lehrerinnen spornen sie offenbar an. Vielleicht auch die Ruhe. Oder der regelmäßige Unterricht in Neuseeland. Oder unsere eigene Entspanntheit. Für uns steht fest, dass wir dranbleiben müssen. Das ist jedoch gar nicht so einfach, wenn man so viel unterwegs ist, sich immer wieder organisieren muss, neu orientieren und auf wechselnde Gegebenheiten einstellen.

Der Sachkundeunterricht läuft auf so einer Reise nebenbei. Denn dass der Sternenhimmel hier ein anderer ist als bei uns, kurz, das wird natürlich sehr deutlich, wenn man selbst darunterliegt. Die für die Mädchen neuartige Pflanzenwelt, die fremden Sprachen und die Dialekte, die andere Kultur, die Tierwelt, die sie sonst nur aus dem Zoo kennen, die Muscheln und das Strandgut, all das kann kein Schulbuch bieten, das ist Sachkundeunterricht zum Anfassen. Deshalb ist es in Neuseeland, aber auch in einigen skandinavischen Ländern nicht unüblich, die Kinder eine Zeit lang aus der Schule zu nehmen, mit ihnen zu reisen und sie selbst zu unterrichten, damit sie »streetwise« werden, etwas von der Welt sehen und dadurch fürs Leben lernen. In Neuseeland ist »homeschooling« ebenfalls ein gängiges Modell, und wir werden oft darauf angesprochen, ob wir ebenfalls »homeschooling« mit Antonia und Helen machten. Wir würden es eher »worldschooling« nennen: Wir zeigen ihnen die Welt, und Antonia und Helen sammeln auf diese Weise neue Erfahrungen und Eindrücke.

Jetzt erwartet Antonia quasi ein Bilderbuch-Naturkundeunterricht. Wahrscheinlich träumt jeder Geologielehrer davon, einmal nach Rotorua zu fahren, um das Naturwunder mit eigenen Augen zu sehen, denn wir fahren zur geothermalen Zone. Zur brodelnden Erde, zu Geysiren und schwefelverfärbten Erdlöchern und endzeitlicher Atmosphäre. Die Erde ist hier so heiß, dass sie dampft, denn obwohl die Vulkane seit längerer Zeit ruhen, herrschen knapp unter der Oberfläche noch Temperaturen von über 60 Grad. Wir wandern an blubbernden und vom Schwefel verfärbten Erdlöchern vorbei, an schmatzenden Schlammpools, wir machen Rast an Seen, die aufgrund des Schwefels bonbonfarben leuchten. In diesem Gebiet leben viele Maoris, und deshalb erfahren wir bei einer Tour durch eines ihrer Dörfer einiges über das Leben der Ureinwohner Neuseelands.

Die Mädchen freuen sich, als eine Dorfbewohnerin Antonias und Helens Lieblings-»Gemüse« hochhält: Maiskolben. Diese tut sie in einen großen Topf und taucht ihn in einen dampfenden See. Kurz darauf reicht sie uns zwei Maiskolben mit einem Stückchen Butter und etwas Brot. Die kleine Zwischenmahlzeit schmeckt hervorragend. Auch Helen nickt zustimmend und beißt noch einmal ein Stück vom Mais ab.

Jetzt sind wir gestärkt für das absolute Highlight, auf das sich die Mädchen schon tagelang gefreut haben: Die Maoris werden einen Haka zeigen. Sie werden singen und tanzen. Früher flößte man mit einem Haka Gegnern Angst ein, heute werden damit Touristen unterhalten – und das neuseeländische Rugbyteam begrüßt. Denn der Haka ist der traditionelle Eröffnungstanz eines jeden Rugbyspiels in Neuseeland. Antonia und Helen werden nicht enttäuscht. Die Tänzerinnen und Tänzer stampfen mit den Füßen, schreien, rollen dabei mit den Augen und – das gefällt den Mädchen am besten – strecken immer wieder ihre Zunge raus. Helen kichert und klatscht vor Freude in die Hände. Nach dem Tanz werden Antonia und Helen noch tagelang Haka spielen und uns wann immer es ihnen gefällt die Zunge rausstrecken.

Als wir ein paar Stunden später in dem nächsten Ort am Fuße des aktiven Vulkans Tongario ankommen, dämmert es bereits. Wir sind diesmal ganz entspannt, denn wir haben ja im Voraus gebucht. Ein Paar leitet das Backpacker-Hostel und fragt uns, woher wir kommen und wie lange wir schon unterwegs seien. Sie geben uns noch einen Tipp, wo wir später essen können, ein paar Straßen weiter gehöre einem Freund von ihnen ein nettes Restaurant. Fein, der Abend ist also gebongt.

Der Besitzer des Restaurants ist ein typischer Neuseeländer, wie wir ihn schon so oft gesehen haben: groß, kräftig, ein paar Tattoos, Ohrringe und ein sympathisches Lachen. Ein ganzer Kerl. Er reicht uns die Karten und bittet Antonia und Helen mitzukommen. Neugierig folgen sie ihm in einen Nachbarraum. Ein Spielzimmer, nein, ein Paradies für Kinder! Ein Raum wie aus einem Weihnachtskatalog mit allen Dingen, die Kindern Spaß machen. Helen kugelt sich vor Freude auf dem Boden, weiß gar nicht, womit sie zuerst spielen soll. Mit dem Puppenhaus, den Baggern, der Murmelbahn?

Der nette Typ erklärt uns, dass Nachbarn aus dem Ort die Spielsachen zusammengetragen hätten. So könnten die Eltern in Ruhe essen, und die Kids hätten auch ihren Spaß. Ich liebe dieses Land.

Frank meint: »Es ist merkwürdig, aber der hier ist schon wieder so ein angenehmer, total bodenständiger Typ, mit dem ich gern mal ein Bier trinken würde. Ich würde von jedem sofort einen Gebrauchtwagen kaufen.«

Wann treffen wir das erste Arschloch? Irgendwann muss es doch mal so weit sein. Können doch nicht alles bodenständige, herzensgute Kerle sein. Oder warmherzige, witzige Frauen. Irgendwo müssen sie sein, die unangenehmen Neuseeländer. Aber wir suchen nicht danach, wirklich nicht.

In Wellington haben wir wieder ein Backpacker-Familienzimmer mitten im Zentrum gemietet und testen als Erstes die Food Trucks, die überall am Hafen stehen. Fein! Das Wetter ist auch fein, wir haben Glück, denn Wellington gilt als windigste Stadt Neuseelands. Die Hauptstadt des Landes ist zugleich auch Hauptstadt des Kaffees, nirgendwo gibt es so viele gute Coffeeshops und Cafés wie hier. Antonia und Helen lümmeln sich auf den Fatboys und beobachten die Ruderboot-Regatta, die gerade startet. Wellington gefällt uns, die vielen Food Trucks, die Kaffeekultur, die Lage am Meer. Ein Highlight ist vor allem das riesige Nationalmuseum »Te Papa«, das sogar gratis ist. Ein Museum zum Anfassen, mit vielen interaktiven Elementen.

Nach drei Tagen verabschieden wir uns von der Nordinsel und nehmen die Fähre auf die angeblich landschaftlich noch beeindruckendere Südinsel. Für uns schwer vorstellbar.

Und dann kommt etwas, mit dem wir nie gerechnet hätten – aber eins nach dem anderen.

Zehn Tage in einem Haus leben dürfen, in das wir uns alle vier sofort verliebt haben. Zehn Tage an einem Strand sein dürfen, den wir schon als »unseren Strand« bezeichnen, denn Nachbarn gibt es keine. Zehn Tage an einem Ort sein dürfen, an dem es kaum regnet, weil wir in der sonnenreichsten Region Neuseelands sind, in einer Bucht, in der man Delfine und Robben sehen kann. Das ist: ein verdammtes Glück.

Das Haus ist wie so viele Häuser Neuseelands aus Holz, es liegt auf einer kleinen Anhöhe, ist himmelblau gestrichen, mit einer großen Holzterrasse und Treppe zum Garten, und es befindet sich im Norden der Südinsel, an der Golden Bay, bei Takaka. Direkt am Abel Tasmanien Park, einem der schönsten Regenwälder Neuseelands. Zwei Stunden lang sind wir in Serpentinen über eine Gebirgskette gefahren, um diese abgelegene Bucht zu erreichen.

In dem großen Garten, direkt hinter dem Strand, stehen Zitronen- und Apfelbäume, an anderer Stelle wachsen Thymian,

Rosmarin und Salbei. Das Meer ist nur durch den Strand abgetrennt, von fast jedem Zimmer aus kann man es sehen. Und hören! Vor allem vom Klo aus. Denn das befindet sich mit separatem Eingang neben dem Haus. Wenn wir die Tür offen lassen, was wir fast immer tun, blicken wir auf eine Palme und das Meer.

Die Tür zum Garten unseres Hauses stand offen, als wir ankamen. Wo der Schlüssel ist, wissen wir nicht, aber was macht das schon. Wie in den anderen Unterkünften Neuseelands bisher schließen wir nicht ab, denn außer uns ist hier weit und breit niemand.

Irgendwann steht Kelvin auf der Terrasse. Kelvin ist der Hausbesitzer und somit unser Vermieter. Ein Mann um die sechzig, mit dem typischen Neuseeland-Blick: offen und freundlich. Kelvin wohnt in einem gigantischen Haus mit bodentiefen Fenstern oben auf dem Hügel. Das ist für Neuseeländer das Nonplusultra. Mit einem Ferienhäuschen, einem »Bach« (gesprochen: Bätsch), fängt alles an, erzählt er, einem Holzhäuschen an einem See oder am Meer, vor einigen Jahren waren die noch häufig ohne sanitäre Anlagen. Heutzutage seien sie allerdings komfortabler eingerichtet, mit bodentiefen Fenstern, die zum Wasser ausgerichtet seien. Doch irgendwann wächst bei den Neuseeländern offensichtlich der Wunsch, vom Strand auf einen Hügel zu ziehen, damit man das Meer überblicken kann. So war es auch bei Kelvin. Neuseeländer seien nicht besonders sesshaft, erzählt er. Sie hängen nicht an ihrem Besitz, und wer ein Haus in Neuseeland kaufen will, bekommt meist gleich das gesamte Inventar mit dazu. Kelvin hat also das, wovon der Neuseeländer im Allgemeinen so träumt: ein »Bach« direkt am Strand, außerdem ein verglastes Haus auf dem Hügel, eine Familie und einen Angelschein. Er fragt, was wir noch benötigen, und erzählt uns dann von der Küste. Vor zwei Wochen seien hier zweihundert Grindwale gestrandet. Sechzig von ihnen konnten zurück ins offene Meer gezogen und gerettet werden. Die anderen Wale sind erstickt, von der Sonne verbrannt, und einige mussten eingeschläfert werden, um ihnen die Qualen zu nehmen.

Kelvin sagt, dass es in dieser Gegend alle paar Jahre zu traurigen Vorfällen wie diesen komme. Die Wale verirren sich in der Bucht, meist weil ein orientierungsloser Wal vorausschwimmt und die anderen ihm folgen, denn Wale seien Herdentiere, so Kelvin, und sie finden nicht mehr heraus aus der Bucht und verenden qualvoll, wenn sie nicht ins offene Meer gebracht werden können. In diesem Fall kamen sofort fünfhundert Freiwillige zusammen, um den Tieren zu helfen. Wenn Kelvin davon erzählt, spürt man, dass ihn das Geschehen noch immer sehr mitnimmt. Mir stehen auch die Tränen in den Augen.

Es ist merkwürdig, aber zu den Menschen hier finden wir sofort einen Draht. Und sei es nur aufgrund eines kurzen, aber umso freundlicheren Gesprächs. Der Tankwart zum Beispiel, ein Typ in unserem Alter, erzählt Frank, er trete in Takaka jeden Freitag im Pub als Gitarrist in einer Band auf, denn Musik sei seine wahre Leidenschaft, und außerdem wolle er gerne Deutsch lernen. Er fragt, wohin wir schon gereist seien, und will wissen, wie uns Kambodscha gefallen hat.

Unser Vermieter Kelvin zeigt uns den Schlüssel zum Haus und probiert ihn aus. Normalerweise würde er nie benutzt, aber falls wir doch mal abschließen wollten... Nee, wollen wir nicht. Wir wollen es so handhaben wie die Neuseeländer. Und wir wollen unbedingt die Tür zum Außenklo offen lassen. Kelvin lacht, genau das hätten sie auch immer getan, als sie noch in dem Haus gewohnt hätten. Es sei herrlich gewesen, beim Pinkeln aufs Meer zu gucken.

Von unserem Haus in Neuseeland werden wir noch Monate später voller Sehnsucht sprechen, und wenn ich dann die Augen schließe, bin ich wieder dort. Rieche das warme Holz der Terrasse, die Kräuter im Garten, höre das Meer und den Tui, der jeden Tag singt, stehe in der offenen Küche mit den hellblau gestrichenen Küchenschränken aus den Sechzigerjahren und blicke auf die Flügeltür zum Garten, von wo aus man das Meer sehen und bei geöffneter Terrassentür seine salzige Brise riechen kann.

An unserem Strand in der großen geschwungenen Bucht, an dem wir nur selten anderen Menschen begegnen, sammelt sich viel Strandgut an. Das angeschwemmte Holz ist vom Salzwasser gebleicht, geschliffen und zu bizarren Skulpturen geformt worden. Frank und die Mädchen sammeln lange Stöcke und fangen an, ein Tipi zu bauen, während ich am Strand entlangspaziere, Steine und Muscheln auflese und zwei Reiter beobachte, die durch den hellen Sand traben. Muscheln, Steine, Pferde, Meer. Eine Szene wie aus einem Kitschfilm. In der nächsten Bucht entdecke ich zwei weitere Menschen. Sie haben es sich auf Klappstühlen mit einem Kaffee bequem gemacht und lesen.

Das Leben kann so einfach sein. Ich könnte nicht nur einfach auf einem Baumstamm sitzen, der am Strand rumliegt, und aufs Wasser glotzen, ich tue es auch. Und freue mich jeden Tag aufs Joggen am Strand. Während Frank und ich jeder für sich von unserer Bucht in die nächste laufen, vorbei an anderen Strandhäusern aus Holz, spielen Antonia und Helen im riesigen Garten, oder wir finden sie im Tipi. Nach dem Joggen springen wir kurz ins Meer, und ich versuche, ja, tatsächlich, auf einem Baumstamm sitzend zu meditieren. Wenn nicht hier, wo dann?

Es gelingt immer besser, dieses Abschalten und Ausklinken, dieses Gefühl von absoluter Entspanntheit und Zufriedenheit. Vielleicht weil es keinerlei negative Einflüsse von außen gibt, keinen Stress, keine Hektik, keine Organisation. Und genug Zeit.

Vielleicht sind es auch die äußeren Einflüsse: das türkisfarbene Meer ohne große Strömung und ohne sonstige Gefahren wie Haie oder Quallen, dafür glasklar, die Bucht wie bei Robinson Crusoe, unser romantisches Haus direkt am Strand, die Früchte im Garten und die ganze Natur drum herum. Der nächste Supermarkt und ein paar nette kleine Läden sind 17 Kilometer entfernt, was in Neuseeland »um die Ecke« heißt, und eine Kultkneipe gibt's in zwei Kilometern, das legendäre Mussel Inn. Als wir gegen Mittag hinfahren, ist es noch ziemlich leer, die meisten Stammgäste kommen erst am Nachmittag. Im Laden hängen Fotografien aus vielen Jahren. Das Mussel Inn hat Kultstatus in dieser Gegend und sogar über die Grenzen hinaus, weil regelmäßig Bands auftreten, weil es Poetry-Slam- und Theater-Abende gibt und ein weithin gerühmtes selbst gebrautes Bier. Der Chef des Ladens ist eine Frau. Die nicht nur die Gäste und die Bands betreut, sondern auch das Bier selbst braut. Und uns erzählt, dass einige der Gäste schon als Baby durch die Kneipe gerobbt seien. Heute, sagt sie lachend, kriechen sie höchstens auf allen vieren aus dem Laden, wenn sie zu viel Bier intus haben – und einige bringen ihren eigenen Nachwuchs mit, der dann auf allen vieren krabbelt…

Wir haben zehn Tage. Viel zu wenig. Eigentlich könnten wir die Reise hier komplett beenden, denke ich im Stillen, ohne es auszusprechen. Ich habe keinerlei Sehnsucht nach zu Hause, aber mir graut vorm Packen und vor der erneuten Anstrengung. Wir sind so glücklich in dem Haus, in der Gegend, besser kann es nicht mehr werden. Und dabei haben wir noch so viel vor! Die Südinsel erkunden und bereisen, denn dort haben wir ja gerade erst angefangen, danach weiter in die Südsee für zwei Wochen, anschließend durch die USA, Kanada… Wie sollen wir all das noch aufnehmen und verarbeiten? Wieder packen, wieder in Karten gucken, nach dem Weg suchen, nach einer Unterkunft. Ich, die große Organisatorin dieser Weltreise, habe einen Weltreisehänger, so kann man das vielleicht nennen, und sage lieber nichts. Ich werde ganz melancholisch bei dem Gedanken, unser Haus bald verlassen zu müssen, um erneut weiterzuziehen.

Als wir zum Einkaufen in den nächstgrößeren Hippie-Ort Takaka fahren, sagte Frank: »So könnte es jetzt noch Wochen weitergehen. Ich könnte vom Gefühl her ewig hierbleiben.«

Ich bin total erleichtert, wie praktisch, da denken wir ja das Gleiche: »Ich auch! Eigentlich möchte ich gar nicht mehr weg, mir graut gerade ein bisschen vor der weiteren Reise.«

Frank scheint ebenfalls erleichtert, dass es mir genauso geht: »Das darf man ja eigentlich gar nicht laut sagen: Wir müssen weiterreisen. Hey, wir machen eine Weltreise! Klar reisen wir immer weiter. War bisher ja auch großartig, aber hier fühlt es sich gerade so an, als könnte die Reise an diesem Ort zu Ende gehen.«

Wir schweigen eine Weile. Das ist das faszinierende Mysterium zwischen Frank und mir: Wir sind längst nicht immer einer Meinung, wenn es um Alltagskleinigkeiten geht, Ordnung und herumliegende Klamotten in der Wohnung, die berühmten Zahnpastatuben (tatsächlich! Kann zum Knackpunkt werden, so was), es fliegen kurzzeitig die Fetzen. Aber in den grundsätzlichen Dingen, welche Menschen wir mögen, welche Länder und Landschaften, Leidenschaften und Lebensinhalte uns wichtig sind, bei diesen Big Five sind wir tatsächlich fast immer einer Meinung. Oft ohne jemals darüber gesprochen zu haben. Da ticken wir absolut gleich. So wie jetzt.

Nach ein paar Tagen sind wir wieder im Weltreisegroove, holen unseren Reiseführer raus, lesen über die anderen Gegenden der Südinsel Neuseelands und tauchen wieder ein in das Reise- und Entdeckergefühl.

Vielleicht gibt es auf jeder Weltreise einen Durchhänger. Vielleicht sogar mehrere. Vielleicht braucht man diese zeitweilige Unlust und den Wunsch nach Ruhe und einer Pause, um sich noch einmal bewusst zu machen, dass dies keine normale Reise ist, sondern eine einmalige Unternehmung als Familie. Die Erfüllung eines Lebenstraums, der einem aber nicht in den Schoß fällt, sondern mit einer gewissen Anstrengung verbunden ist. Vielleicht haben wir den Durchhänger aber auch, weil wir an dem Ort so glücklich und entspannt sind. Und dieses Gefühl wahrscheinlich gerne festhalten wollen.

Die Frage, die sich mir in jenen Tagen stellt, lautet: Was ist dort anders als zu Hause? Auf jeden Fall die Natur. Die ist überragend und überwältigend. Diese Natur haben wir zu Hause nicht, zumindest nicht direkt vor der Haustür. Die Ruhe. Auch die fehlt, vor allem in unserem Zuhause in Hamburg. Die Freiheit, immer barfuß laufen zu können. Das Meer. – Ist es das? Was uns gerade so satt und zufrieden macht?

Auf lange Sicht würden natürlich die Freunde fehlen. Und die Arbeit. Auf der Reise vermissen wir sie nicht, zumal ich ab und zu kurze Interviews mache, wer weiß, wofür ich sie mal gebrauchen kann, außerdem filme ich ein bisschen. Und ich schreibe, wann immer ich Zeit dafür habe. Für den Blog. In meine Notizhefte. Mails an Freunde.

Vielleicht ist man irgendwie gebrandmarkt: einmal Journalist, immer Journalist. Einmal Autor, immer Autor. Einmal Filmdings, immer Filmdings. Frank fotografiert. Das Strandgut, die Straßen, die Muscheln, aber vor allem: immer wieder die Landschaft. Und die Menschen. Deshalb begleitet jeden von uns ein Teil unserer Arbeit auch auf dieser Reise.

Wenn abends der nächtliche Himmel seine Decke ausbreitet, lauschen wir dem Meer und den urwaldartigen Geräuschen, die aus dem angrenzenden Regenwald zu uns rüberschwappen. All das versuche ich festzuhalten. In meiner Erinnerung.

Am nächsten Tag begeben wir uns an die äußerste Spitze des Nordwestens der Südinsel, in eine Region, in die sich nur selten Touristen verirren, weil sie nicht auf der Hauptroute der Neuseeland-Attraktionen liegt. Wir fahren den Umweg zu der Landzunge von Farewell Spit, zu einem der wohl schönsten Strände der Südinsel, dem Wharaiki Beach. Zum Baden ist es zu kalt und zu windig, aber dafür können Antonia und Helen die gigantischen Sanddünen hinabspringen. Die Bucht besteht aus auffälligen Felsformationen mit Höhlen und steilen Klippen – und Babyrobben.

Antonia lacht: »Guck mal, es sieht aus, als würden sie uns zuwinken!« Und wirklich, beim Eintauchen ins Wasser drehen sich die Robben auf den Rücken und heben dabei ihre eine Flosse.

Was mich neben den Robben und Delfinen immer wieder begeistert, ist der Anblick der neuseeländischen Schafe. Schafe vor Dünen und Hügeln mit Palmen oder Baumfarnen ist was anderes als Schafe auf platter Weide.

Auf der Fahrt zurück entdecken wir ein Hinweisschild zu einem Reiterhof, der nicht weit entfernt von der Schotterpiste sein kann. Antonia ruft: »Da müssen wir hin! Ich würde so gerne reiten!«

Helen, zumindest bei den angenehmen Dingen immer solidarisch mit ihrer Schwester: »Ich auch!«

In Neuseeland wird einem immer wieder bewusst, dass die Natur eindeutig die Macht hat. Dass wir nur ein kleines Etwas sind vom großen Ganzen. Und uns anzupassen haben. Beim Joggen am Strand laufe ich an manchen Tagen in unserer Bucht über Steine, Strandgut und Muscheln, an anderen über glatten, festen Sand. Je nach Tide und Wind. Dann wieder ist die kleine Furt, über die man sonst locker springen kann, vollgefüllt mit Wasser. Also Schuhe aus, durchs Wasser waten, Füße in der Sonne kurz trocknen lassen, Strümpfe und Schuhe wieder anziehen und weiterlaufen bis zur nächsten Bucht. Zurück noch einmal das gleiche Prozedere.

Das ist lächerlich gegenüber dem, was die neuseeländische Familie Long jeden Tag erlebt. Sie wohnen an der südlichen Westküste, wo es oft stürmt und noch öfter regnet, und sie brauchen drei Tage bis zur nächsten Siedlung. Zu Fuß! Denn eine Straße gibt es nicht. So schleppen sie also ein Zelt, ein Schlauchboot und sich selbst, wenn sie unter Leute wollen. Das ist für mich dann doch unvorstellbar, dass man so weit von der Zivilisation entfernt leben kann.

Mein Neuseeland
(von Antonia)

Jetzt sind wir schon drei Monate unterwegs und haben schon so viel erlebt und gesehen. Seit einiger Zeit sind wir in Neuseeland. Gestern waren wir an einem Strand, wo der Sand kochend heiß und es total windig war. An dem Strand gab es Babyrobben, und die waren richtig süß. Sie sind immer aus dem Wasser gesprungen wie Delfine. In der Mitte im Wasser war ein Felsen, wo die Babyrobben immer rumgeschwommen sind. Als die eine Robbe aus dem Wasser kam, ist sie richtig lustig gelaufen. Okay, gekrabbelt. Nein, gerobbt.

Heute wollen wir am Strand reiten. Aber leider hat es gerade geregnet, doch der Regen ist schon fast wieder vorbei, und wenn wir reiten, hat er hoffentlich ganz aufgehört. Der Ausritt dauert eineinhalb Stunden, das ist richtig lange. Wenn der Ausritt zu Ende ist, werden Mama und ich Poposchmerzen und einen Muskelkater haben und mit den Knien nach außen laufen.

Ich finde es toll, dass ich nicht zur Schule muss, ich vermisse aber auch meine Klasse und meine Freundinnen. Schade finde ich, dass es in Australien und Neuseeland keine Tuk-Tuks gibt, denn ich hasse lange Autofahrten. Toll finde ich aber, dass wir hier so viel Zeit haben und keine Termine – außer dem Reiten heute.

Neuseeland lädt offensichtlich dazu ein, Neues auszuprobieren oder sich seinen Ängsten zu stellen. Ich habe großen Respekt vor Pferden. Das ist untertrieben. Ich bin froh, wenn ich ein Pferd anschauen darf, aber nicht aufsteigen muss. Ich bewundere Pferde lieber aus der Ferne. Antonia nicht. Sie liebt die Geschichten von Bibi und Tina, spricht die Kinofilme auswendig mit, und das Allerallergrößte ist für sie, einmal richtig zu reiten. Also nicht bloß an der Longe und Im-Kreis-Gehoppel, sondern draußen übers Feld traben. Ich also mit.

Früher bin ich sogar geritten, häufig, denn ich habe wie so viele Mädchen meines Alters damals voltigiert, und ich will nicht angeben, aber ich glaube, ich stand sogar mal im Galopp auf einem Pferd. (Oder war es doch Schritt? Man übertreibt ja gern im Alter…) Und ich habe als Kind Ferien auf einem Reiterhof verbracht. Das war das Grauen und das Ende vom Reiten.

Nun, viele Jahre später, also ein neuer Versuch. Ich habe wie versprochen Kontakt zu dem Reiterhof am Cape Farewell aufgenommen und uns dort angemeldet. Antonia, Helen und mich. Frank will lieber Zaungast bleiben, Helen wird beim Ausritt ebenfalls nicht dabei sein, sondern auf dem Reiterhof ein paar Runden drehen, und was mich anbelangt, denke ich, na ja, schaun wir mal. Die werden schon wissen, was sie tun.

Die Pferde sind riesig. Waren Pferde schon immer so hoch? Aber es gibt ja auch kleinere, beruhige ich mich, als ich die Ponys auf der Weide erblicke. Leider wird keines von denen gesattelt, sondern zwei der Riesenhengste. Mir wird ein weiß Gescheckter zugewiesen, ein Hüne von einem Pferd. Antonias Pferd ist ähnlich groß. Wir bekommen ein paar Anweisungen und einen Reiter namens Jack an die Seite gestellt. Einen Mann von der Sorte, die wahrscheinlich täglich über die Südinsel galoppiert, sich aus Schafsmist mal schnell eine Hütte zimmert und anschließend einen Hirsch erlegt, der über dem selbst entfachten Feuer brutzelt. Der Kerl ist ein Baum, ein Naturbursche wie aus einem Neuseelandbilderbuch. Er lächelt uns freundlich und tiefenentspannt zu, um dann ganz lässig, die eine Hand in der Hosentasche, voranzureiten. Für ihn ist Reiten wahrscheinlich ähnlich wie für uns das Fahrradfahren.

Mein Pferd will leider nicht so wie ich. Es trottet recht gemächlich voran, und ich habe Angst, dass es gleich einschläft und einfach umkippt. Wir fallen zurück, mein Pferd und ich. Die anderen beiden sind schon längst über den Hügel, als Jack, der Baum, im Galopp auf mich zugeritten kommt, einmal scharf bremst und mir zuruft: »You have to show him what you want.

You are the boss, Bettini.« Haha, sehr lustig. Bettini ist der Chef! Da liegt also der Hund begraben, also das Pferd in diesem Fall – dass ich anscheinend kein Chef sein kann.

Der Baum ruft meinem Pferd etwas zu, und plötzlich setzt sich der Gaul in Bewegung. Aber wie! Jetzt geht es flotten Schrittes durch tiefes Wasser, das macht Spaß, ich versuche nebenbei mit meinem Handy zu filmen und darauf zu achten, dass es mir nicht aus der Hand und ins Wasser plumpst, was nicht ganz einfach ist, da das Pferd so schaukelt und ab und zu auf einem Stein im Wasser abrutscht und mit den Beinen einknickt. Antonia vor mir hält sich wacker auf ihrem Ross, danach reiten wir am Strand entlang, und vor uns sehe ich erneut eine tiefe Furt und Steine. Ich frage mich, ob mein Pferd wohl auch über größere Steine gehen kann, es ist ja kein Geländewagen mit fetten Rädern, und die Beine wirken so zerbrechlich, aber irgendwie klappt es. Als wir wieder Sand unter den Füßen haben, kann ich einen Augenblick sogar die fantastische Landschaft um uns herum genießen, die Felsbogen, die weite Bucht, ein Schiffswrack, das am Strand liegt, das Grün der Hügel im Hintergrund. Jack erzählt irgendetwas von der Entstehung dieser Gegend, er spricht alle Vokale wie e und i aus, was dazu führt, dass er, wie viele Neuseeländer, beim Sprechen immer so aussieht, als grinse er breit, wobei er jedoch nicht ganz so einfach zu verstehen ist.

Antonia hört eh nicht zu, sie strahlt: »Mama, ich würde so gerne mal am Strand traben. Meinst du, das geht?« In Deutschland ist so etwas schwer vorstellbar, als Anfänger einen Ausritt ohne Longe machen, ohne Sicherheitsweste und dann noch am Strand traben, hier aber scheint es normal zu sein.

Jack nickt. »Sure. We can try.« Er gibt seinem Pferd die Sporen, und es fängt sofort an, wild herumzuhüpfen. Beeindruckend. Jack rast davon. Und unsere Pferde hinterher. Meines hüpft dabei wie verrückt auf und ab, klar, das nennt man Trab, wenn es hoppelt. Ich versuche, mich irgendwie an der Mähne festzuhalten, als ich sehe, wie Antonia von ihrem

Pferd auf den Rücken fällt, das Pferd über ihr, doch zum Glück macht es einen Schritt zur Seite. Antonia ist in Tränen aufgelöst.

Ich steige ab, weiß nicht genau, was ich mit meinem Pferd machen soll, doch Baum Jack ist natürlich zur Stelle und greift lässig, ohne selbst abzusteigen, die Zügel. Nachdem sich Antonia einigermaßen beruhigt hat, redet Jack ihr gut zu, damit sie wieder aufsteigt, weil der Schock sonst sitzen bleibt. Antonia steigt wieder auf, und wir hoppeln einen Berg hoch. Als wir schon sehr hoch sind und aufs Meer blicken, fragt Jack uns freundlich, ob wir noch kurz mal ums Eck zur Klippe reiten wollen, der Ausblick von dort sei gigantisch.

»Takes about half an hour«, sagt er. Doch ich winke ab. Meine Beine sind wie Butter, Antonia wirkt auch etwas fertig, und so kehren wir um. Zwei Stunden waren wir unterwegs, Frank fragt sich schon, wo wir bleiben, als er endlich sieht, wie Antonia stolz auf ihn und Helen zugeritten kommt.

Antonia erzählt noch oft von diesem Reiterlebnis, und im Nachhinein ist sie froh, nicht aufgegeben zu haben nach dem Schreck, sondern wieder auf das Pferd aufgestiegen zu sein.

Als wir am nächsten Morgen einen Ausflug in den Abel Tasmanian Park machen, einem der laut Reiseführer schönsten Regenwälder Neuseelands, sehen wir eine Demonstration. Die Teilnehmer sind nackt. Und sie fahren Fahrrad. Manche der Demonstranten tragen einen Puschel über ihrem Gemächt, andere haben sich in eine Fahne gewickelt, aber die meisten haben nichts am Körper – bis auf einen Helm, denn in Neuseeland herrscht Helmpflicht.

Da es in Strömen regnet, ist es sicher eine ungemütliche Angelegenheit. Aber was tut man als neuseeländischer Fahrradfahrer nicht alles, um auf sich und seine Belange aufmerksam zu machen. Wir halten kurz an, um uns das Schauspiel aus der Nähe anzuschauen. Und jubeln am Straßenrand zusammen mit einigen anderen Neuseeländern deren Landsleuten zu. Unsere Mädchen kichern. Wir jedoch versuchen ernst zu bleiben, der Situation, nun ja, angemessen, denn schließlich handelt es sich um eine Demonstration. Wir sind ebenfalls leidenschaftliche Radfahrer und haben demzufolge vollstes Verständnis für die Situation. Und dennoch fällt es mir nicht leicht, mir Deutsche an dieser Stelle vorzustellen, die splitterfasernackt durch, sagen wir, Hamburg, radeln. Einfach aus dem Grund, weil man auf diese Weise mehr auffällt. In London gibt es sogar den »World naked bike ride«. Vielleicht muss man als Neuseeländer oder Engländer geboren sein, um so etwas mit Würde durchzuziehen.

Kelvin kommt vorbei und bringt uns Gemüse aus seinem Garten mit. Dann macht er noch ein Foto von uns vieren auf der Treppe zu »unserem« Haus, denn in zwei Tagen werden wir weiterfahren.

Am letzten Abend hängt der Himmel tiefschwarz über der Bucht, und das Meer ist düster und aufgewühlt. Als hätten wir plötzlich ein anderes Gewässer und eine andere Bucht vor uns. Aus dem türkisfarbenen Planschwasser, in dem man herrlich schwimmen kann, ist eine graue, brüllende See geworden, die so wild ist, dass die Wellen fast bis in unseren Garten schwappen. Der Sturm rüttelt an den Türen und Fenstern, und es regnet so heftig, dass wir das Meer kaum noch sehen können. Die große Palme im Garten wiegt sich von links nach rechts, und das Meer rollt immer weiter heran. Ans Rausgehen ist kaum zu denken, wir ziehen uns dennoch die Gummistiefel an, die im Hausflur stehen, und den Regenmantel, und gehen nacheinander einmal kurz vor die Tür an den Strand. Helen kann nicht alleine raus, Frank muss sie festhalten, so sehr stürmt es. Vom Strand ist nichts mehr zu sehen, und nachdem wir uns alle einmal dem Sturm und Regen ausgesetzt haben, gehen wir pitschnass wieder ins Haus und machen es uns drinnen gemütlich.

Das ist es also, das andere Neuseelandwetter, das wir bisher noch nicht erlebt haben, aber nicht umsonst ist die Insel so grün. Irgendwoher muss die Feuchtigkeit ja kommen. In Neuseeland oft von oben. Wir fragen uns gerade, ob unser Tipi den Sturm wohl übersteht, als plötzlich eines der Fenster aus den Angeln reißt. Frank kann es glücklicherweise reparieren. So kommen wir endlich dazu, die vielen selbst gebrannten CDs und Filme unserer Hausbesitzer zu inspizieren. Es sind echte Perlen darunter. Nicht nur musikalisch. Auch filmisch haben Kelvin und seine Frau einen ausgewählten Geschmack. Zusammen mit den Mädchen gucke ich nach Jahren mal wieder ein Kino-Highlight: »Das Piano«. Antonia und Helen dürfen zumindest den Anfang sehen, das Abhacken des Fingers wollte ich ihnen dann doch nicht zumuten, und warum jemand nackt ein Klavier säubert, ist vielleicht auch nicht ganz schlüssig. Das tosende Meer, der Regenwald, von dem wir in unserem Haus am Strand umgeben sind, das Setting, wie Frank es nennen würde, es passt ganz wunderbar zum Ambiente dieses Films.

Am nächsten Morgen ist der Spuk vorbei, der Himmel wieder blau, das Meer türkisfarben. Wir rennen sofort nach draußen, um nach dem Tipi zu sehen und, oh Wunder, es steht noch! Die Mädchen führen einen kleinen Tanz auf und sind stolz auf ihr Bauwerk, das dem Sturm getrotzt hat. Dann sammeln wir Strandgut. Der Sturm hat so viele Äste, Steine, Muscheln und andere Dinge angeschwemmt, dass wir aus dem Bücken gar nicht mehr rauskommen. Mittlerweile haben wir eine beeindruckende Muschelsammlung und packen die schönsten Exemplare vorsichtig in kleine Schatullen. Als wir später einen letzten Blick auf unser Haus werfen und langsam den Hügel hochrollen, seufzt jeder von uns. Die Mädchen sagen leise: »Tschüss Haus, wir werden dich vermissen!«, und ich muss schwer schlucken.

Manche Neuseeländer unken, die Menschen im nördlichen Teil der Südinsel müssten ja wohl ständig stoned sein, so hippieesk und tiefenentspannt, wie sie sind. Vielleicht liegt das am milden Klima der Gegend? Vielleicht an den vielen Hippies, die dort leben, vielleicht an den Künstlern, vielleicht ist es aber auch nur Zufall. Mit einigen Künstlern sind wir ins Gespräch gekommen, einer von ihnen erinnert mich entfernt an einen Waldschrat, denn er trägt einen extrem langen, zauseligen Bart und hat eine Matte. Aufgrund seiner Kleidung könnte man ihn auf den ersten Blick für einen Obdachlosen halten, doch der Eindruck täuscht gewaltig. Er sammelt Holz und Steine in der Natur, oft im Regenwald, dann schleppt er eigenhändig das Material in sein Atelier. Allein für den Transport der schweren Hölzer braucht er manchmal mehrere Tage, und anschließend beginnt die eigentliche Arbeit. Er fertigt aus den Hölzern und Steinen schwere Skulpturen, die sehr beeindruckend sind, weil so fein gearbeitet, mit unterschiedlichen Gesichtszügen und einem starken Ausdruck. Zudem ist er leidenschaftlicher Musiker, spielt regelmäßig in einer Band, und er hat eine eigene Radiosendung, in der er internationale Bands vorstellt. Als wir Takaka verlassen, uns zurück über den Berg schrauben in Richtung der nächstgrößeren Stadt Nelson, läuft gerade seine Sendung im Radio. Wir sind ganz gerührt über den Zufall. Es ist, als ob er und die anderen Künstler des Ortes uns noch einmal verabschieden würden. Und für uns ein Zeichen, unbedingt nach Takaka zurückzukehren. Irgendwann.

In Nelson haben wir eine Verabredung am Strand. Wir treffen Gebhard zusammen mit Lola, seiner ständigen Begleiterin, einer schwarzen Retriever-Hündin.

»Dürfen wir sie anfassen?«, fragen Antonia und Helen schmachtend.

Gebhard lacht: »Ihr dürft sogar mit ihr spazieren gehen, wenn ihr wollt.«

»Ich zuerst!«, ruft Helen. Zum Glück einigen sie sich schnell. Die Mädchen sind total begeistert und laufen mit Lola Richtung Wasser – viel mehr als einen Hund braucht es manchmal nicht zum Glück.

Gebhard ist vor mehr als zehn Jahren zusammen mit seiner Frau nach Neuseeland gezogen. Frank und er kennen sich aus alten Fotografenzeiten. Von Gebhard erfahren wir viel über die neuseeländischen Gebräuche, über das Barfußlaufen, das entspannte Verhältnis der Neuseeländer zu Besitz und die Neigung, häufiger mal umzuziehen und dabei alles stehen und liegen zu lassen.

Eigentlich wollten wir auch noch Richard treffen, den Konsul von Neuseeland, den wir aus Hamburg kennen, es hätte auch fast geklappt, aber Richard und seine Familie sind gerade selbst unterwegs im Urlaub auf der Nordinsel, denn es sind Herbstferien. Als ich Richard das erste Mal sah, trug er eine schwarze Perücke, eine verspiegelte Pilotenbrille, ein orangefarbenes Hemd und eine Schlaghose. Er hatte eine kleine Sommerparty gegeben, mit einhundert Gästen in seinem Haus an der Alster. Damals war mir noch nicht klar, dass Neuseeländer sehr gerne kleine Partys geben, sich aber noch lieber verkleiden. Am liebsten als Grufties – Schwarz ist die absolute Lieblingsfarbe der Neuseeländer –, gerne aber auch als schräge Vögel oder eben Hippies. Egal ob Konsul, Klempner oder Künstler, Hauptsache schräg, und keiner ist toller als der andere.

Das bestätigt auch Gebhard. Dann müssten die Neuseeländer eigentlich ein sehr zufriedenes Völkchen sein, denke ich. Sind sie vielleicht ja auch, bloß in den allgemeinen Statistiken kommt dieses Land kaum vor. Deshalb ist es schwer zu überprüfen.

Richard fragte zwei Tage zuvor per SMS, ob wir sie nicht an ihrem Urlaubsort besuchen wollen, aber dann hätten wir auf die Nordinsel zurückgemusst, und das ist für uns keine Option. So haben wir zumindest einen prima Grund, um noch einmal nach Neuseeland zu reisen.

Ich trainiere mich derweil weiter in Gelassenheit. Nie wieder aufregen müssen. Ein Leben ohne Hektik, Stress und schlechte Laune. Auf diese Gedanken kann man hier durchaus kommen. Dass so ein Leben möglich ist. Ob auf der Straße oder in einer Warteschlange. Man ist so extrem entspannt hier, dass ich mich auch schon frage, welche Droge es hier gibt, eine, die mir noch unbekannt ist.

In einer Supermarktkette habe ich durch die Einkäufe mittlerweile Bonus-Punkte gesammelt, die man auch an der Tanke einlösen kann. Der Tankwart ist so erfreut über mein gespartes Geld, als hätte er selbst gerade im Lotto gewonnen.

Mit vollem Tank fahren wir zu den Marlborough Sounds; uralte fjordähnliche Flusstäler, die mit Meerwasser geflutet wurden. Je weiter wir uns von Nelson entfernen, umso einsamer wird es. In Neuseeland begegnet einem sowieso sehr selten ein Auto bei der geringen Anzahl an Einwohnern, aber irgendwann sehen wir nur noch Kühe, Pferde, Schafe und eine fantastische Landschaft, die aus mal blau, mal grün oder türkis schimmerndem Gewässer besteht, gesäumt von sattgrünen Bergen. Ab und zu entdecken wir eine Insel oder in der Ferne ein Boot, das langsam durch die Fjorde gleitet.

Wir halten sehr oft an, zum einen, weil Helen schlecht wird wegen der vielen Serpentinen, zum anderen, weil wir immer wieder in die Landschaft gucken müssen. Doch wir haben ein Ziel vor Augen und somit auch die Uhrzeit, denn wir haben ein entlegenes, aber laut Aussage von Freunden sehr schönes Guesthouse gebucht, die Hopewell Lodge am Kenepuru Sound. Um diese zu erreichen, müssen wir erst noch eine nicht enden wollende, lang gestreckte Halbinsel umrunden, denn unsere Unterkunft liegt leider genau auf der anderen Seite des Fjords, und da wir kein Boot haben, um mal eben von einem Ufer zum anderen zu schippern, müssen wir also fahren. Und fahren. Und fahren. Es wird dunkel. Und wir hoffen, dass wir irgendwie noch in die Lodge reinkommen und uns jemand die Schlüssel zu unserem Guesthouse aushändigt.

Das letzte Stück zieht sich. Kein Haus mehr weit und breit, dafür eine Serpentine nach der anderen. Helen spuckt alle paar Meter in eine Plastiktüte.

Als wir Stunden später bei der Lodge ankommen, ist die Rezeption längst geschlossen. Doch Linley, die Besitzerin, und ihr Mann Mike haben auf uns gewartet und sind, wie kann es auch anders sein, völlig entspannt. Linley teilt uns mit, Antonia und Helen würden schon seit dem Mittag sehnsüchtig erwartet. Wir sind überrascht. Von wem denn? Es sei eine deutsche Familie in der Unterkunft, die ebenfalls auf Weltreise sei und zwei Kinder in Antonias und Helens Alter habe, klärt sie uns auf. Dann nimmt Linley uns kurz mütterlich in den Arm und meint, nach der langen Fahrt sollten wir erst einmal entspannen, uns etwas Gutes zu essen machen, einen Wein dazu trinken und an einem anderen Tag die Formalitäten regeln. Wann immer es uns passt.

Ach, herrliches Neuseeland! Sie hat wirklich auf uns gewartet, aber nicht ungeduldig, sondern mit großer Gelassenheit. Wir würden schon irgendwann eintreffen, bislang sei noch jeder irgendwann aufgetaucht. Sie sagt noch lachend, ihr sei sowieso klar, dass wir nur bei ihr landen könnten, denn weit und breit gäbe es ja sonst nichts. Stimmt. Natur. Natur. Natur. Das gibt's hier. Und wunderschöne Holzhäuser an den Marlborough Sounds. Wir schaffen schnell unsere Sachen in unser gemütliches kleines Holzhaus mit Terrasse und Blick aufs Wasser, dann gehen wir in die Gemeinschaftsküche, um Nudeln zu kochen.

Die Küche ist hell, modern und perfekt ausgestattet, es sieht aus wie bei einem Profikoch im TV-Studio. Alles ist da, was man zum Kochen braucht, und alles blitzt vor Sauberkeit. Die Arbeitsflächen sind jedoch aus Holz, genauso wie die Tische, sehr einladend alles. In der Küche ist nicht mehr viel Betrieb, ein Paar räumt seine Sachen zusammen, ein anderes wäscht gerade ab, und zwei Kinder spielen nebenan, denn natürlich gibt es auch hier einen Spielraum. Antonia und Helen gesellen sich dazu, und wie sich herausstellt, handelt es sich um besagte Familie aus Deutschland, die ebenfalls auf Weltreise ist. Sie sind im Gegensatz zu uns ein ganzes Jahr unterwegs und wollen auch auf die Cook Islands. Die erste deutsche Weltreisefamilie, die wir seit unserer Abreise vor drei Monaten treffen! Antonia und Helen freuen sich, mal wieder Deutsch sprechen zu können und jemanden zum Spielen zu haben, und wir freuen uns auf einen Austausch mit Christina und Sebastian, den Eltern. Ihre Kinder Josefine und Jonathan sind nur wenig älter als unsere Mädchen und werden ebenfalls während der Reise unterrichtet. Allerdings müssen sie im Gegensatz zu Antonia keine Tests mitschreiben, das regelt anscheinend jedes Bundesland anders.

Bei dem Gespräch merken wir schnell, dass sie mehr Zeit vor Ort haben, obwohl sie auch viele Ziele anreisen, aber das ist der Kompromiss, den wir bei unserer Reise machen mussten. Christina und Sebastian haben eine ähnliche Route, enden allerdings in Südamerika und nicht in den USA, so wie wir. Klingt spannend, und so gibt es viel zu erzählen.

Am nächsten Morgen kommen Jonathan und Josefine in unseren Bungalow, um mal zu gucken, wie wir so wohnen. Anschließend leihen wir uns Kajaks aus, die bei der Unterkunft im Preis mit drin sind, man trägt sich einfach in eine Liste ein und nimmt sich ein Kajak, Weste und Paddel, wann immer man will. Frank und ich sind noch nie Kajak gefahren, jetzt ist die Gelegenheit! Das Wetter ist perfekt, es ist warm und sonnig, der Himmel knackblau und das Wasser leuchtet verführerisch türkisfarben. Ich nehme Antonia mit ins Kajak und Frank Helen, dann paddeln wir los. Zuerst noch etwas unsicher, doch schnell stellen wir fest: Kajakfahren macht großen Spaß! Sport und Naturerlebnis in einem. Danach paddeln Frank und ich noch einmal alleine, jeder für sich, weil man dann richtig Gas geben und die Buchten erkunden kann. Am nächsten Tag ist allerdings die Strömung so stark, dass wir nicht weit rausfahren können. Die Marlborough Sounds sehen sehr friedlich aus, wie ein See, doch das täuscht, denn die Gewässer werden vom Meer gespeist. Antonia traut sich trotzdem, ganz alleine zu fahren. Und wir beschließen, das Kajakfahren in Hamburg fortzusetzen, denn wir wohnen nur ein paar Meter von einem Kanal der Alster entfernt.

Mit Christina, Sebastian und ihren Kindern verabreden wir uns zum gemeinsamen Muschelfang. Denn in dieser Gegend gibt es die – wie kann es anders sein – endogenen Grünschalmuscheln. Sie sollen ein kulinarisches Highlight sein. Mike, der Herbergsvater, nimmt uns am Nachmittag in seinem Boot mit. Um Mikes Finger ist ein dickes Tuch gewickelt, das blutgetränkt ist. Schmerzverzerrt hält er die Hand hoch. Wir fragen besorgt, was denn los sei, ob er nicht lieber sofort zum Arzt möchte, doch er winkt ab. Wir klettern also in sein kleines Boot und fahren raus in den Fjord.

»Esst ihr die dann auch?«, fragt Antonia vorsichtig, als sie die dreckigen, schleimigen Muscheln sieht, die Mike aus dem Wasser zieht. Wir nicken, doch sie glaubt uns nicht. Frank und ich jedoch freuen uns auf die großen Grünschalmuscheln, die Mike für uns alle am Abend zubereiten will.

Diese grünen Muscheln wachsen an vielen Stellen der nördlichen Südinsel, doch hier werden sie in Aquakulturen an Hängeleinen gezüchtet. Mike holt Kilo um Kilo aus dem Wasser. Danach bittet er die Kinder, die Muscheln zu sortieren, die guten in den Eimer, die schlechten zurück ins Meer. Danach werden sie grob gesäubert. Das geht so: Mike füllt Wasser in einen Eimer und bittet die Kinder, mit ihren Gummistiefeln umzurühren. Das Prozedere wiederholen alle mehrere Male. Ein großer Spaß. Und spannend, denn noch nie haben Antonia und Helen Muscheln gefangen und gesäubert. Sie arbeiten gewissenhaft mit. Danach bittet Mike seine Crew Freiwilliger, sich neben ihn und den vollen Muscheleimer zu stellen: »Take a picture, so that they can be proud of their work.«

Seine Wunde blutet immer stärker. Hinterher erfahren wir, dass er sich die halbe Fingerkuppe abgeschnitten hat.

Am Abend sitzen wir noch mit Christina und Sebastian zusammen und tauschen unsere Erlebnisse aus. Sie arbeiten beide in Wolfsburg und haben ein Sabbatical genommen. Die

Weltreise war auch für sie die Erfüllung eines Lebenstraums. Genau wie wir brechen sie zwei Tage später auf, allerdings in Richtung Nordinsel, doch wir bleiben in Kontakt, denn auch sie haben einen Blog, und ab und zu mailen wir uns von Kontinent zu Kontinent.

Eigentlich kann es keine Steigerung mehr geben, denken wir jedes Mal bei diesen irritierend schönen und immer wieder neuen Landschaftseindrücken. Und sind dann überrascht, dass da noch was geht. Dass Neuseeland noch mal eine neue Wundertüte aufmacht. Eben noch Regenwälder, schwupps, hier habt ihr Vulkane. Genug von lieblichen fjordähnlichen Eindrücken? Da habt ihr sie, die Schroffheit. Denn schroff, ha, kann ich sowieso, hier am Ende der Welt. Antonia und Helen klettern über Felsen, sammeln algenartige Gewächse am Strand, die laut knallen, wenn man drauftritt, und finden ständig neue Wunderlichkeiten. Jeder Halt auf halber Strecke wird zum Erlebnis, überall gibt es etwas zu entdecken.

Nachdem wir an der Ostküste in Kaikoura Wale sehen wollten, aber nur eine Schwanzflosse erhascht haben und von dem Maori-Kapitän als Entschädigung das gesamte Geld für die Tour zurückbekommen haben, fahren wir nach ein paar Tagen auf die andere Seite an die Westküste. Sechs Wochen sind zu knapp, um alles zu sehen. Wir entschieden uns, wie so oft auf dieser gesamten Reise, bewusst für bestimmte Gegenden, damit wir nicht nur im Auto sitzen. In Neuseeland fällt das besonders schwer, denn egal mit wem man spricht, egal auf welcher Seite man den Reiseführer aufschlägt, überall heißt es: grandiose Landschaft! Muss man sehen! Wir versuchen uns davon frei zu machen und unseren eigenen Weg zu fahren auf die Gefahr hin, dass wir Wichtiges verpassen. Dafür entdecken wir vielleicht andere interessante Ecken.

Bei der Überquerung der Südinsel kommen uns auf der gesamten Strecke von mehr als einhundert Kilometern drei Autos entgegen. Die einsame Fahrt dauert drei Stunden, dann sind wir schon drüben, im Westen. Wir fahren meistens nur 40 Meilen pro Stunde, doch sobald die Strecke mal nicht ganz so kurvenreich ist, gibt Frank Gas. Wir fragen uns, ob hier auch geblitzt wird, aber schneller als 80 Meilen pro Stunde kann man sowieso nirgends fahren, da es kaum eine Straße gibt, die nicht kurvenreich oder eng ist oder beides. Sobald man abweicht von einer der typischen Touristenrouten, hat man die Natur für sich. Die Fliegen allerdings auch. Denn da sind sie, die ersten »sandflies«, die eigentlich keine Fliegen sind, sondern Mücken. Deren Stiche so schmerzhaft sind, als würde man mit einer spitzen Nadel tief in die Haut gepikst werden, die Einstichstelle brennt noch Tage danach. Gefährlich sind die Viecher nicht, sie übertragen keine Krankheiten, dafür sind sie eine echte Plage.

Ich fuchtele wild herum, schlage um mich und springe wie ein wild gewordenes Männchen auf und ab, als mich die ersten dieser Mücken attackieren, kaum dass wir das Auto verlassen haben. Meine Familie lacht sich scheckig, die drei halten sich die Bäuche vor Lachen, haha, sehr witzig. Die »sandflies« scheinen auf irgendwas zu fliegen, das ich am Körper habe. Mein Deo? Das Haarshampoo? Ich steige schnell wieder ins Auto und atme erst einmal tief durch. Das kann ja lustig werden an der Westküste.

Das Zimmer in dem BBH-Hostel in Greymouth im Nordwesten der Südinsel haben wir im Voraus gebucht. Wir haben schließlich dazugelernt. Das war schlau, denn es ist tatsächlich alles belegt. Und wie so oft leitet ein Ehepaar das Hostel. Mehr als für die sympathischen Gastgeber interessieren sich Antonia und Helen allerdings für Beez. Beez hat die Rezeption im Blick und beobachtet uns aus warmen Augen. Beez ist der Haushund, ein Golden Retriever, und Antonia und Helen schließen ihn sofort ins Herz. Kaum sind wir angekommen im Hostel, fragen sie eher spaßeshalber, ob sie den Hund für einen Spaziergang mitnehmen können, als der Hostelbesitzer sich kurz umdreht und uns sofort eine Leine in die Hand drückt nebst zwei Plastiktüten – falls Beez unterwegs mal ein großes Geschäft machen muss. So schnell kommt man zu einem Hund.

Wir also gleich wieder raus. Im Gegensatz zum Osten scheint in Greymouth die Sonne, obwohl das Klima an dieser Küste recht feucht sein soll. Mit Beez zusammen laufen wir auf einen Hügel, rein in einen Wald. Um gleich wieder umzukehren, runter vom Hügel, denn wir versinken im Matsch. Scheint zu stimmen mit dem feuchten Klima. Beez macht soweit alles brav mit.

Antonia und Helen streiten gerade darum, wer Beez wie lange an der Leine führen darf, als es passiert. Der Hund hockt sich hin. Och nö, muss das jetzt sein? Es muss. Und wer nimmt jetzt die …? Meine Familie wendet sich ab und zeigt auf mich. Toll. Danke. War ja klar. Zehn Minuten später laufe ich noch immer mit der Kackwurst durch die Gegend, weil ich weit und breit keinen Mülleimer entdecken kann. Meine liebe Familie kichert, während ich überlege, wohin mit der Scheiße. Da entdecke ich ein verlassenes Firmengelände, bei dem das Tor offen steht, und im Hinterhof steht das Objekt der Begierde. Schwarz und einladend. Plastiktüte rein und Klappe schnell wieder zu. Die Mülltonne war leer, ich hoffe, sie wird regelmäßig geleert. Nein, ich hoffe, sie wird überhaupt irgendwann mal geleert. Ansonsten könnte ich zur Verursacherin einer Gasexplosion geworden sein.

Obwohl die meisten Hostels in Neuseeland sehr familienfreundlich sind, ist dieses hier eine echte Kinderoase. Jedes Zimmer hat ein Tiermotto und ist dementsprechend eingerichtet, die Bettwäsche, die Tapeten, die Stofftiere, die Gardinen – alles ist tierisch bunt und im Dekor des jeweiligen Tieres. Unseres ist das Leopardenzimmer. Es gibt wie immer eine Schaukel im Garten und einen Schrank voller Spielzeug im Kaminzimmer. Zudem diverse Bücher in den Regalen, und in der Ecke des Raumes steht ein Klavier. Einige von Antonias Noten habe ich vor der Reise abfotografiert. Am Vormittag, als die meisten der Gäste fort sind, setzt sie sich ans Klavier und spielt, während ich mir Bildbände über die Gegend anschaue.

Es gefällt uns in dieser Unterkunft so gut, dass wir beschließen, einen Tag länger zu bleiben. So haben wir ausreichend Zeit, uns die Pancake Rocks anzugucken, die Pfannkuchenfelsen, zusammengepresste Kalksteinfelsen, die im Laufe von dreißig Millionen Jahren entstanden sind und aussehen wie aufeinandergestapelte Pfannkuchen.

Als wir am Abend zurückkehren, sind einige der Gäste bereits beim Kochen. In dieser Unterkunft sind auch ältere Reisende: zwei lustige Damen aus England, ein älterer Herr, der schon mehrere Wochen hier verbringt und stets mit einem Whiskeyglas durch die Flure läuft, egal zu welcher Tageszeit, sowie zwei ältere Männer, die jeden Abend zusammen Schach spielen.

Wir kochen in der Gemeinschaftsküche. Im dortigen Kühlschrank befinden sich diverse Tüten mit Namensschildern drauf. Filzstift und Klebeband liegen daneben. Wir packen unsere Vorräte wie die anderen in eine große Plastiktüte und stellen Milch und Getränke in die Kühlfächer. Alles wird beschriftet, doch noch nie hat jemand unser Essen genommen, das System funktioniert. Es ist eher ein Geben und Nehmen: Einem Paar fehlt Knoblauch, wir hatten gerade welchen eingekauft, und das Problem ist gelöst.

Nach Einbruch der Dunkelheit treffen sich einige der Gäste im Kaminzimmer, sitzen lesend in einem der Sessel oder spielen Brettspiele am langen Tisch. Manche unterhalten sich leise, andere stricken. Es ist wie in einem englischen Salon, sehr gemütlich. Frank und ich stöbern durch die Bücher der hauseigenen Bibliothek, nachdem wir unseren Mädchen Gute Nacht gesagt haben. Mir gegenüber sitzen die beiden älteren Frauen aus England, die sich angeregt austauschen, dabei immer wieder lachen und offensichtlich Pläne für die nächsten Tage schmieden. Sie wirken sehr zufrieden. Ich schätze sie auf weit über siebzig. Ziemlich cool, in dem Alter von England nach Neuseeland zu fliegen, durch das Land zu reisen und in einem Backpacker abzusteigen, zusammen mit vielen jungen Leuten aus aller Welt!

Einen Tag später verabschieden wir uns von unseren netten Vermietern und die Mädchen sich von Beez, der wahrscheinlich einiges hat an Fell einbüßen müssen, so oft wie er von seinen beiden Fans liebkost wurde. Wir können aber mit einem Triumph aufwarten, denn in der nächsten Unterkunft soll es die ultimativen Tiere geben: Pferde! Wir haben einen Farmstay gebucht, mit Blick auf die Berge, und die Southern Alps sollen, wie kann es auch anders sein, grandios sein. Doch vorher wollen wir uns schnell noch ein paar gebratene Hühnerfüße reinziehen.

Man kann in Neuseeland fantastisch speisen: Muscheln, frischen Lachs von der Küste, extrem zartes Rind- und Lammfleisch und sehr schmackhaftes Gemüse. Wenn einem das aus irgendeinem Grund zu langweilig wird, kann man zu gebratenen Würmern, Hühnerfüßen oder Schafshirn greifen, und zwar auf dem »Wild Foods Festival«, das jedes Jahr am zweiten Sonnabend im März in Hokitika an der Westküste stattfindet.

Bei großer Hitze und knackblauem Himmel strömen wir zusammen mit Steinzeitmenschen und zweibeinigen Bananen auf den großen Festplatz. Antonia und Helen wissen gar nicht, wo sie zuerst hinschauen sollen, auf die Vampire, die Elefantenmenschen oder die Damen, die Papierboote auf ihren Köpfen tragen.

Wir halten uns zunächst an die Bananen, denn die scheinen zu wissen, wo was abgeht. Und was gut schmeckt vielleicht ja auch. Die Bananen gehen zielstrebig auf einen Stand zu. Sie können sogar sprechen und anscheinend auch essen, denn es ist der Sinn des Festivals, sich mit kulinarischen Köstlichkeiten die Wampe vollzuschlagen. Die Bananen bestellen sich das Lieblingsgericht dieser Veranstaltung, Huhu Crabs.

Huhu Crabs sind fingerdicke Maden, die sehr proteinreich sein sollen, wie man uns mitteilt, und entfernt nach Erdnüssen schmecken. Ein als Wurm gewandeter Mann brutzelt die Maden und hält uns ein fertiges Exemplar vor die Nase. Antonia und Helen schreien laut auf und verziehen das Gesicht. »Iiiigitt!«

Okay, wir sind eben keine Neuseeländer. Geht nicht, kriegen wir nicht runter, so ein Teil. Unsere Geschmacksnerven scheinen noch nicht ausgereift genug für dieses Land. Versuchen wir es mal an einem anderen Stand.

Eine ältere Dame mit einem Nest auf dem Kopf beißt herzhaft in einen Hühnerfuß. Er sei etwas zäh, meint sie, aber durchaus knusprig. Ein paar Stände weiter könnten wir gebratene Hammelhoden probieren, doch uns interessieren die Damen, die sich ein Hirn über ihr Haupt gestülpt haben und uns fröhlich mit einem Glas zuwinken, in dem etwas Undefinierbares in einer Flüssigkeit schwimmt. Sie klären uns auf: Das sei Schafshirn. Es hätte viele Vitamine und würde sogar ganz okay schmecken, sie hätten es vorher noch etwas gewürzt.

Antonia guckt entsetzt: »Wie kann man so etwas nur essen?«

Neben den diversen Delikatessen, die allesamt zumindest von den Neuseeländern mit Freude und großem Appetit gekostet werden, gibt es natürlich auch Hochprozentiges. Nach zwei Stunden sehen wir die ersten Elefantenmänner in ihren langen Plastikrüsseln über die Wiese torkeln. Und die Boote auf den Köpfen der Frauen schwanken verdächtig von links nach rechts. Dafür ist die Stimmung allerorten prächtig. Vor allem als »The Topp Twins« aufspielen, zwei ältere rockende Zwillingsdamen, wie der Name schon sagt, eine echte Komiker-Institution in Neuseeland. Bissig und mit sehr trockenem Humor. Die Leute klatschen frenetisch, kurz darauf liegen die ersten im Gras. Wir brechen auf, nachdem wir eine Pizza und Scampi gekostet haben – oder waren das gar keine Scampi? Und woraus bestand eigentlich die dunkle Salami? Die sei vom

Rind, sagte man uns. Rinderhoden vielleicht? Antonia fragt erneut, warum die Neuseeländer so etwas essen, und eine Dame im Steinzeitkostüm, die gerade herzhaft in einen gerösteten Possumschenkel beißt, erklärt uns kauend, dass die gesamten Einnahmen dieses Festes in die Ausstattung von Kitas und Schulen gehen. Interessant. Maden verspeisen, um damit die Bildung zu fördern. Ähnlich wie nackt Fahrrad zu fahren, um auf bessere Radwege aufmerksam zu machen. Ich versuche mir eine als Banane verkleidete Hanseatin vorzustellen, die herzhaft in einen Hammelhoden beißt, und stelle fest: Manchmal sind Hamburg und die Heimat noch weiter voneinander entfernt als eh schon.

Unser nächstes Ziel ist eines der Highlights einer jeden Neuseelandreise, zumal hier auch große Teile von »Herr der Ringe« entstanden sind: Wir wollen zu *dem* Nationalheiligtum, dem Mount Cook, von den Maoris auch Aoraki genannt, dem mit 3724 Metern höchsten Berg Neuseelands. Gleich nebenan kann man zwei Gletscher besteigen, und dahinter liegt eine Seenlandschaft, ebenfalls Drehorte aus »Herr der Ringe«, also das hat die Natur prima geregelt.

Auch die Fahrt zum Mount Cook wird wieder sehr kurvenreich. Dafür fahren wir auf die beiden größten Gletscher des Landes zu, vorbei an türkisfarbenen Seen und alpinen Gipfeln, den neuseeländischen Alpen, die am Fuße in Regenwälder übergehen. Die Gletscherzungen reichen so weit ins Tal hinab, dass sie fast den Regenwald berühren.

Das ist Antonia und Helen zunächst mal wurscht, sie wollen die Pferde sehen. Und was erblicken wir, als wir uns dem Farmstay nähern? Rösser! Schwarz, braun, gescheckt, mehrere große, edle Pferde.

Von der Rücksitzbank aus wird laut gerufen: »Oh, wie schön sie sind! Und guck mal, das eine kommt angaloppiert!«

Tatsächlich, als unser Nachwuchs das Fenster runterfährt, kommt ein Pferd neugierig an den Zaun, macht einen langen

Hals und streckt seine Nüstern in Richtung der Mädchen. Antonia ist hingerissen. Es ist Liebe auf den ersten Blick. Der Rappe trabt die ganze Zeit neben uns her, als wir auf den Eingang des Farmstay zufahren. Antonia und Helen springen sofort aus dem Auto und streicheln die Pferde.

Wir erfahren von der Besitzerin des Farmstay, dass es sich bei dem schwarzen Pferd um Jay Jay handelt, ein Springpferd, das auch für Turniere eingesetzt wird. Zum Glück gibt es noch weitere Pferde und Ponys, denn Antonia hat Jay Jay sofort mit Beschlag belegt. Die Mädchen sind also erst einmal beschäftigt, während Frank und ich unseren kleinen Bungalow mit Blick auf die schneebedeckten Berge inspizieren. Er hat einen Schlafraum, dort werden die Mädchen nächtigen, und eine kleine offene Küche. Frank und ich schlafen im Wohnzimmer auf der Bettcouch.

Am nächsten Tag machen wir das, was man eben macht, wenn man sich inmitten von zwei gigantischen Gletschern befindet – man begibt sich auf Wanderung. Das Schöne an Neuseeland ist die Natur, aber noch schöner ist, dass auch die Naturparks allesamt kostenfrei zugänglich sind. Wir haben bisher nur für zwei größere Touren zahlen müssen, und zwar auf der Nordinsel, beide Male in Rotorua, die Tour zu den Geysiren und jene im Maori-Gebiet. Wenn man will, kann man natürlich viel Geld loswerden, denn an den Touristen-Brennpunkten gibt es Infocenter, wo man geführte Touren buchen kann. Wer den Gletscher von ganz Nahem sehen will und mittels Eispickeln in sein Herz kriechen möchte, muss viel Geld hinlegen. Das ist sicher faszinierend, kommt für uns aber allein schon wegen der Kids nicht infrage, denn für eine längere geführte Gletscherwanderung sind die Mädchen noch nicht alt genug. Da gibt es strikte Bestimmungen. Man kann die Gletscher auch gegen viel Geld mit einem Hubschrauber überfliegen, und sicher kann man sich im Land des Bungee-Jumpings, das in Neuseeland erfunden wurde, auch von einem Felsen Richtung Gletscher stürzen.

Wir wollen zu Fuß so dicht an einen der beiden Gletscher herankommen, wie es eben möglich ist, und wir haben sogar Glück mit dem Wetter! Von Sturm, Wolkenbruch, Hagel, also von all dem, was in Neuseeland durchaus auf der täglichen Wetterkarte zu finden ist, bleiben wir bisher verschont. Okay, wir haben Spätsommer und einen sehr milden erwischt. Deshalb versichert man uns am Infocenter, dass wir gefahrlos über die Geröll- und Schlammlawinen wandern und sogar noch weiter durch ein zu dieser Jahreszeit ausgetrocknetes Flussbett dicht an den Fox-Gletscher herankönnten.

Der Weg führt uns über Geröll und Steine, riesige Findlinge, die der Gletscher einst mitgerissen hatte, und wir laufen an vier imposanten Wasserfällen vorbei, die von hoch oben ins Tal donnern. Ich weiß manchmal gar nicht, wo ich zuerst hingucken soll, auf den blau schimmernden Gletscher, dem wir uns stetig nähern, auf die Wasserfälle oder die schneebedeckten Berge mit den Palmen davor. Antonia und Helen würden gerne auf dem Geröll herumklettern, doch überall weisen Gefahrenschilder darauf hin, dass die Moränen absacken können.

Irgendwann erreichen wir ein Absperrband, und das blau schimmernde Eis scheint zum Greifen nah. Da der 13 Kilometer lange Fox-Gletscher sich pro Tag um mehrere Meter nach vorne schieben kann, darf man nicht bis an den Rand gehen. Und dennoch ist die Sicht auf das blaue Eis grandios, denn nirgendwo sonst auf der Welt reichen Gletscher in dieser Klimazone so tief ins Tal hinein. Das Besondere an diesen Gletschern ist, dass sie zu den wenigen weltweit gehören, die wachsen, in manchen Jahren sogar um mehr als 80 Meter. Und das trotz Klimawandel. Die Erklärung liegt an ihrer besonderen Lage, denn sie befinden sich in Meeresnähe und an einer Küste, an der es oft und fast sintflutartig regnet. Dieser Regen wird im Winter zu Schnee – so die Erklärung für den Laien. Uns fasziniert diese Information, und vielleicht passt es ja zu diesem Land, dass nur hier die Gletscher nicht schmelzen, sondern wachsen.

Am nächsten Tag scheint die Sonne erneut, und wir ziehen wieder unsere Trekkingschuhe an. Diesmal geht es um den Lake Matheson, auch Spiegelsee genannt, denn darin sollen sich bei klarer Sicht der Mount Cook und der Mount Tasman spiegeln. Doch bei uns spiegelt sich nix. Dieses Mal haben wir Pech. Der Mount Cook ist von Wolken verhüllt, außerdem ist es windig und deshalb die Wasseroberfläche gewellt. Die Wanderung durch den Regenwald ist trotzdem schön. Die Mädels laufen voraus und verstecken sich hinter riesigen Baumstämmen, Farnen oder Kahikatea-Bäumen. Der Regenwald und die Natur als Spielplatz, denn während unserer Weltreise sind wir ständig im Freien. Das ist für uns Großstadtmenschen und häufige Schreibtischarbeiter wie auch für Antonia und Helen als Schul- und Kitamädchen ein echter Luxus.

Nach drei Tagen jedoch kommt der große Abschiedsschmerz. Antonia muss sich von Jay Jay trennen (oder umgekehrt). Sie streichelt das Pferd noch einmal ausgiebig, flüstert ihm etwas zu, und als wir kurz darauf im Auto den Feldweg langsam Richtung Straße entlangrollen, läuft Jay Jay bis zum Ende des Weidezauns neben uns her. Antonia schluchzt. Ich schluchze mit.

Sie brüllt: »Das Schlimmste ist, ich weiß genau, dass ich ihn nie, nie, nie wiedersehen werde! Denn hier kommen wir ja nie wieder her, nie wieder!« Oh Mann. Leider hat sie recht. Zumindest noch ein Grund, nach Neuseeland zurückzukehren. Um Jay Jay noch einmal zu besuchen. Und den Mount Cook im Spiegelsee zu bewundern. Um vielleicht in eine Gletscherhöhle zu klettern. Oder im Hubschrauber… ach nee, das dann doch nicht.

Immer mehr Gründe, um wiederzukommen. So habe ich für mich selbst eine Rechtfertigung, dieses weit entfernte Reiseziel noch einmal anzupeilen.

Antonia ist nur schwer zu beruhigen. Obwohl wir natürlich alles geben und sagen, was man in solch einem Fall eben so sagt, dass es ja noch blöder wäre, sie hätte die Bekanntschaft von Jay Jay gar nicht gemacht, denn dann hätte sie nie dieses tolle Pferd kennengelernt, dass Jay Jay sie auch mochte und dass man nie weiß, ob man sich nicht ein zweites Mal sieht, denn im Leben sieht man sich ja fast immer zweimal. Ich sage ihr noch, dass ich ein Foto gemacht habe, von Jay Jay und ihr. Und eines von ihrem Lieblingspferd in Nahaufnahme.

Als Antonia die Fotos sieht, bricht sie sofort wieder in Tränen aus. Das Schlimme ist: Ich weine sofort mit und bin also kein wirklicher Trost. Eher kontraproduktiv in dem Fall. Für Frank, den einzigen Mann im Auto, sind diese geballten Gefühlsausbrüche immer etwas erschreckend. Aber mit drei Drama Queens zu Hause kann ihn so schnell nichts mehr erschüttern.

Er hält etwas später an und sagt: »So, zur Beruhigung der Nerven essen wir jetzt erst mal Pommes und dazu 'ne richtig schöne Pferdewurst.« Antonia funkelt ihn böse an. »Das war ein Scherz«, beeilt er sich zu sagen.

Die Pommes in einer recht urigen Kneipe schmecken großartig, der Kaffee auch, und als wir danach noch ein Eis bestellen, ist die Laune einigermaßen wiederhergestellt.

Und wieder müssen wir uns entscheiden. Entweder zu einem der beliebtesten Naturwunder Neuseelands, dem Milford Sound, einer imposanten Fjordlandschaft wie aus einem Fotoband, oder nach Stewart Island, auf die Insel im Süden von Neuseeland. Beides können wir unmöglich schaffen, das ist irgendwann klar.

Für mich war Stewart Island schon bei der Reiseplanung ein heimlicher Traum. Die meisten Touristen, die bereits Neuseeland bereist haben, fahren bis zum südlichsten Punkt, lassen sich dort am Schild mit den Entfernungen zum Rest der Welt und zum Südpol fotografieren (4900 Kilometer) und hauen wieder ab, meist aus Zeitgründen. Stewart Island, 30 Kilometer vom Festland der Südinsel entfernt, ist das letzte bewohnte Fleckchen Erde vor dem Ende der Welt, dem Südpol. Das allein schon finde ich magisch. Auf Stewart Island sollen die meisten Kiwis leben (die Vögel, nicht die Menschen), und ein Großteil der Insel besteht aus Regenwald. Dort ist man wirklich fernab von allem. Sehr faszinierend, der Gedanke.

Auf der anderen Seite steht er, das Naturwunder, der Ansichtskartengral, eines der meist fotografierten Motive des Landes, ein Ziel, das in jedem Reiseführer mit dem Adjektiv »obligatorisch« oder mit Beschreibungen wie »das achte Weltwunder« und »Neuseelands majestätischstes Naturerlebnis« versehen wird. Der Milford Sound, eingerahmt von senkrecht herabstürzenden Felswänden und Wasserfällen. Wasser gibt es dort allerdings auch sonst reichlich. Die Gegend gilt als regenreichstes Gebiet Neuseelands – neben Stewart Island, wohlgemerkt –, in dieser Hinsicht tun die beiden sich nichts.

In fast jedem Reiseführer über den Milford Sound steht geschrieben: »Wundern Sie sich nicht, dass es oft regnet. Für alle, die bis dahin noch nicht wussten, was Regen ist: Wasser, das vom Himmel fällt. Und davon reichlich.«

Frank und ich haben unsere Reiseführer und die Neuseelandkarte ausgebreitet und rechnen. Wir haben nur noch eine Woche. Wir wägen ab. Den Milford Sound einfach auslassen? *Das* Weltwunder? Tun andere auch – weil sie eine Reifenpanne haben. Oder an plötzlichem Schüttelfrost mit hohem Fieber leiden. Oder sich auf der Nordinsel befinden. Aber geplant und von vornherein auf dieses Fleckchen Erde verzichten? Das wäre so, als würde man nach Ägypten, aber nicht zu den Pyramiden fahren. Das wäre mal was anderes.

Da keiner von uns eine Lösung ausspricht, soll das Wetter entscheiden. Der Wetterbericht zeigt für den Milford Sound Sonne an – was in der Gegend schon fast eine Sensation ist – und für Stewart Island durchwachsenes Wetter – was für diese Insel normal ist. Klare Sache also. Milford Sound. Schweigen.

Ich blättere noch einmal im Reiseführer über die Seiten von Stewart Island und verabschiede mich im Geiste. Tschüss,

Traum. Aber wir haben so großartige Landschaften gesehen, da muss es ja nicht auch noch diese Insel sein, sagt die Vernunft. Außerdem, der Klassiker mittlerweile, wieder ein Grund mehr, noch mal wieder… Genau.

Frank greift sich den Reiseführer und liest. Dann murmelt er: »Hier steht, sie würden immer dann, wenn jemand auf der Insel Geburtstag hat, dessen Namen auf eine Schiefertafel am Supermarkt schreiben.«

Ich nicke: »Ich weiß.«

»Und es soll nur einen Pub geben und keine einzige Bankfiliale.«

»Ja, hab ich auch gelesen.«

»Es gibt einen Inselfilm aus Sicht eines Hundes.«

Ich nicke. Wir schweigen.

Die Entscheidung ist längst gefallen.

Doch vorher steht noch ein Ziel auf unserem persönlichen Reiseplan: die Spaßstadt Queenstown, die kaum ein Tourist auslässt. Die Stadt selbst ist nicht spektakulär, doch ihre Lage, die ist einzigartig. Wir fahren zunächst um den Lake Wanaka, in dem sich immer wieder die Berggipfel des umliegenden Panoramas spiegeln, dann geht es weiter auf einer Passstraße Richtung Lake Wakatipu nach Queenstown. Leider kommen wir nur sehr langsam voran. Denn wir fahren an diversen Drehorten von »Herr der Ringe« und »Der Hobbit« vorbei. Immer wieder gibt es Aussichtspunkte mit Blick auf den See, und wir haben den Eindruck, die Straße führe am Horizont direkt in die weiß schimmernden Gletscher hinein.

Als wir nach dem achten Stopp mit Fotopause wieder ins Auto steigen, stöhnt Frank: »Bitte jetzt mal langweilige Natur, damit wir weiterkommen.« Sein Wunsch wird nicht erfüllt, im Gegenteil. Das Nachmittagslicht ist perfekt, wir halten nach jeder Kurve, denken jedes Mal, wow, das war's aber jetzt, wirklich, sagen es auch den mittlerweile schon leicht gereizten Mädchen auf der Rücksitzbank, das war's, wir fahren weiter, versprochen, denn noch großartiger *kann* es nicht werden, aber dann kommt wieder, peng, ein weiterer Seeabschnitt, gigantisch, von Felsen eingerahmt, ein schneebedeckter Berg mit Palmen am Fuße, Riesenfarne, Wasserfälle und großartiges Licht. Ich packe meine Kamera gar nicht erst wieder ein. Knips. Klick. Uff. Staunen.

Als wir am Abend im Gewusel von Queenstown ankommen, hat man im Backpacker netterweise die Schlüssel nebst Wi-Fi-Passwort für uns an der Tür hinterlegt. Wir checken kurz ein und begeben uns in eine andere Welt. Von der Stille in den Lärm. Von der Natur in eine Glitzerzone. Blinkende Bars, aus denen Musik dröhnt, neben Hipster-Läden und Cafés und Reiseanbietern, die sich mit ihren Fun-Sport-Action-Angeboten gegenseitig übertrumpfen. Wer das Paket »Awesome Foursome« bucht, kann zum Beispiel zunächst in einem Achterbahn-Hubschrauberflug durch Schluchten und über Berggipfel fliegen, sich gleich im Anschluss per Bungee-Jump 130 Meter in eine Schlucht stürzen, danach ins Jetboat umsteigen, um mit 120 Stundenkilometern auf eine Felswand zuzurasen, und als Finale Grande in einem Schlauchboot einen reißenden Fluss runterkacheln.

Wir gucken uns das Ganze lieber von außen an und spazieren am See Wakatipu entlang, hören das schrille Kreischen der Touristen, als das Jetboat abhebt und einen Felsen entlangrast, und wundern uns über eine fünfzig Meter lange Menschenschlange, die sich täglich vor einem Imbiss bildet. Wie uns die Wartenden erzählen, stehen sie an, nicht etwa um einen Burger zu essen, sondern *den* Burger, den berühmtesten Fleischklops Neuseelands, der mittlerweile sogar Weltruhm erlangt hat. 15 Neuseeland-Dollar kostet so ein Ding, von Hipstern mit Bart zubereitet; die Kunden machen Selfies, wenn sie endlich, nach stundenlangem Anstehen, eine der begehrten Buletten im Brötchen ergattert haben.

Im südlichsten Ort Neuseelands, Bluff, haben wir ein privates Cottage gebucht, das einer Künstlerin gehört. Leider kommen wir nicht rein. Der Schlüssel soll, wie so oft in Neuseeland, von innen im Schloss stecken, aber wir sehen weder einen Schlüssel, noch lässt sich die Tür öffnen, und die Vermieterin kann ich nicht erreichen. In einem alten Hotel, das einzige, das wir in dem kleinen Ort entdecken, wollen wir fragen, ob sie noch ein Zimmer frei haben, und wir sind irritiert und etwas gereizt, dass wir nicht ins Haus kommen und die Besitzerin offenbar vergessen hat, den Schlüssel zu deponieren. Oder aber aus Versehen doch abgeschlossen hat. Oder wir einfach zu doof sind, den Schlüssel zu finden.

Da wir in Neuseeland sind, kennt die Dame an der Rezeption natürlich unsere Vermieterin, und weil diese gerade nicht in Neuseeland ist, wie sie weiß, ruft sie deren Freundin an, die sie natürlich auch kennt. Und wahrscheinlich auch deren Nichte, Neffen und Großtante. Die Freundin teilt mit, der Schlüssel würde stecken. Große Fragezeichen bei uns. Es gebe zwei Eingangstüren. Wie unangenehm. Wie peinlich. Dass wir nicht von selbst draufgekommen sind. Haben wir irgendwie nicht gesehen, die andere Tür, obwohl das gesamte Häuschen die Größe einer Doppelgarage hat. Wir also wieder zurück. Und tatarata, tatsächlich: Die Hintertür ist offen. Im Flur entdecken wir eine Schiefertafel mit einer netten Begrüßung: »Welcome to the Polman-family, enjoy your stay!«

Am nächsten Morgen beobachten wir, wie das Gepäck zuerst in große Metallboxen und anschließend auf die kleine Fähre verladen wird. Die Sonne scheint, der Himmel ist kobaltblau mit Schäfchenwolken, es ist mild, das Licht fantastisch. Pastellig, wie so oft in dieser Gegend nahe am Südpol. Der Mann, der zuvor die Kisten verladen hat, setzt sich ans Steuerrad der Fähre. Es ist der Kapitän. Hierarchien sind den Neuseeländern zuwider, man sieht es wirklich überall, und in diesem Fall denkt der Neuseeländer lieber pragmatisch. Das Schiff muss losmachen, und deshalb packen alle mit an, auch der Kapitän, fertig.

Die Überfahrt wird sehr schaukelig. Ich reiche Helen die Kotztüte, sie ist mittlerweile Profi.

Vier Tage werden wir auf Stewart Island bleiben und in einem privaten Haus direkt am Meer wohnen. Als wir uns dem Hafen nähern, kann ich es von der Fähre aus sehen, denn das Haus steht fast alleine in der Bucht und ist hellblau gestrichen. Ich erkenne es von den Bildern im Internet. Ich mache ein paar Fotos, und als ich durch das Objektiv meiner Kamera blicke, sehe ich, dass beide Terrassentüren offen stehen.

»Das Wetter war so schön, da dachte ich, warum die Türen schließen«, sagt die ältere Besitzerin, die uns bereits am Fähranleger erwartet. Plötzlich schieben sich dicke Wolken vor die Sonne, und es fängt an zu regnen. Die Besitzerin, die sich als Jane vorstellt, lacht: »Wir haben vier Jahreszeiten am Tag!«

Das Wetter hier ist sehr wechselhaft, aber gerade deshalb ist die Landschaft so einmalig, befindet sich hier einer der schönsten Regenwälder Neuseelands.

Da ich Jane in bar bezahlen muss, jedoch nicht genug Geld dabeihabe, frage ich sie, wo ich hier Geld ziehen kann. Eine Bank gibt es wie gesagt nicht auf Stewart Island. Man geht stattdessen an die Rezeption des einzigen Hotels, erklärt sie, gibt der älteren Dame die Kreditkarte und sagt ihr, wie viel man haben möchte. Sie holt ein altertümliches Gerät hervor, zieht die Karte durch, man wartet, es rattert, dann bekommt man einen kleinen Fetzen Papier in die Hand gedrückt – und das Geld.

Nebenan ist gleich der Supermarkt, der einzige Laden der Insel. Ein Schild weist daraufhin, dass Rucksäcke draußen bleiben müssen, denn der Laden ist eng und klein. Zwei ältere Damen stehen hinter dem Tresen, sie tragen grüne Hüte auf dem Kopf. Es ist Saint Patrick's Day, und der wird auch in Neuseeland gefeiert. Auf der Schiefertafel am Supermarkt steht mit Kreide geschrieben: »Happy birthday Lorraine!«

Als ich Jane nach unseren Einkäufen ihr Geld geben will, winkt sie ab. »Das können wir auch später noch machen. Ich zeige euch erst mal, wo ihr wohnt.«

Das Haus befindet sich in der nächsten Bucht und liegt an einer kleinen Straße, die allerdings kaum befahren wird. Denn auf Stewart Island gibt es insgesamt nur 30 Kilometer meist ungeteerte Straßen. Der überwiegende Teil der Insel ist unberührte Natur. Und steht unter Naturschutz. Dementsprechend selten kommt ein Mensch an unserem Haus vorbei. In der Bucht stehen noch drei weitere Häuser, doch sie sind derzeit unbewohnt. Wenn doch mal jemand vorbeiläuft, winkt man sich zu. Jeder grüßt hier jeden. Und jeder kennt jeden.

Von unserem Bett aus blicken wir aufs Wasser, und beim Einschlafen hören wir die Wellen an den Strand rollen. Antonias und Helens Zimmer geht nach hinten raus, zum Regenwald hin. Sie hören nicht das Meer, aber den Tui, der ihnen ins Ohr flötet.

Unser Bett steht direkt am Meer, so scheint es, denn die Fenster sind bodentief, und das Meer scheint zu uns rüberzuschwappen.

Wenn das hier das Ende der Welt ist, dann ist es verdammt großartig! Und ziemlich schräg. Ob die Neuseeländer des irischen Schutzpatrons und der katholischen Kirche zuliebe ihr Bier und sogar den Irish Coffee grün färben, wissen wir nicht, aber sie scheinen Spaß daran zu haben, sich grün zu kleiden, kaum einer der Stewart Islander, der an diesem Tag nicht zumindest eine grüne Kopfbedeckung trägt.

Am ersten Tag auf der Insel erkunden wir das »Towncenter« Obans, dem einzigen und somit Hauptort der Insel, in dem die meisten der 400 Einwohner leben. Neuseeländer nennen jede Häuseransammlung, auch wenn diese nur aus einer Tankstelle und einem Pub besteht, »Town«.

Oban besteht aus einem kleinen Supermarkt, einem Pub, in dem man sich trifft, um das Neueste von seinen Nachbarn zu erfahren, einem Fish-and-Chips-Laden am Hafen, der von einem deutschen Auswanderer geführt wird, einer Post mit einem Schalter, in der man auch eine Angelausrüstung leihen kann, einer Schule, einer Polizeistation mit Spitzengardinen vor den Fenstern, einer kleinen Bücherei, dem alten Hotel, das auch als Bank fungiert, einem puppengroßen Museum, einem Souvenirshop und einem Kino mit fünfzig Sitzplätzen. Dieses Kino zeigt dreimal am Tag denselben Film: einen vierzigminütigen Streifen über die Insel, in dem ein Hund durch den Film über die Geschichte der Insel führt. Der vierbeinige Filmstar von Stewart Island liegt am Eingang, als wir das Kino betreten, und der Betreiber des Kinos bietet uns Popcorn an, das er mittels einer selbst gebauten Maschine herstellt. Unsere Mädchen sind fasziniert, als es rumpelt und knattert und tatsächlich Popcorn in die Papiertüten purzelt. Wir sind die einzigen Besucher an diesem Tag, und er startet den Film, als wir ihm sagen, dass wir bereit seien zu gucken.

Nach dem Kino machen wir noch einen Spaziergang an der Küste entlang bis hin zur nächsten Bucht. Dabei stelle ich fest, dass ich meine Kameratasche unter dem Sitz im Kino liegen gelassen habe! Ich wollte ja den Rekord aufstellen: Pro Land mindestens ein Mal die Kamera liegen lassen. Bald habe ich es geschafft.

Die Mädchen rollen mit den Augen: »Mama, schoooon wieder!« Und schütteln den Kopf. Und dabei predige ich immer, bitte schön das Hirn einzuschalten und an alle Utensilien zu denken. Toll.

Als ich das Fehlen der Kamera bemerke, hat das Kino jedoch geschlossen. Also frage ich im Pub nach, ob es eine Möglichkeit gäbe, irgendwie ins Kino nebenan zu kommen, um kurz mal unter den Sitz zu greifen. Die junge Frau am Tresen hat sofort die Lösung: »No worries. I call Steven.«

Steven, der Popcornhersteller, Regisseur des Inselfilms und Besitzer des kleinen Kinos, kommt fünf Minuten später in einem quietschgelben Fiat Uno angefahren. Schlendert ins Kino, greift unter den Sitz und zieht meine Kameratasche hervor. »No problem. Glad I could help.« Und fährt zurück auf seinen Hügel, wir sehen noch, wie er den gelben Fiat parkt und in sein Häuschen auf der Klippe geht.

Wie unbewohnt und groß die Insel ist, bemerke ich am nächsten Tag beim Joggen. Ich laufe am Morgen in die nächste Bucht, dann sehe ich einen Track. Prima. Den kann ich ja mal ausprobieren, scheint wieder zurück zu unserem Haus zu führen, der Wanderpfad. Laufe ich einfach um den Hügel herum nach Hause. Der Weg windet sich zunächst ziemlich steil nach oben, dann genauso steil wieder hinab. Vorbei an Baumriesen mit acht gigantischen Wurzeln, die zu einem noch gigantischeren Stamm werden. Ich laufe weiter und sehe Riesenfarne, Lianen und bunte Papageien. Der Weg führt meist an der Küste entlang mit immer wieder fantastischen Ausblicken auf kleinere unbewohnte Inseln. Aber leider auch: in immer neue Buchten. Irgendwann laufe ich seit gefühlt mehr als einer Stunde. Steile Holztreppen hoch, zu Aussichtspunkten, wieder bergab und über weiße Sandstrände, dann wieder durch Regenwald. Und denke jedes Mal: Das ist sie jetzt, unsere Bucht. Doch falsch, es ist wieder eine andere, die ich noch nie gesehen habe.

Langsam werde ich unruhig. Und atemlos. Kein Mensch zu sehen. Keine Straße. Nur die Natur und ich. Ich denke daran, dass ich vielleicht, wenn's ganz schlecht läuft, erst am Nachmittag zurückfinde. Was Frank und die Mädchen in der Zwischenzeit wohl tun? Leider habe ich die Karte der Insel nicht im Kopf. Hatte die denn so viele Buchten? Und ist der Weg um die Insel tatsächlich so serpentinenartig? Ich erinnere mich daran, gelesen zu haben, dass noch niemand es geschafft hat, die Insel zu Fuß ganz zu umrunden. Aber das habe ich ja Gott sei Dank auch nicht vor. Ich will nur zurück in unsere Bucht, in unser Häuschen, zu meiner Familie… mehr will ich doch nicht.

Dreißig Minuten und zwei Buchten, Hügel, Regenwaldpassagen später denke ich an die Schlagzeile: »Deutsche Touristin beim Joggen verschollen.«

Irgendwann, oberhalb der dreiundzwanzigsten Bucht treffe ich zwei menschliche Wesen. Lange habe ich mich nicht so gefreut, fremde Leute zu sehen. Ich bitte sie schon fast flehend, mir den Weg in die Zivilisation zu zeigen, denn ich will nach Hause.

Das ältere Paar, das gerade ein Picknick auf einem der Aussichtspunkte abhält, deutet in die Ferne. Dort sei meine Bucht. Sie zeigen auf einen Zaun. Ich könnte hier abkürzen und einfach über das Grundstück laufen, das störe niemanden. Ah, super Idee, thanks! Die Frau steht auf und will mir offensichtlich eine Pforte öffnen, doch ich sehe es zu spät und klettere hastig über den Zaun. Wahrscheinlich hält sie mich für hysterisch.

Nach zwei weiteren Buchten sehe ich von oben unser Häuschen. Obwohl ich schon völlig entkräftet bin, gebe ich noch mal Gas und renne zurück auf unser Haus zu. Lange schon habe ich mich nicht mehr so gefreut, meine Familie wiederzusehen. Frank war tatsächlich kurz davor, im Ort Hilfe zu holen, um nach mir zu suchen. Immerhin war ich zwei Stunden unterwegs.

In den anderen beiden Tagen machen wir noch zwei Wanderungen durch den dichten Regenwald, und erneut denke ich, wir finden nicht zurück. Die Wanderwege im Urwald sind nur schwer zu identifizieren, wir stolpern über riesige Baumwurzeln, und ich rutsche ab und zu auf dem glatten Moos aus, wir laufen immer weiter, das Meer, die Küste ist schon lange nicht mehr wahrnehmbar, zu weit weg, doch Frank lacht und meint, irgendwann kämen wir schon wieder zurück. Die Urwaldbäume, die Rufe der Tuis und die anderen uns fremden Vogelarten, denen wir begegnen, sind spannend, es gibt so viel zu entdecken, aber ich rechne schon mal vorsichtshalber nach: Wir haben noch einen Liter Wasser und fünf Kekse. Damit würden wir auf jeden Fall überleben, aber wenn uns nun tagelang keiner fände? Denn wer sollte nach uns suchen? Unsere Vermieterin höchstens, weil sie irgendwann mal ihr Geld haben will. Aber sonst? Handyempfang gibt es im Dschungel auch nicht. Ich kriege tatsächlich ein bisschen Panik. Zumal ich gelesen habe, dass sich immer wieder Touristen in dem Regenwald auf Stewart Island verlaufen.

Ich komme mir vor wie eine Familie auf einer mehrtägigen Expedition, bloß ohne Ruck- und Schlafsack und ohne Verpflegung. Ich überlege mir gerade, wie wir Notsignale absetzen könnten, als ich Frank von irgendwo hinter Bäumen und Farnen rufen höre, er könne so etwas wie eine Straße sehen. Hurra, wir sind gerettet! Zurück unter Menschen – auch wenn wir keinen anderen sehen, weit und breit nicht. Aber immerhin eine Straße. Jetzt müssen wir nur noch unser Auto wiederfinden. Es ist einigermaßen bestürzend festzustellen, wie sehr ich anscheinend ein Großstadtmensch bin. Sich im Regenwald zu verlaufen, mag für andere total spannend und abenteuerlich sein, für mich ist es eher eine abschreckende Vorstellung. Obwohl es in Neuseeland nicht einmal gefährliche Tiere gibt…

Autos gibt es auf Stewart Island natürlich auch nur wenige, denn man hat ja keine Möglichkeit, sie zu fahren. Mit dem Auto, das wir uns für einen Tag gemietet hatten, um zum Ausgangspunkt der Wanderung und zu einer imposanten Steilküste zu fahren, sind wir insgesamt 14 Kilometer gefahren. Hätten wir normalerweise mit dem Fahrrad gemacht, die Tour, doch 14 Kilometer ohne Fahrradsitz für Helen, den es nicht zu mieten gab, sind dann doch einige Kilometer zu viel.

Langsam werden wir panisch. Denn in vier Tagen müssen wir Neuseeland verlassen. Wir fliegen in die Südsee, auf die Cook Islands. Ein Traumziel, ganz klar. Wir werden auf Rarotonga landen. Allein der Klang lädt zum Träumen ein: Ra-ro-ton-ga.

Doch der Abschied von Neuseeland wird uns sehr schwerfallen. Allein der Gedanke daran macht uns schon traurig. Auch die Mädchen. Sie fragen immer, wie lange sie noch bleiben dürfen. Fast sechs Wochen sind wir in Neuseeland gewesen. Eine lange Zeit und doch viel zu kurz.

Am letzten Tag auf Stewart Island räumen wir das Häuschen, seufzen noch einmal Richtung Meer und warten auf Jane, unsere Vermieterin. Der wir das Geld übergeben wollen, denn sie weiß, dass wir heute Vormittag die Insel verlassen werden. Wir sehen ein paar Wanderer, die freundlich grüßen, doch wen wir nicht sehen, das ist Jane. Ich frage mich, was wir tun sollen, denn wir können ja schlecht gehen, ohne zu zahlen. Doch dann wird allmählich die Zeit knapp, das Taxi, das uns zur Fähre bringt, wird gleich kommen. Wir schließen nicht ab, wie immer, ich schreibe Jane eine Nachricht, dass ich das Geld nicht im Haus liegen lassen will, sondern am Fähranleger hinterlege, und dann steigen wir ins Taxi. Wir vermuten, dass Jane vielleicht zur Fähre kommt, da sie weiß, dass wir gleich losmüssen. Doch sie kommt nicht. Ich gehe also zur Touristeninfo direkt am Fähranleger und gebe dort einen Umschlag mit dem Geld für die Miete ab. Natürlich kennen alle hier Jane. Sie würden sie anrufen, falls sie sich nicht in ein paar Tagen von selbst melden würde, und sie würde sicher irgendwann vorbeikommen und sich das Geld dann abholen, meinen die Damen.

In Neuseeland wundert mich ja nichts mehr, aber Frank und ich fragen uns dennoch, ob so etwas auch in Deutschland möglich wäre.

Zwei Tage später erhalte ich eine Mail von Jane. Sie schreibt: »I hope you had a great stay«, und fragt, ob ich das Geld auf ihr Konto überweisen könne. Anscheinend ist sie noch nicht wieder im Haus gewesen und hat meine Nachricht also auch nicht gefunden. Dieses Vertrauen der Neuseeländer in andere ist immer wieder bemerkenswert. Wir könnten auch einfach abgehauen sein, ohne zu zahlen, sie hatte nichts von uns in den Händen. Nichts außer meiner Mailadresse. Als ich ihr schreibe, dass ihr Geld in einem Umschlag am Hafen liegt, schreibt sie zurück: »Fine, thanks.«

Unsere Stimmung beim Abschied von Stewart Island ist leicht gedrückt. Obwohl wir noch runde Riesensteine in Boulders

bewundern dürfen, seltene Gelbaugenpinguine beim Land-
gang sowie massige Seelöwen beim Dösen, werden wir immer stiller. Noch einmal wohnen wir in einer Cabin auf einem
Campingplatz direkt am windumtosten Strand bei Moeraki.
Ein Ort, der einem wirklich das Gefühl gibt, am anderen Ende
der Welt zu sein, denn die dortigen Steinkugeln sehen aus,
als hätte ein Riese seine Murmeln am Strand zurückgelassen.
Manche der grauen Kugeln haben einen Durchmesser von drei
Metern und sind 55 Millionen Jahre alt. Helen ruft: »Die sehen
ja aus wie Schildkröten!« Und es stimmt: Einige sind geädert
wie die Panzer von Schildkröten und wirken wie Abgesandte
von einem anderen Planeten. Unwirklich. Und doch – alles
Natur, das.

Der Strand, an dem wir die ersten dieser Steinkugeln entdecken, ist fast menschenleer, die Brandung tost, doch wir können die Umgebung gar nicht mehr so richtig genießen, spüren eine leichte Melancholie. Noch zwei Tage, dann sind wir
fast sechs Wochen in Neuseeland gewesen. Zu kurz. Eindeutig. Wir würden gerne einfach immer so weiterfahren durch
dieses großartige Land. Und uns all das angucken, was wir
noch nicht gesehen haben, und das ist viel! Wir würden auch
gern an einige Orte zurückkehren, um dort länger verweilen
zu können.

Fakt ist, wir haben auf der gesamten Reise durch Neuseeland nicht einen unfreundlichen, gestressten, mürrischen
Menschen getroffen. Vielleicht macht die Natur einfach gute
Laune. Oder diese Kombination aus Spielplatz an Café an
Meer. Oder das Barfußlaufen. Oder die abseitige Lage am Ende
der Welt. Wir können nur Vermutungen anstellen. Vielleicht
haben wir einfach Glück gehabt. Wörter, die wir immer wieder gehört haben, waren »please« und »lovely«. Genauso wie
»thank you«. Man grüßt sich. Nicht mit »Hi guys«, sondern mit
»How are you?«.

Wir werden zurückkommen. Irgendwann.

Tschüss Neuseeland
(von Antonia)

Morgen verlassen wir Neuseeland und fliegen auf die Cook Islands. Ich würde gerne noch in Neuseeland bleiben. Auf die Cook Islands freue ich mich aber auch, weil wir da schnorcheln wollen. In Neuseeland fand ich den Regenwald am besten, weil es da Lianen, total bewachsene Bäume und ganz viele laut singende Vögel gibt.

Auf der Weltreise finde ich toll, immer mit Helen spielen zu können, obwohl ich sie manchmal an die Wand klatschen könnte. Aber meistens vertragen wir uns.

Ich würde jetzt gerne für vier Tage nach Hause kommen, um der Klasse und den Freunden Hallo zu sagen. Und dann wieder los.

Meine völlig subjektiven Buch- und Filmtipps

Anke Richter: *Was scheren mich die Schafe: Unter Neuseeländern.* Köln 2012
Lloyd Jones: *Die Frau im blauen Mantel.* Reinbek 2012

»Das Piano«. Regie: Jane Campion, 1992
»Whale Rider«. Regie: Niki Caro, 2002
»Als das Meer verschwand«. Regie: Brad McGann, 2004
Peter Jackson ist hier nicht extra aufgeführt – »Herr der Ringe« und »Der Hobbit« sind einfach Kult.

Kapitel 8: Cook Islands

Mit Puna zu den Riesenschildkröten * Fisch-TV * Kaputte Füße

Irgendjemand hat einen heißen Föhn angestellt. Und niemand in Sicht, der das Ding wieder ausstellen kann. Als wir nach viereinhalb Stunden Flugzeit auf Rarotonga landen, der Hauptinsel der Cook Islands, bläst uns eine heiße Brise ins Gesicht. Frauen mit duftenden Frangipani-Blüten im Haar nehmen lächelnd unsere Pässe entgegen. Wir lächeln schweißüberströmt zurück. Ein älterer Herr mit Strohhut, der auf einem Hocker am Laufband sitzt, zupft Lieder auf seiner Ukulele und singt herzergreifende Melodien zur Begrüßung der Gäste. Jake Numanga heißt der Mann, er ist auf ganz Rarotonga bekannt. Vor ein paar Jahren erhielt er sogar eine Ehrenmedaille der Queen anlässlich ihres Geburtstages und ist seitdem so etwas wie der Superstar der Cooks.

Der Flughafen auf Rarotonga besteht aus einer kleinen Halle mit einem Schalter und einem Laufband. Er hat aber eine asphaltierte Piste, die gleichermaßen als Start- und Landebahn fungiert und zweieinhalb Kilometer lang ist, sodass seit einigen Jahren auch größere Maschinen die Cooks anfliegen können. Wenn ein Mal in der Woche das Flugzeug aus Neuseeland auf Rarotonga landet, dann sind alle zur Stelle: die Guesthouse-Besitzer, die Taxifahrer, die Flughafenangestellten und Jake mit seiner Ukulele.

Die Sonne brennt, obwohl es zwischendurch immer wieder nieselt, die Luft ist auch ohne Regen feucht, und wir fühlen uns wie ein ausgewrungener Schwamm. Der Transfer zu unserer Unterkunft ist uns zu teuer. Also beschließen wir, den örtlichen Bus zu nehmen, der ein Mal pro Stunde die Insel umrundet. Wir postieren uns samt Gepäck im Schatten am Straßenrand und warten. Die T-Shirts sind mittlerweile klatschnass, doch wir haben ausreichend Zeit, uns an die hohe Luftfeuchtigkeit zu gewöhnen, denn vor uns liegen zwei Wochen Südsee, an einem der schönsten Orte der Welt. Ein echtes Sehnsuchtsreiseziel, das im Gegensatz zu anderen Südseeinseln touristisch noch nicht überlaufen ist. Hier gibt es keine internationalen Hotelketten, weil man Grundstücke nur pachten kann und kein Haus höher als eine Palme sein darf.

Antonia ruft, als wir nach draußen in die Sonne treten: »Hurra, heute ist gestern, wir haben einen Tag geschenkt bekommen!« Das stimmt, denn heute ist eigentlich schon morgen, war aber gestern. Das Kuriosum der Zeitverschiebung. Wir haben zum ersten Mal in unserem Leben die Datumsgrenze überflogen. Das heißt, wir erleben den Tag unserer Ankunft zweimal. Montag, den 23. März, dem Tag unseres Abfluges aus Neuseeland, waren wir noch in Auckland. Bei unserer Ankunft auf Rarotonga haben wir Sonntag, den 22. März. Immer wieder sonntags... oder: Täglich grüßt das Murmeltier. Es macht Spaß, in der Zeit einfach mal einen Tag zurückzuspringen und einen Kalendertag zweimal erleben zu dürfen. Im Grunde ist es natürlich kein geschenkter Tag, sondern nur ein zeitlicher Ausgleich für die Stunden, die wir auf unseren Flügen um die Erde in östlicher Richtung verloren haben. Sogar unsere mobilen Endgeräte brauchen ein bisschen, um sich an diesen zeitlichen Rücksprung zu gewöhnen.

Am Straßenrand schwitzend, beobachten wir Hühner, die hastig über den heißen Asphalt flitzen. Plötzlich stoppt ein alter Van mit Ladefläche am Straßenrand. Im Lieferwagen sitzt ein Paar, das uns fragt, ob es uns gegen eine kleine Gebühr mitnehmen soll. Dankbar steigen wir auf. Nicht nur der Fahrtwind ist sehr angenehm, wir bekommen auf diese Weise gleich einen Eindruck von der Hauptinsel der Cook Islands. Es gibt nur eine Ringstraße auf Rarotonga, die auf 32 Kilometern einmal um die Insel führt. Rarotonga ist, wie die anderen Inseln der Cook Islands auch, ein Atoll, das heißt von einem Riff umgeben. Die fünfzehn kleinen Cook Islands, die verstreut im Pazifik liegen, gelten als Schnorchelparadies, denn das offene Meer ist von der Insel aus nur an zwei schmalen Stellen zu erreichen, davor schlagen meterhohe Wellen gegen das Korallenriff.

Wir wollen eine kleine Pause vom Reisen machen und all das nachholen, was in letzter Zeit zu kurz gekommen ist: das Vorbereiten eines größeren Referats von Antonia für die Zeit der Rückkehr, lesen, Spiele spielen. Der Strand ist paradiesisch, das Wasser klar und smaragdgrün und nahe am Ufer so flach, dass Helen planschen und buddeln kann. Der Muschelstrand ist sehr fein, und im Hintergrund wiegen sich Postkartenpalmen, die Schatten spenden.

Wir entdecken neue Betätigungsfelder. So hat Frank es geschafft, eine Kokosnuss eigenhändig zu öffnen (es hat zwei Stunden gedauert, und ich habe seine Geduld bewundert, aber wir haben ja Zeit), und wir haben wie Robinson Crusoe das Ding hochgehalten und den Saft in unsere Münder laufen lassen. Antonia und ich haben Lebewesen entdeckt, die uns geradezu süchtig machen: Fische. Zuletzt geschnorchelt habe ich vor unzähligen Jahren als Studentin, in Mexiko und in Indonesien, auf den Gili-Inseln, und jetzt ist es eine Wiederentdeckung.

Das wichtigste Element dieser ersten Tage auf den Cooks ist für uns das Wasser. Zum einen zum Trinken, weil es so heiß und feucht ist und man viel schwitzt, zum anderen als Beschäftigung. Jeder von uns nutzt das Meer anders. Frank ist jeden Tag *auf* dem Wasser (im Kajak), Helen am liebsten *am* Wasser (beim Buddeln im Muschelsand) und Antonia und ich *unter* Wasser, denn wir gucken Fisch-TV und schnorcheln. Wir sind fast süchtig. Es ist wie tauchen (Taucherfreunde, bitte nicht lachen jetzt), aber das Gefühl ist zumindest sehr ähnlich.

Man taucht ein in eine völlig andere, faszinierende Welt. Es macht mir großen Spaß, diese Welt zusammen mit Antonia zu entdecken, wir geben uns immer Handzeichen unter Wasser, wenn wir etwas Besonderes sehen. Und Besonderes, das sehen wir oft. Riesige Rochen, die eins mit ihrer Umgebung zu sein scheinen, wie tot wirken und sich dann plötzlich platt über dem Boden bewegen, schillernde Fische in Regenbogenfarben und ganze Fischschwärme, die aussehen, als würden sie Ballett tanzen. Korallenriffs in Lila- und Gelbtönen, aus deren Löchern Fische und Seeigel gucken. Antonia und ich schnorcheln stundenlang und probieren die neue Unterwasserkamera aus, die ich in einem kleinen Surfshop gekauft hatte, eine Kamera, mit der man auch filmen kann. Am ersten Tag steht die Sonne bereits zu tief zum Fotografieren, und, na ja, wir müssen noch üben. Für Antonia eröffnet sich durch das Schnorcheln eine völlig neue Welt; jedes Mal ist sie völlig perplex, wenn sie aus dem Wasser kommt: »Das ist ja wie eine eigene Stadt im Meer! Ich komme mir vor wie in einem Riesenaquarium, wie ein Fisch.«

Hier macht das Meer noch selig, wo es einen an anderen Orten einfach nur nass macht. Zumindest, solange man nicht auf einen giftigen Stein- oder Skorpionfisch tritt, vor denen uns die Einheimischen warnen. Vor allem die Steinfische sind kaum zu erkennen und gehören zu den giftigsten der Erde. Wir tragen deshalb Gummischuhe beim Baden. Wir hoffen außerdem, keiner Kegelschnecke zu begegnen, die giftige Pfeile auf andere schießt, und von dem Biss der dort heimischen extrem giftigen Schlange verschont zu bleiben. Jedes Schnorcheln wird zu einem kleinen Abenteuer.

Am nächsten Tag fahren wir mit dem öffentlichen Bus ins Zentrum von Avarua, der einzigen Stadt auf den Cook Islands, eine lang gestreckte Siedlung mit 4500 Einwohnern. Wir wollen einkaufen, denn wir fliegen für neun Tage auf die nächste Cook-Insel – nach Aitutaki, der laut Reiseforen und -führern schönsten Lagune der Welt. Dort sollen die Einkaufsmöglichkeiten beschränkt sein, also wollen wir uns ein bisschen eindecken. Bis wir in den Supermarkt kommen… und vor Regalen voller Konservendosen stehen. Auf den Cook Islands sind die meisten Einheimischen Selbstversorger und haben eigene Schweine, Hühner und Ziegen, bauen außerdem Gemüse an. Alles andere wird eingeflogen. Und das hat seinen Preis. Ein Kilo Paprika 25, eine Mini-Salami 14, eine kleine Flasche Olivenöl 13 Neuseeland-Dollar.

An der einzigen Bushaltestelle der Insel, dem Busbahnhof sozusagen, der aus einem Schild und einer Holzbank besteht, setzen wir uns in den Schatten und warten auf den nächsten Bus, der alle halbe Stunde im oder gegen den Uhrzeigersinn die Insel umrundet. Als unser Anti-clockwise-Bus kommt, pünktlich auf die Minute, während der andere Busfahrer gerade Mittagspause macht, frotzeln die Männer miteinander: »Du warst heute Morgen eine Minute zu spät! Konntest du deine Badelatschen nicht finden, oder was?«

Nachdem wir eingestiegen sind, rückt sich unser Fahrer (geblümtes Hemd, barfuß und mit Frangipani hinter dem Ohr) ein Headset zurecht und fängt laut an zu singen. Antonia und Helen gucken erstaunt, dann kichern sie, denn der Busfahrer, der sich als Mr. Hopeless vorstellt, fängt an, das Kinderlied »Wheels on the bus go round and round« zum Besten zu geben. Helen klatscht und singt begeistert mit, Antonia wippt mit dem Fuß und grinst. Mr. Hopeless singt mit warmer, voller Stimme. Er hätte das Zeug zum Profi. Bei »Cook Islands Next Superstar« wäre er ganz vorne mit dabei. Nach seiner Gesangseinlage erzählt er ein paar Witze und Anekdoten aus der Inselwelt. Ein Cook Islander, wie wir sie schon häufiger erlebt haben: gut gelaunt, bunt gekleidet, herzlich.

Mr. Hopeless fährt uns am nächsten Tag auch zum Wochenmarkt, wo wir zusammen mit Einheimischen an einem langen Tisch essen, uns selbst gemachten Schmuck kaufen, zwei Masken und von Hand gefertigte Ukulelen. Auf der Bühne tanzen junge Frauen und Männer *hura*, einen Tanz mit schnellen Hüftbewegungen, und ich frage mich die ganze Zeit, wie die Frauen es schaffen, dass ihre Kokosnuss-BHs nicht rutschen.

Und dann geht es zum eigentlichen Sehnsuchtsziel: nach Aitutaki. Am Flughafen hoffen wir, dass wir beim Einchecken mit unseren eingekauften Lebensmitteln keine Probleme kriegen. Als wir uns dem einzigen Schalter nähern, werden wir mit Handschlag begrüßt.

»Frank? Bettina? Antonia? Helen? Fine. Have a good flight!«

Weder wird das Gepäck kontrolliert noch unsere Pässe. Die Lebensmittel dürfen wir als Handgepäck mitnehmen und stellen sie im Flugzeug auf den Fußboden unter den Sitz, denn der Flug nach Aitutaki dauert nur 50 Minuten.

Zwanzig Personen passen in die winzige Propellermaschine, der Kapitän begrüßt die Fluggäste persönlich. Die Tür zum Cockpit bleibt während des gesamten Fluges geöffnet. Mit einem lauten Dröhnen heben wir ab; 225 Kilometer Luftlinie sind es von Rarotonga bis nach Aitutaki. Und dann sehen wir sie, die Lagune. Die eigentlich ein gekipptes Atoll ist. Unter uns schimmert das Wasser außerhalb des Riffs azurblau, innerhalb der Lagune smaragdgrün, wir sehen die unbewohnten Inselchen, die kleinen Motus und die größte von ihnen, Aitutaki, alle umkränzt von einem Korallenriff. Die sattgrünen Inselflecken inmitten des türkis schimmernden Wassers, das alles ist so unwirklich wie ein kitschiges Südsee-Postkartenmotiv, bei dem man die Farben nachträglich bearbeitet hat, bloß dass es in echt noch kitschiger aussieht als jede noch so kitschige Postkarte.

Und dann sind wir da, im Paradies.

Was passiert, wenn man auf einem Südseeatoll landet? Man bekommt zunächst eine Blumengirlande umgehängt und eine

Kokosnuss mit Strohhalm in die Hand gedrückt. Die Szene ist im Grunde total albern, wie in einem Traumschiff-Kitsch-film, aber die Blüten sind tatsächlich echt, und sie duften, und die Menschen am Flughafen strahlen, und ich muss in dem Moment an meinen Vater denken, dessen Traum es immer war, einmal in seinem Leben in die Südsee zu fliegen. Diesen Traum konnte er sich nicht mehr erfüllen, denn sein Herz wurde immer schwächer. Von der Südsee hat er bis zum Schluss häufig gesprochen, und so wollte ich schon von Anfang an, bei der Planung der Weltreise, die Südsee ansteuern, in seinem Sinne dahin fliegen. Ich habe einen Kloß im Hals. Vielleicht fliegt mein Vater ja im Geiste mit. Weiß man ja nie, was im Jenseits so abgeht. Die Begrüßung auf Aitutaki hätte ihm schon mal gefallen, so viel steht fest.

Weiter weg von zu Hause kann man nicht sein. Wir befinden uns auf dem gegenüberliegenden Ende der Erdkugel, und als wir unsere Sachen auf der Ladeklappe eines kleinen Vans verstauen, der uns zu unserer Hütte am Strand bringen soll, frage ich mich kurz, warum ich eigentlich immer um die halbe Welt reisen will. Warum ich überhaupt immer reisen will. Vielleicht gibt es ein *Reise-Gen*, das an die Nachfolge-generationen weitervererbt wird. Bei uns zu Hause stapelten sich die Fotoalben, Filme und Souvenirs. Meine Eltern hatten sich sogar auf einer Reise kennengelernt, genauer gesagt auf einer Busreise durch das ehemalige Jugoslawien in den Fünfzigerjahren. Beide haben immer gerne und viel fotografiert und wollten etwas von der Welt sehen, sofern das mit ihren bescheidenen Einkünften überhaupt möglich war.

Mein Vater hatte das Glück, bereits als sehr junger Mann andere Länder zu bereisen, denn er war Solist im Hamburger Michaelis-Chor. Mit Tränen in den Augen beschrieb er einmal eine Reise nach Schweden kurz nach dem Zweiten Weltkrieg. Hamburg war komplett zerbombt, die Menschen litten Hunger, so auch mein Vater. Der Chor reiste nach Uppsala und gab ein Konzert im Dom. Die Jüngsten von ihnen, wie mein

Vater, waren privat in Familien untergebracht und bekamen etwas Warmes zu essen und menschliche Wärme. Kurz vor seinem Tod bin ich nach Schweden gefahren und habe Station in Uppsala gemacht, um die Domkirche zu besuchen, in der er gesungen hat.

Das Reisen wurde mir also irgendwie in die Wiege gelegt. Ganz anders bei Frank. Seine Eltern blieben bis auf einen Kurztrip nach Frankreich in Deutschland. Frank ist sozusagen der »Ausreißer« innerhalb seiner Familie, da er als Fotograf ebenfalls oft gereist ist (zumindest in jenen Zeiten, als Magazine noch Geld für Reisegeschichten und -fotografen hatten).

Früher, da war Reisen per se schon ein Abenteuer, egal wohin. Mein Vater filmte sehr viel, die Super8-Kamera war immer dabei und auch ein extra Tonbandgerät. Welch ein Gepäck: diverse Tonbänder und Filme für Kamera und Aufnahmegerät, dazu Batterien und Kabellagen. Mit dieser Ausrüstung filmte er vom Rücken eines Maultiers, während einer Wanderung, im Gewühl eines türkischen Basars. Zu Hause kamen noch mehr Tonspuren dazu, Musik aus seinem Plattenschrank und seine eigene Sprachaufnahme. Die Filmschnipsel hängte er zusammen mit meinem Opa an einer Wäscheleine auf und klebte anschließend Streifen für Streifen zusammen.

Das Ergebnis ist bewundernswert, geradezu erstaunlich. Man taucht ein in das Leben der Fünfzigerjahre in Istanbul: ein alter Mann, der Wasserpfeife raucht, eine Mutter mit ihrem Baby und dazu das Stimmengewirr vor Ort.

Jeder der Filme besteht außerdem aus selbst konstruierten Grafiken: Ein kleines Spielzeugauto oder eine Holzeisenbahn fahren über eine Landkarte, und wie in einem Puppentheater schieben sich Holzfiguren durchs Bild. Diese Filme und die vielen Dias haben wir zu Hause als Kinder oft angeschaut. Und gestaunt über die weite Welt.

Und nun stehen wir blumenbekränzt am kleinen Flughafen von Aitutaki, der in seiner hellblauen Farbe eher an einen

Strandbungalow erinnert als an ein Terminal. Unsere Hütte steht in zweiter Reihe, aber mit Meerblick direkt am Strand. Nachbarn gibt es keine, das nächste Resort ist 100 Meter entfernt.

Die kleine Anlage, in der wir die ersten sechs Nächte bleiben wollen, hat zehn einfache Hütten mit Miniküchenzeile, sprich zwei Herdplatten. Als wir zum kleinen Supermarkt gehen, sind Kartoffeln und anderes Gemüse bereits ausverkauft, deshalb nehmen wir Eier, Tomaten und Nudeln. Glücklicherweise hat unser kleines Resort ein für Cook-Verhältnisse preiswertes Restaurant direkt am Strand. Die Restaurantküche thront auf einem Holzpodest am Wasser.

Die Cook Islands und vor allem Aitutaki sind, anders als Bora Bora, Tahiti oder Fidschi, wie wir hören, touristisch noch recht jungfräulich. Und niemand hier möchte das glücklicherweise ändern. Große Hotelkomplexe gibt es nicht, Hochhäuser ebenfalls nicht. Dieses Nichtvorhandensein der Dinge, die wir sonst aus unserer globalisierten Welt kennen, macht den Charme der Inseln aus.

Antonia führt für ihr Referat, das sie nach unserer Rückkehr für die Klasse halten wird, Interviews auf Englisch unter den Einwohnern, und man hört immer wieder den Satz: »Es ist gut, so wie es ist.« Antonia möchte wissen, wovor die Menschen Angst haben, wie viel ihnen die Familie bedeutet und ob sie nicht davon träumen, mal woanders zu leben. Ich filme das Ganze. Die Antworten sind erstaunlich, denn niemandem scheint irgendetwas zu fehlen, und alle wünschen sich, auf den Cook Islands bleiben zu können. Wir treffen keinen, der Reiselust oder gar Fernweh hat. Beneidenswert, irgendwie.

Die Cook Islands
Anfang von Antonias Referat

Die Cooks Islands bestehen aus 15 Inseln und liegen in der Südsee am anderen Ende der Welt. Dort ist es elf Stunden früher als in Deutschland, und als Begrüßung sagt man:
»Kia Orana!« Das bedeutet: Lass es dir gut gehen.
Auf den Cook Islands leben nicht einmal 20 000 Einwohner.
Die Hauptinsel ist Rarotonga. Die Inseln haben mit die schönsten Lagunen der Welt, eine davon ist Aitutaki. Eine Lagune ist ein Gewässer, das durch ein Korallenriff abgegrenzt ist und die Inseln dadurch vom Ozean trennt. Das Wasser in der Lagune ist ganz türkis, und man kann super schnorcheln.
Wenn man auf Aitutaki gelandet ist, wird man mit einer echten Blumengirlande und frischem Kokossaft empfangen, und am Flughafen spielt jemand auf der Ukulele Lieder. Die Cook Islands werden nur ein Mal in der Woche von ausländischen Flugzeugen angeflogen, auf die anderen Inseln kann man nur mit einem Propellerflugzeug fliegen.

Am Abend essen wir frischen Fisch, barfuß und mit Meeresrauschen im Ohr, und beobachten die Krebse, die an den Strand krabbeln. Antonia und Helen sind fasziniert, denn die Krebse sind zahlreich, und winzige, fingernagelgroße sind auch darunter. Sie verschwinden allerdings unter die Stelzen der Küche, die sich auf einem Podest direkt am Meer befindet. Es gibt fünf Gerichte, vier allein mit frischem Fisch. Alle sind sehr schmackhaft, frisch zubereitet, auch Antonia und Helen mögen das Essen. Das Frühstück wird ebenfalls an wackeligen Holztischen am Strand eingenommen – entweder barfuß oder in Badelatschen, dem Standardschuh der Südsee.

Und dann treffen wir Puna, eine Ikone unter den Schnorchlern. Mit ihm zusammen wollen wir eine Lagunentour zu den Motus machen. Ein lässiger Typ, wie die meisten hier, in Badelatschen, einem T-Shirt mit großem Smiley drauf, kein Aufschneider, eher ein Realist, einer, der die Inselwelt sowohl über als auch unter Wasser kennt wie kaum ein anderer. Puna, der nicht nur Taucher ist und Tour-Guide, sondern auch der Neffe des Premierministers der Cook Islands, holt uns also vor der Hütte ab. Zusammen mit acht anderen Touristen auf James Cooks Spuren bringt er uns zu seinem kleinen gelben Boot. Das Wetter sei perfekt, sagt er, weder Sturm noch Regen in Sicht, stattdessen weiße Schäfchenwolken vor knackblauem Himmel und um uns herum das türkisgrüne Wasser.

Wir schippern zu kleinen, unbewohnten Inseln, die Namen tragen wie Honeymoon-Island und One Foot Island und blicken in eine kitschige Fototapete: Vorne strahlend weißer Muschelsand, im Hintergrund eine kleine Insel mit Palmen, und das Wasser dazwischen schimmert in diversen Blau-, Grün- und Türkisschattierungen. So ähnlich muss es auch bei Robinson Crusoe ausgesehen haben, denke ich. In der Ferne: Palmen auf Insel, davor pudriger weißer Sand und smaragdgrünes Wasser. Die Bounty-Werbung *muss* hier gedreht worden sein.

Puna hält sein gelbes Boot an, und wir dürfen schnorcheln. Ich blinzele noch mal, ob wirklich alles echt ist und kein Traum, und wir steigen ins warme Wasser in eine neue Welt. Eine Unterwasserwelt, die aus ein Meter langen Giant-Trevally-Fischen besteht, aus bunten Korallen und Fischschwärmen in Regenbogenfarben. Puna holt eine Riesenmuschel hoch, fast einen Meter ist sie lang, und er legt sie mir in den Arm. Zum Glück hat er ein winziges Exemplar erwischt, denn die Muscheln werden bis zu 400 Kilo schwer. Riesenschildkröten schwimmen an uns vorbei. Und ich denke: Hier ist das Paradies, und wir sind schon da. Faszinierend.

Und dann sehen wir, dass es noch eine Steigerung gibt vom Paradies. Denn wer jetzt noch keine Sonnenbrille aufgehabt hat, holt sie spätestens in diesem Moment raus. Wir sind auf One Foot Island gelandet. Als wir auf den Sandbänken aussteigen, fühlen wir uns wie Inselbewohner. Die Sonne steht senkrecht am Himmel, das Licht ist so gleißend, dass man erst einmal die Augen schließen muss (oder eine Sonnenbrille aufsetzen), um sich an die Helligkeit zu gewöhnen. Das warme Wasser schimmert in klarem Türkis, der Sand strahlt in weißem Weiß und ist fein wie Samt unter den Füßen, die Palmen palmen so palmig – das kann nicht echt sein!

Und doch, auch das ist ein Teil unserer Erde. Einer, den man vielleicht aus der Werbung kennt oder von kitschigen Bildbänden. Wir machen Fotos, und hinterher werden wir uns beim Betrachten der Bilder selbst fragen, ob da nicht ein bisschen an der Farbpalette geschraubt wurde. In meinem Leben habe ich noch nie weißeren Sand, schönere Muscheln, klareres, türkiser schimmerndes Wasser, üppigere Palmen und eine Bilderbuchinsel wie diese gesehen. Aitutaki sei die schönste Lagune der Welt, habe ich vielerorts gelesen. Stimmt. Schöner geht's nicht.

Nach diesem Ausflug fahren wir zum Mittagessen auf die nächste unbewohnte Insel, nach One Foot Island, eine Insel, die die Form eines Fußabdrucks hat. Diesen kann man sich vor Ort als Stempel in seinen Reisepass eintragen lassen. Danach bittet uns Puna zu Tisch. Unter Palmen hat er köstliche kalte Speisen aufgetragen. Viel Frucht, Papayasalat, Backhuhn im Bananenblatt, Tintenfisch, Thunfisch, rohen Fisch mit Kokosnuss, Seegurke, grüne Banane, Zitronenreis. Nach dem Essen schippern wir langsam wieder zurück.

Nach sechs Tagen auf Aitutaki stellt sich bei Frank und mir so etwas wie extreme Gelassenheit ein, eine Form von Phlegma, um nicht zu sagen Lethargie. Lethargie und vor allem Langeweile können etwas Wunderbares sein, wir haben sie ja fast verlernt, die gepflegte Langeweile, dieses Laissez-faire, das herrliche Nichtstun und In-die-Gegend-Starren, und versuchen oft, den Ennui, wie der Franzose sagt, mit irgendetwas Sinnvollem zu füllen. Antonia und Helen halten wir weder zu Hause noch hier vom Sichlangweilen ab, denn dabei entstehen oft die besten Ideen. Es schadet jedenfalls nicht.

Wenn sie auf Aitutaki genug gebadet, gebuddelt, Muscheln gesammelt oder gelesen haben, fangen sie irgendwann mit Rol-
lenspielen an und spielen Erlebnisse unserer Reise nach: Das
Check-in am Flughafen, die Visakontrolle, oder sie sind Besitzer einer Backpacker-Unterkunft.

Auf dieser Weltreise tun wir viele Dinge, die wir im Alltag
zu Hause vernachlässigen. Oder auch gar nicht berücksich-
tigen – wie einen Gottesdienst zu besuchen. Kommt bei uns
in Hamburg nicht vor. Nun kann man sonntägliche Gottes-
dienste der Protestanten auch schlecht mit, sagen wir, Gospel-
Gottesdiensten in Harlem vergleichen. Hab ich einmal erlebt
und werde ich mein Leben lang nicht vergessen. Auf den Cook
Islands gehen alle, anders als in Deutschland, regelmäßig in die
Kirche. Denn wer hier lebt, der glaubt. An Gott, an Jesus, an
die Zeugen Jehovas... Auf jeden Fall glaubt man, dass alles in
Gottes oder welcher Hand auch immer liegt. Der Gottesdienst
wird als fröhliches Fest zelebriert.

Die Einwohner machen sich extra schick für die Kirche, die
Damen tragen Blumenschmuck und Hut, die Männer geblümte
Hemden. Als nach der Predigt alle aufstehen und den mehr-
stimmigen Wechselgesang erklingen lassen, unter anderem die
Hymne von Aitutaki, sind wir völlig von den Socken. Der Ge-
sang dringt in alle Poren – ein echter Gänsehautmoment.

Vor der Kirche treffen wir ein holländisches Paar aus unserer Unterkunft; der Mann sagt: »Ich muss mich erst einmal
ordnen. Das war zu viel. Das prägt sich ein, für das ganze
Leben.« Er ist ehrlich ergriffen, und wir sind es auch.

Wenn wir nicht gerade im Gottesdienst sitzen, versuchen
Frank und ich morgens barfuß am Strand zu joggen. Das ist
gar nicht so einfach, weil man scharfen Muscheln ausweichen
muss und sonstigem Strandgut, das sich bei Flut so angesam-
melt hat.

Einmal trete ich beim Überqueren einer Sandbank in ein
Muschelstück, das im Fuß stecken bleibt. Am anderen Tag
grüße ich beim Joggen unsere Hüttennachbarn, die einen

Strandspaziergang machen, winke ihnen zu – und stolpere über eine Riesenmuschel, die im Sand vergraben ist. Der Fuß schmerzt auch noch am nächsten Tag beim Auftreten, obwohl die Wunde sehr klein ist. Da wir nichts vorhaben, beschließen wir, den Arzt aufzusuchen, und da es keine Arztpraxis gibt, schickt man uns gleich ins Krankenhaus von Aitutaki.

Es gibt nur zwei Patienten. Der eine davon bin ich. Der andere winkt mir fröhlich aus seinem Bett zu. Zwei Krankenschwestern und ein junger Mann, alle im Kittel, untersuchen meinen Fuß. Antonia und Helen kichern, als der junge Mann eine Lampe anknipst und sich eine Lupe auf die Nase setzt. Er kommt aus Schottland, ist Medizinstudent und macht auf Aitutaki ein Praktikum. Es gibt Schlimmeres, denke ich, als sich für eine gewisse Zeit in der Südsee niederzulassen, an einem Ort, wo akuter Männermangel herrscht, denn viele der hiesigen Männer wandern nach Neuseeland aus.

Mit zwei kleinen Verbänden und Penicillin werde ich entlassen, ich soll am nächsten Tag zum Verbandswechsel wiederkommen, und auf diese Weise haben wir nicht nur die Kirche, sondern auch das Krankenhaus von Aitutaki kennengelernt und somit schon die wichtigsten Gebäude der Insel. Fehlt nur noch die Polizeistation. Die ist selten besetzt, nur einmal, da hätte fast jemand einsitzen müssen – wenn es denn eine Gefängniszelle gäbe auf Aitutaki. Ein Dieb hatte aus der einzigen Bankfiliale die gesamten Ersparnisse der Insulaner gestohlen, fast 200 000 Neuseeland-Dollar. Dem Inselparadies drohte die Staatspleite, berichtete aufgebracht die örtliche Zeitung. Die Meldung verbreitete sich bis nach Neuseeland und England und von dort aus weltweit in die Medien, und so – wie praktisch – blickte die ganze Welt plötzlich auf Aitutaki, das kleine Atoll im Pazifik.

Wer aber hatte das Geld gestohlen und die Bewohner der Insel fast ins Verderben gestürzt? Die Polizeistation befindet sich nur ein paar Schritte von der Bank entfernt, weswegen die Angestellten der Polizei nicht so gerne über den Vorfall sprechen. Der Bürgermeister auch nicht. Irgendwann lag auf wundersame Weise das Geld wieder im Tresor. Und alle waren zufrieden. Vor allem der Bürgermeister, denn dieser Vorfall hatte international für Aufmerksamkeit gesorgt. Danach war alles wieder ruhig auf Aitutaki.

Für zwei Tage haben wir uns ein Auto gemietet und die Insel umrundet. Dafür muss man eigentlich zur Polizeistation fahren, um einen Inselführerschein zu machen, doch da diese nur selten besetzt ist, macht man für uns eine Ausnahme. Obwohl wir alle Frank gerne bei seiner Führerscheinprüfung begleitet hätten... Wir fahren an sehr vielen kleinen Kirchen vorbei (auf Aitutaki gibt es zwanzig Kirchen für die 1600 Einwohner), an einer Schule, dem Postamt und vielen frei laufenden Hühnern und Ziegen.

Da auf Aitutaki keine öffentlichen Verkehrsmittel fahren, leihen Antonia und ich uns zwei der Fahrräder, die in unserem Resort stehen. Welch ein Glücksgefühl nach Monaten der Abstinenz! Antonia juchzt immer nur: »Macht das Spaß! Ist das großartig!« Die Einwohner fahren kaum Fahrrad, sondern Motorroller oder Auto. Weil ihnen die Entfernungen zu weit sind, wie sie lachend sagen. (Einmal um die Insel sind 16 Kilometer.) Man fährt nicht schneller als 42 Stundenkilometer, und es gehört zum guten Ton, nicht zu überholen, auch wenn jemand langsamer fährt, was bei den alten Rollern oft vorkommt.

Als Antonia und ich erneut an der Kirche vorbeifahren, schallt es wieder mehrstimmig aus den weit geöffneten Fenstern. Wir halten an und lauschen begeistert.

Auf unserer Fahrradtour begegnen wir neben Ziegen und Hühnern auch Ferkeln, die hier gern mal die Straße überqueren. Am Nachmittag, damit wir anschließend sagen können, wir hätten das Atoll auch wirklich erkundet, machen wir zu viert eine kleine Wanderung auf den höchsten Berg Aitutakis, ganze 124 Meter hoch. Der Weg führt vorbei an Bananenstauden, Ferkeln, Ziegen und winkenden Einwohnern. Von oben hat man einen sehr schönen Ausblick über die Lagune.

Am nächsten Morgen wollen wir für die restlichen drei Tage direkt in die Lagune umziehen. Da noch Nebensaison ist, bekommen wir auf jede Anfrage Rabattvorschläge. Das tut dem Geldbeutel sehr gut. Leider verschlechtert sich das Wetter. Sturm und Schauer stehen bevor. Und wenn es in der Südsee regnet, dann richtig. Doch das drohende Unwetter führt dazu, dass sich fantastische Farbspiele ergeben. Während sich am Horizont dramatische, fast schwarze Wolken bilden, schimmert das Wasser in den letzten Sonnenflecken so strahlend türkis, dass wir den Blick kaum abwenden können von diesem Bild, das aussieht wie ein Werbeplakat. Wir leihen uns trotz des drohenden Regens drei Kajaks und anschließend Stand-up-Paddelzeug, weil es egal ist, ob wir nass werden, denn die Luft ist feucht und das Wasser warm. Wir wandern zu Fuß durch das türkisfarbene Wasser der Lagune und stellen uns in einiger Entfernung immer mal wieder auf die strahlend weißen Sandbänke, um Fotos von dieser unwirklichen Szenerie zu machen. Das Wasser ist so klar, dass wir bis zum Grund sehen können. Und dann kommt der Regen. So heftig, dass die gesamte Anlage kurz darauf unter Wasser steht und wir am Abend barfuß und mit Regenschirmen ins Restaurant waten. Die Angestellten lachen, für sie ist es ganz normales Wetter.

»Wir sind froh über den Regen«, sagt die Besitzerin des Resorts, »denn die Natur braucht ihn. Und wir brauchen die Natur.« Da hat sie natürlich recht.

Von diesem positiven Lebensgefühl wollen wir etwas mit nach Hause nehmen, denn die Menschen auf den Cook Islands, die wir getroffen haben, sagen alle das Gleiche: »Uns fehlt es an nichts. Wir haben unsere Familien, wir haben Frieden, und wir haben einander. Wir können uns selbst versorgen, aber vor allem haben wir das Meer. Und die großartige Natur. Wenn wir hier nicht glücklich werden, wo dann?«

Kapitel 9: Westen der USA

Wüste und Schnee * Hitchcocks Vögel * Strecke machen

Es ist der perfekte Moment. Einer jener kleinen Augenblicke, die man wahrscheinlich sein Leben lang nicht vergisst und für die alleine sich solch eine Reise lohnt. Die Mädchen schlafen in ihrer Koje im Campervan, über uns funkelt die Nacht in einem Meer aus Sternen, und vor uns knistert das Lagerfeuer. Vom Nachbarn, den wir nicht sehen, nur hören können, ertönt leise und wie für uns bestellte Musik, französische Chansons und Jazz, und dann spielt irgendwo jemand Mundharmonika. Eine Szene wie aus einem Western. Mitten in der Wüste, umgeben von Felsblöcken, blühenden Kakteen und meterhohen Joshua Trees.

Ich könnte stundenlang in den nächtlichen Himmel starren, nur leider spüre ich meine Füße nicht mehr. Sie sind vor Kälte fast abgestorben, denn ich war zu faul, mir Socken und Schuhe anzuziehen. Zu großartig ist dieser Moment. Man kann die Milchstraße sehen und Kassiopeia. Also kurz rein in den Campervan, aufwärmen, und wieder raus.

Wir haben Zuwachs bekommen und reisen jetzt mit zwei Ukulelen im Gepäck, einer großen und einer kleinen, die wir vor unserem Abflug nach Aitutaki gekauft haben. Jede Ukulele ist handgefertigt, ein Unikat. Nun müssen wir nur noch lernen, darauf zu spielen. Die Instrumente haben wir vorsichtig im Campervan verstaut, sodass sie den Erschütterungen standhalten, denn die Pisten in der Mojave-Wüste Nordamerikas sind oft abenteuerlich. Genauso wie die Temperatur-schwankungen. Nachts wird es sehr kalt und tagsüber extrem heiß.

Wir befinden uns im Süden Kaliforniens in der Nähe von Palm Springs im Joshua Tree National Park. Ein Park, den Frank und ich schon bei unserer letzten USA-Reise faszinierend fanden, doch es gibt ein kleines Häkchen an der Sache: Der Park war nicht vorgesehen, er lag so gar nicht auf unserer ursprüng-lichen Reiseroute. Doch dazu später mehr.

Von den Cook Islands fliegen wir Anfang April nach Los Angeles, verbringen dort ein paar Tage auf einem Campground in Malibu oberhalb des Pazifiks und entdecken beim Früh-stück plötzlich Wale, die ihre Fontänen blasen.

Die Mädels sind entzückt, und Helen sagt: »Schade, dass wir von unserem Balkon beim Frühstück keinen Wal sehen können!« Dafür hätte Helen fast den Osterhasen getroffen und redet noch immer davon. Das hat sie lange beschäftigt, das Erlebnis. Denn wir haben auf der Weltreise zwar keinen All-tag, aber Ostern. Helen wundert sich, dass der Osterhase es bis nach Los Angeles geschafft hat, sie hat absolut nicht da-mit gerechnet und stammelt immer nur: »Aber woher weiß der denn, dass wir hier sind? Kann der sich denn jetzt wenigstens ausruhen?« Da wir Ostersonntag in L. A. gelandet sind und eine Nacht in einem Hotel am Flughafen verbracht haben, war ich froh über den mexikanischen Liqueur Shop um die Ecke. Während Frank die Mädchen ablenkte, griff ich in Windeseile Süßigkeiten und Stifte und für uns eine Flasche Weißwein. Der Osterhase versteckte die Dinge dann im siebten Stock des Hotelzimmers. Helen ist sicher, dass er den Fahrstuhl nahm, um nicht ganz aus der Puste zu kommen.

Nach drei Tagen in Los Angeles wollen wir eigentlich wei-ter die Küste hochfahren, auf dem Highway 1. Faszinierende Straße, ganz klar. Ich bin den Highway schon oft gefahren, pri-vat und beruflich.

Frank und ich betrachten die Karte. Und linsen immer wieder gen Osten, Richtung Mojave-Wüste. Bis Frank einwendet: »Schade, dass wir den Joshua Tree Park nicht noch einmal sehen können.«

Ich pflichte ihm sofort bei: »Ja, irgendwie blöd, dass wir die Wüste nun gar nicht erleben… Das war so großartig auf unserer letzten Reise.« Halblaut sage ich: »Man könnte natürlich einen kleinen Schlenker machen.«

Franks Gesichtsausdruck kann ich nicht ganz deuten, als er sagt: »Klar. Kann man. Wäre aber verrückt, so einen Riesenumweg zu machen. Wir müssen ja nicht nur hinkommen, sondern die ganze Strecke auch wieder Richtung Küste zurück.« Ich nicke in Gedanken, ein bisschen wie die Inder, wahrscheinlich wackelt mein Kopf gerade von links nach rechts: »Jaja, klar, doofe Idee.« Und dann steht fest: Es geht erst mal Richtung Wüste. Manchmal muss man Entscheidungen über den Haufen werfen und dem Gefühl folgen. Pragmatisch können wir dann im nächsten Leben sein.

Wir räumen auf dem Campground gerade unsere Siebensachen zusammen, als uns die Nachbarn ansprechen und fragen, ob wir ihre Lebensmittel haben wollen, weil sie nach Hause fliegen. Klar, wollen wir!

Ich wundere mich erneut, wie selten Frank und ich uns auf dieser Reise streiten. Wie sofort jedem von uns klar war, ohne es zunächst auszusprechen, dass wir durch Wüsten und Nationalparks fahren würden statt an der Küste entlang, auch wenn das ein riesen Umweg ist.

Wir sind etwas stiller in Los Angeles, das liegt vielleicht auch daran, dass wir nur noch einen Monat vor uns haben. Keiner von uns spricht es aus, doch wir wissen es beide: Der letzte Teil der Reise ist angebrochen, und das stimmt melancholisch.

»Ich könnte noch Monate so weiterreisen«, sagt Frank, als wir zusammen mit den Mädchen das Frischwasser auffüllen und unseren »Campi«, wie Antonia und Helen das Gefährt liebevoll nennen, bereit machen für die große Fahrt. Mir geht es genauso, obwohl ich mich auf alles freue, was noch vor uns liegt, die Redwoods und San Francisco, die Küste von Oregon, Vancouver und als letztes Highlight: New York.

Und dann sind wir da. In einem der schönsten Parks des Westens der USA. Steine und größere Granitfelsen wie hingewürfelt, zum Teil geschichtet, zum Teil gespalten und auseinandergefallen wie zu lange gekochte Kartoffeln, dazwischen blühende Kakteen und riesige Gewächse, deren dürre stachelige Arme sich in den Himmel recken, die Joshua Trees. Eine Infrastruktur gibt es nicht, und vor ein paar Jahren ist ein deutsch-holländisches Ehepaar im Park gestorben, weil sie mit ihrem Auto liegen geblieben waren und Hilfe holen wollten. Dabei sind sie verdurstet. Mal eben Hilfe holen oder zurück zum Visitor Center kann tatsächlich eine Odyssee werden, denn der Park ist über 3000 Quadratkilometer groß.

Damit uns so ein Schicksal erspart bleibt, hatten wir vorher reichlich eingekauft und den Kühlschrank unseres Campers gefüllt.

Der erste Campground, den wir erreichen, hat keinen Platz mehr frei. Wie wir erfahren, ist in den USA gerade Springbreak. Frühjahrsferien. Als es bereits stockfinster ist und unsere Mägen schon rumoren, entdecken wir dann endlich einen großartigen, wie für uns gemachten Platz. Den letzten im gesamten Joshua Tree Park, wie man uns sagt, denn der Park ist voll, bloß dass man davon nichts mitbekommt, denn die Campsites liegen weit auseinander.

Wir suchen erst einmal das Plumpsklo auf, das mitten in der Wüste steht. Jeder von uns hat glücklicherweise eine Taschenlampe, die ist jetzt extrem hilfreich. Dusche, Bad und WC werden nebensächlich, wenn man inmitten von gigantischen Yuccapalmen, kugelrunden Felsen und blühenden Kakteen nächtigt. Das Frühjahr hat den Vorteil, dass einige der Wüstenpflanzen blühen, quasi als optisches i-Tüpfelchen.

Vom Regen in die Trockenheit. Kalifornien ist weit entfernt von der Aloe-Vera-Feuchtigkeit der Cook Islands. Dies ist eine staubtrockene Runzelhautregion, wohingegen die Südsee ein Fest für die Haut war! Die extrem trockene Luft Kaliforniens macht sich sofort bemerkbar. Auch bei den Mädchen. Spröde Lippen, schuppige Haut, Juckreiz. Meine Güte, wie handhaben das bloß die Kalifornier, damit ihnen die Haut nicht in Fetzen vom Gesicht hängt? Deshalb ist Botox hier wahrscheinlich so normal wie bei uns Nivea.

Jetzt, wo wir in der Wüste sind, haben wir schon wieder die Pläne geändert. Wir fahren weiter durch Nationalparks und die Wüste. Meer und Küste hatten wir in den letzten Wochen und Monaten ausreichend und in derart schöner Gestalt, dass wir jetzt noch etwas länger Weite und Dürre haben wollen. Und faszinierende Berge. Gegenden, bei denen ich allein beim Lesen der Namen auf der Karte vor Vorfreude jedes Mal Herzflattern bekomme: Death Valley, Grand Canyon, Arches Park, Bryce Canyon. Die meisten dieser Parks sind im Sommer überfüllt und manche Campgrounds wegen Temperaturen von über 40 Grad am Tag sogar geschlossen. Doch jetzt im Frühjahr ist es ideal. Tagsüber um die 30 Grad, nachts kühlt es erfreulicherweise ab.

Die Landschaften im Westen der USA üben eine ganz besondere Faszination auf mich aus. Genau wie bestimmte Filme, die in trockenen Regionen spielen wie »Paris, Texas«, »Die Brücken am Fluss«, »From Dusk till Dawn«. Das Tolle an der Landschaft: Es wird nie langweilig.

Nach zwei entspannten Tagen im Joshua Tree Park, in denen wir mehrere Trails gewandert sind und zwischen Felsen und blühenden Kakteen einen jungen amerikanischen Produzenten kennengelernt haben, der sich mit uns über neue Projekte unterhalten wollte und uns gleich seine Visitenkarte gab, rumpeln wir weiter durch die endlose, 35 000 Quadratkilometer große Mojave-Wüste. Durch ein großes, flimmerndes, faszinierendes Nichts. Kaum ein Auto kommt uns entgegen, ab und zu stehen am Straßenrand ein abgerocktes Café, eine ehemalige Tanke oder ein Motel, die allesamt aussehen, als dienten sie als Filmkulisse, und sich erst bei näherer Betrachtung als echt herausstellen. Und wie wir es schon in Neuseeland erlebt haben, nun auch hier: Wir blicken die ganze Zeit auf fantastische Bergketten im Hintergrund, deren Gipfel schneebedeckt sind.

Im Mojave National Reserve soll es einen Campground geben. Da es schon später Nachmittag ist, hoffen wir sehr, in dieser faszinierenden Einöde noch einen Stellplatz zu bekommen. Der Campground liegt perfekt: mitten im Nichts. Aber was für eins! Im Hintergrund die Berge, ansonsten Wüste und Weite, unterbrochen von gigantischen Sanddünen, Kakteen und wild zerfurchten Felsen. Eine filmreife Wildwestlandschaft. Die Stellplätze liegen so weit auseinander, dass man den Nachbarn nur aus der Ferne sieht. Am Eingang des Campgrounds hängt eine kleine Holzbox mit Umschlägen, da hinein legen wir das Geld; in unserem Fall sind das 12 Dollar für uns alle für eine Nacht. Hier und da flackert ein Lagerfeuer in der Dämmerung, bunte Zelte leuchten wie kleine Weltraumkapseln in der Wildnis, in der Ferne heult ein Kojote, es riecht nach Grillgut. Ich kann mir in dem Moment nichts Besseres vorstellen, ich bin glücklich. Es ist perfekt. Nachdem wir den Camper mittels Wasserwaage ausgerichtet und auf den Keil gefahren haben, sammeln Frank und die Mädchen vertrocknete Yuccapalmen und machen ein Lagerfeuer. Das ist für mich immer ein kleines Highlight, wenn man mit dem Camper unterwegs ist: das Lagerfeuer mitten in der Natur. Dazu ein kühles Bier und im letzten Abendlicht zusammen essen. Danach fängt Antonia an, abwechselnd als Indianerin und Maori um das Feuer zu tanzen. Helen und ich tanzen kichernd hinterher. Eine macht eine Bewegung vor, die anderen machen sie nach. (Zu Hause in Hamburg auf dem Bürgersteig würde ich den Ausdruckstanz der Maori weglassen.)

Dann ist es still, außer dem Knistern des Feuers hören wir nichts. Ein paar Kojoten schleichen herum, bleiben aber glücklicherweise auf Distanz, und über uns knipst der Himmel seine abertausend funkelnden Lichter an. Ich habe eine Karte gekauft, die von allein leuchtet und den aktuellen Sternenhimmel anzeigt, nachdem man die Karte zuvor mit einer Taschenlampe angestrahlt hat. Ist ein bisschen wie Meditation, in der Wüste die Planeten zu beobachten. In Momenten wie diesen bereuen wir keine Sekunde, nicht gleich ans Meer gefahren zu sein.

Als ich vom Plumpsklo komme und unseren Campervan wie ein erleuchtetes Raumschiff mitten in der Wüste stehen sehe, unter einer Decke aus Sternen und vor dem Felsmassiv, dazu den Mond, der wie eine große Lampe darüberhängt, möchte ich diesen Moment gerne festhalten. Bleibe kurz stehen und sauge die Szenerie auf. Frank und die Mädchen sitzen am Lagerfeuer und stochern in der Glut, daneben unser rollendes Zuhause, darüber das Universum. Danke Welt, für solche Momente! Im Schein des Feuers erzählen wir uns »Black Stories«, rätselhafte Kriminalgeschichten, deren Hergang man erraten muss. Einer ist Gebieter, die anderen stellen Fragen, die mit Ja oder Nein beantwortet werden. Lagerfeuer, Wüste, Kojoten – besser könnten die Bedingungen für dieses Spiel nicht sein.

Am nächsten Morgen sitzen Frank und ich mit einem Kaffee in der Hand wieder über der Straßenkarte. Wir haben beschlossen: Das Meer muss noch länger warten, unser Bogen wird noch ein bisschen größer, denn wir wollen noch einmal ins Death Valley fahren. Dort sind zwar mehr Touristen, aber auch das Tal des Todes ist so groß, dass man die Wüste immer wieder ganz für sich hat und in die Ferne blicken kann, ohne ein anderes Autos zu sehen.

Vier Mal war ich bereits im Death Valley, das erste Mal als Studentin bei meinem Roadtrip in einem Auto ohne Klimaanlage quer durch die USA, danach mit meinem damaligen

Freund, dann noch einmal mit meinen Eltern und vor einigen Jahren mit Frank und den Mädchen.

Ich könnte auch zehnmal hinfahren, es ist jedes Mal wieder ein neuer Kick.

Wir fahren eine dieser typischen endlosen, pfeilgeraden Straßen, die mitten in den Horizont hineinzuwachsen scheinen. Wir rumpeln so dahin, der Blick in die Weite der Landschaft ist berauschend, wir sagen nichts, gucken nur und saugen uns am Horizont fest. Es ist ein schönes Gleiten auf diesen Straßen, das allerdings endet, sobald man sich einer Ampel und einer Ansammlung von Häusern nähert, denn hier herrscht die Macht des Stärkeren. Ohne Auto ist man hier ein Nichts, eine Null, nicht existent. Je größer die Karre, umso mehr Macht.

Während der Fahrt denke ich an ein Erlebnis in Los Angeles einige Tage zuvor. Wir hatten den Camper in Malibu auf einem großen kostenpflichtigen Parkplatz abgestellt. Ich hatte Probleme mit dem Parkautomaten, irgendwie nahm er weder Bargeld noch Kreditkarte an. Direkt neben mir lösten mehrere Amerikaner ihre Tickets, und obwohl offensichtlich war, dass der Automat und ich nicht die gleiche Sprache sprachen, half niemand. Niemand fragte, ob alles okay sei, jeder wendete sich ab und marschierte zu seinem Auto. So ein Verhalten ist uns durchaus bekannt, auch in Deutschland steht man manchmal hilflos vor einem Automaten, und keiner hilft. Hier fiel es so auf, weil wir solch ein Verhalten weder in Afrika noch in Asien, Neuseeland oder auf den Cook Islands erlebt hatten. Es schien, als wären die Menschen sehr vorsichtig Fremden gegenüber, fast angstbesetzt.

Dieses Grundvertrauen, das wir in so vielen Ländern erlebt haben, scheint hier im Westen der USA zu fehlen, man spricht sich nirgendwo einfach an, es sei denn, es handelt sich um eine Dienstleistung. Wenn man als Kunde Geld über den Tresen schiebt, in einem Restaurant oder Geschäft, wird man überaus freundlich und zuvorkommend behandelt und immer wieder gefragt, ob auch alles okay sei. »Everything alright here?«, oder »Everything fine?«, oder »Enjoy your stay (trip, meal)«, und man wird verabschiedet mit einem »Have a nice day!«.

Doch außerhalb der Dienstleistungszentren, im öffentlichen Leben, zieht man sich zurück. Das ist mir bei meinen vorherigen Besuchen der USA nicht so aufgefallen, doch jetzt, nach der Reise durch die anderen Länder und Kulturen, wird der Unterschied im Verhalten sehr deutlich. Ganz anders als in Neuseeland, wo die Türen uns offen standen. Und wir oft angesprochen wurden. Hier scheint man immer vor etwas auf der Hut zu sein.

Und noch etwas fällt auf, eine Tatsache, die mir zwar bekannt war aufgrund meiner vorherigen Reisen in die USA, doch jetzt sticht es besonders ins Auge: Man sieht nirgends Menschen zu Fuß gehen, außer auf einem vorgegebenen Trail in einem Nationalpark. Ich komme mir vor wie ein subversives Element, als ich einmal unsere Einkäufe zu Fuß über einen Riesenparkplatz und dann zur Straße zu unserem Camper schleppe. Ich bin die Einzige, die zu Fuß unterwegs ist, und an mir vorbei fahren ganz langsam riesige, meist dunkle Blechkisten mit verdunkelten Scheiben. Ich habe das Gefühl, beobachtet zu werden und nicht dazuzugehören, ausgeschlossen zu sein, eine armselige Wurst. Dieses Gefühl hatten wir in den anderen Ländern unserer Reise nie. Wir beobachten Amerikaner, die aus einer Mall kommen, in ihr Auto steigen, das sie möglichst nah am Gebäude geparkt haben, um dann ein paar Meter zu fahren, zum nächsten Eingang der Mall.

Wir sehen – außer Obdachlosen – auch keine Menschen auf den Straßen und in Ortschaften. Und wir beobachten ein weiteres Phänomen: Wer unglücklicherweise zu viele Burger nebst Cola konsumiert hat und zu unbeweglich ist, um es in seinen erhöhten Panzerwagen zu schaffen, der holt sich Hilfe. Eine Trittleiter! Haben wir mehrfach auf Parkplätzen beobachten können, die Szene. Und nein, es war kein schöner Anblick.

Menschen, die eine Leiter brauchen, um in ihr Auto zu kommen, nicht weil sie gehbehindert oder alt, sondern einfach zu unbeweglich sind.

Frank unterbricht mich in meinen Gedanken. »Das Death Valley ist nicht mehr weit, aber wir brauchen noch einen Supermarkt. Und eine Tanke.« Im Death Valley gibt es nur eine Tankstelle, und die ist absurd teuer. Dort kostet die Gallone fast 5 Dollar, außerhalb dieser Zone die Hälfte. Ich steige vor einem Diner aus und frage, wo hier der nächste Supermarkt sei.

Der Mann überlegt einen Moment. Dann kommt die erschütternde Antwort: »You have to drive to Las Vegas. Before Death Valley there is no supermarket, I am sorry.« Wie bitte? Wir sind kurz vor dem Death Valley und haben unterwegs keinen einzigen Supermarkt gesehen. Wo kaufen die Menschen denn ein? Nun gut, hier gibt es keine Menschen, das ist der Grund. Ein Supermarkt lohnt sich nicht.

Wir gucken auf die Karte: Nach Las Vegas sind es zweieinhalb bis drei Stunden Fahrzeit. Pro Strecke. Die Mädchen stöhnen. Zu Recht. Wir stöhnen auch. Okay, Augen zu und durch. Wir haben keine Wahl. Zurück können wir auch nicht, denn wir wollen ja weiter in Richtung Norden, bloß ohne Benzin sollte man nicht ins Death Valley fahren.

Wir holen uns ein Eis und Erfrischungen, rennen draußen noch ein bisschen rum, und dann zockeln wir weiter. Richtung Vegas. Zum Einkaufen. Ein Umweg von mehr als einhundert Meilen. Ich gucke inzwischen in den Reiseführer, ob es auf der Strecke zumindest noch was Lustiges zu sehen gibt.

Doch, gibt es. Die Straße ist gepflastert mit Fast-Food-Ketten (normal, in den USA) und überdimensionalen »Guns – here!«-Schildern. Leider auch normal, in den USA, denn kaum ein Haushalt ohne Waffenschrank. Dieses Recht auf Selbstverteidigung vor wem auch immer will sich in diesem Land kaum einer nehmen lassen. Die extrem große Anzahl an Werbeschildern für Waffenläden irritiert uns dennoch.

Dann fahren wir wieder durch das große Nichts. Was heißt »nichts«. Man fährt durch Filmzitate, bloß dass die Landschaft in Wirklichkeit noch faszinierender und gewaltiger ist, als eine Leinwand dies je hervorbringen könnte.

Nachdem wir kurz vor Las Vegas neben den Waffenläden auch einen Supermarkt gefunden haben, erreichen wir am späten Nachmittag endlich das Death Valley. Im Sommer ist die Gegend für Mietwagen nur mit besonderer Genehmigung befahrbar, denn hier herrschen Temperaturen bis 50 Grad – im Schatten. Jetzt, Anfang April, ist es auszuhalten. In Badwater steigen wir aus und stehen in flirrender Hitze auf einem ausgetrockneten Salzsee, dem mit 85 Meter unter dem Meeresspiegel tiefsten Punkt der USA. Ein unwirtlicher Ort. Die Salzsenke umgibt Totenstille. Pflanzen wachsen hier nicht, zumindest nicht sichtbar, der Boden besteht tatsächlich aus reinem Salz. Nachdem Helen probiert hat, verzieht sie das Gesicht. Badwater ist umgeben von einer unwirklichen Landschaft, die blau, rot und grün schimmernde Felsen und Schluchten aufweist.

Der Campground, den wir noch von unserem letzten USA-Trip kennen, ist fast leer, auch hier bezahlt man, indem man das Geld in einen dafür vorgesehenen Umschlag steckt. Das letzte Mal, als wir hier waren, war Helen noch nicht mal ein Jahr alt und robbte noch über eine Decke; Antonia hatte sie im Buggy durch die Wüste geschoben. Jetzt mache ich mit den beiden einen kleinen Spaziergang zur nahe gelegenen Ranch, um die Pferde anzuschauen. Auf diesem Areal befinden sich sogar ein Pool und ein Golfplatz, verrückt bei der extremen Wasserknappheit in Kalifornien und Temperaturen von an die 50 Grad im Sommer. Aber es gibt anscheinend Menschen, die tatsächlich hier Golf spielen, sonst würde es den Golfplatz wohl nicht geben.

Am nächsten Morgen bietet sich uns ein lustiges Bild. Die Dame schüttelt ihr weißes Haupt und ihre Lockenpracht. Die Frisur sitzt. Dann stellt sie sich auf ihre vier Beine.

»You look great, my dear«, ruft eine ältere Dame mit ähnlich üppiger Frisur begeistert.

Antonia greift zum Stift. »Das ist jetzt Hund Nummer zwölf. Und wieder so groß! Welche Rasse?«

Ich muss passen. Eine Mischung zwischen Schaf und Pferd, würde ich sagen. Groß, wie fast alles in diesem Land. Vielleicht ein Riesenpudel?

Unsere Mädchen zählen die Hunde, die vorbeiflanieren. Die Sonne brennt seit dem frühen Morgen. Deshalb haben wir die Klappstühle in den Schatten unseres Campervans gestellt und beobachten nun mit einem Getränk in der Hand unsere amerikanischen Nachbarn. Vier- und Zweibeiner, die alle fünf Minuten zu einem Morgenspaziergang an uns vorbeistolzieren. Man könnte meinen, das Death Valley sei ein Trainingslager und Schönheitscamp für Hunde, aber vielleicht ist der Frühling einfach eine beliebte Zeit, um in der Wüste mal durchzulüften.

Danach entschwinden unsere Nachbarn in ihre fahrenden Luxusbungalows. Fahrzeuge, so groß wie liegende Mehrfamilienhäuser, Motorhomes, gern schwarz und metallic glänzend. Unser Nachbar zur Linken hisst gerade die US-Flagge in der Größe einer Kinoleinwand und betrachtet kurz unser Playmobilfahrzeug. Wir fühlen uns etwas mickrig angesichts seines Hochhauses. Und lächeln ihm aufmunternd zu: »Hi, really impressing, your… car. Is it new?«

Er lässt sich nicht lumpen und fasst mal kurz die Fakten zusammen: ein Jahr alt, 16 Meter lang, 17 Tonnen schwer. 600-Liter-Tank. 580 PS. Klimaanlage, gefliese Böden und Dachheizung natürlich.

Wir sind beeindruckt. Und fangen an zu schwitzen. Das Thermometer zeigt 89 Fahrenheit, macht 32 Grad im Schatten. Wir wollen dennoch eine kleine Wanderung durch den Golden Canyon machen, denn die Felsen der Schlucht schimmern tatsächlich goldgelb. Obwohl wir uns bemühen, nur im Schatten zu gehen, geben wir nach einer halben Stunde auf. Es ist einfach zu heiß.

Am nächsten Morgen brechen wir in die Sierra Nevada auf. Frühstücken bei sommerlichen Temperaturen, um kurz darauf im Schnee zu stehen und, noch immer in Sandalen und Shorts, einen kleinen Schneemann zu bauen! Als wir den ersten Schnee sehen, haben wir bereits eine Höhe von 9500 Fuß erreicht, etwas über 3000 Meter. Wir hoffen immer noch, dass wir die Strecke nach San Francisco abkürzen können, indem wir über den Tioga Pass in den Yosemite Park fahren, der bis vor einigen Tagen wegen Schneemassen gesperrt war. Zumal ich gerne noch einmal eine Nacht in dem Park verbringen würde, allein schon wegen der großartigen Trails, die man dort wandern kann. Allerdings gibt es dort auch viele Bären, und die sind im Frühjahr besonders hungrig…

Beim letzten Besuch vor vielen Jahren hatte ich dort mit meinem damaligen Freund gezeltet und wurde nachts durch ein Geräusch geweckt, das ich bis dato nur aus dem Zoo kannte und bei dem sich unsere Nackenhaare aufstellten. (Seit diesem Erlebnis weiß ich, wie sich das anfühlt – das Blut pocht in den Schläfen, man wagt nicht mehr zu atmen und rechnet fest mit seinem Tod, der gleich eintreten wird.) Wir hörten ein schnaubendes, grunzendes Geräusch in unmittelbarer Nähe. Ein Etwas, ein Monster war am Zelt. Riesig, dunkel und grunzend. Und dann hörten wir diesen Laut… Das Etwas gab ein Brüllen von sich, das von ganz tief unten kam. Der Bär musste sehr hungrig sein. Ich wäre schuld gewesen, wenn wir dem Bären zum Opfer gefallen wären, denn Bären können extrem gut riechen, und ich hatte damals vergessen, die gezuckerten Pfefferminzbonbons in die Stahlkiste für Lebensmittel einzuschließen. Ich erinnerte mich an die Warnschilder im Park, wie man sich im Fall einer Begegnung mit einem Bären verhalten soll, nach dem Motto: »If the bear wants to share your lunch with you…« (Haha, lustig, kommt ein Bär und sagt: »Tschuldigung, wollen wir uns das Mittagessen teilen?«) Jedenfalls hieß es, man solle sich aufrichten, brüllen und bloß nicht weglaufen. Oder aber mit Topfdeckeln ordentlich Krach machen, wenn man zufällig welche zur Hand hat. Kurz darauf hörte ich in der Ferne das Schlagen von Topfdeckeln, und der Bär suchte das Weite.

Nun ja, vielleicht ist der Yosemite Park doch keine so gute Idee, denke ich. Dann kommt eine Leuchtanzeige am Highway. Der Pass über die Sierra Nevada, der in den Park führt, ist noch immer wegen Schneefalls gesperrt! Wir kommen einfach nicht wie geplant an die Küste und müssen erneut einen Umweg fahren, diesmal über den Lake Tahoe.

Der See ist extrem beliebt bei Amerikanern wegen des klaren tiefblauen Wassers und der schneebedeckten Berge. Wir können dem jedoch nicht so viel abgewinnen, wir wollen weiter. Trotzdem mache ich mit Antonia noch eine Wanderung runter an den See, während Frank und Helen im Camper bleiben, denn beide wollen sich etwas ausruhen. Als wir nach zwei Stunden wieder beim Camper ankommen, steht die Sonne schon tief, es ist kalt, und Frank und ich überlegen, wo wir nächtigen wollen.

Und dann steht fest: Wir verlassen die Berge und brettern durch bis nach San Francisco. Wow. Das ist mal eine Ansage. Und natürlich ein echter Ritt. Aber es hat den Vorteil, dass die Mädchen schlafen und wir in Ruhe fahren können und dass wir außerdem – und jetzt kommt dieses schreckliche Wort, das wir bisher vermieden haben – Strecke machen. Schrecklich. Jetzt haben wir es ausgesprochen. Doch einzig und allein darum geht es jetzt. Wir müssen Meilen abreißen.

Ich bin plötzlich hellwach und voller Vorfreude. San Francisco, wir kommen! Wie großartig, diese Stadt in ein paar Stunden wiederzusehen!

Das Check-in am Campground nahe San Francisco hat längst geschlossen, aber man hat uns, wie so oft auf dieser Reise, die Zugangsdaten hinterlegt. Wir stellen unsere Karre in eine der letzten noch freien Parkbuchten. Die Mädchen sind schon von zu Hause aus darauf gepolt, ab und zu nachts irgendwo anzukommen und aus dem Schlaf gerissen zu werden, und es ist jedes Mal, als hätte jemand bei ihnen einen Schalter umgelegt. Augen auf, mechanischer Gang zum Klo, bettfertig machen, weiterschlafen. Doch in dieser Nacht sind alle fix und fertig, vor allem Frank von der Fahrt.

Am nächsten Morgen zeigt sich San Francisco wie schon bei unserem letzten Besuch vor einigen Jahren von seiner besten Seite. Blauer Himmel, Sonnenschein, ein paar Schäfchenwolken. Wir waren, bevor Antonia zur Schule kam, schon einmal dort, fast auf den Tag genau vier Jahre zuvor. Und da wir an dem berühmten Aussichtspunkt an der Golden Gate Bridge ein Foto von uns gemacht hatten, wollen wir noch einmal an dieselbe Stelle fahren. (Und am besten alle vier Jahre das Foto erneuern. Schöner Gedanke.)

Um zur Fähre zu gelangen, müssen wir eine gute Viertelstunde bis zum Anleger laufen. Die Fahrt ist großartig, wir nähern uns langsam der City und sehen nach kurzer Zeit bereits die Golden Gate Bridge auftauchen. Im Financial District steigen wir aus und laufen zu Fuß zum Fisherman's Wharf, beobachten kurz die grunzenden Seelöwen, wollen dann aber möglichst schnell wieder weg aus diesem Rummel und nehmen ein Cable Car. Damit haben wir erst einmal alle touristischen »Must-Dos« absolviert. Die aber Spaß machen, vor allem das Cable-Car-Fahren. Wir stehen auf der Außenplattform, na ja, stimmt nicht ganz, Helen wird vom Fahrer nach innen gebeten, weil sie noch zu klein ist. Sie ist wütend und enttäuscht, doch andere Passagiere lenken sie mit Späßen ab. Antonia freut sich über jede Kurve und steile Straße, vor allem dann, wenn der Fahrer bremst und sich mit dem Greifer in das unterirdisch verlaufende Stahlseil einklinkt.

Danach zieht es uns in den Golden Gate Park und weiter nach Pacific Heights, ins ehemalige Hippieviertel Haight-Ashbury. Bei Whole Foods, einem dieser Läden, in den ich am liebsten eine Zeit lang einziehen würde, kaufen wir leckere Zutaten für ein Picknick im Golden Gate Park ein. Und wie vor vier Jahren setzen wir uns damit auf den Rasen des Parks und steuern hinterher den Spielplatz an. Es geht doch nichts über Rituale, auch auf Weltreisen.

Die Mädchen und ich machen anschließend etwas, was Mädchen manchmal eben tun: Wir shoppen. Gehen von Boutique zu Boutique. Ich möchte mir ein Kleid für meine Geburtstagsparty kaufen, und wo, wenn nicht hier? Antonia ist eine wertvolle Einkaufsberaterin, denn sie sucht die Läden nicht nur nach ihrem Angebot, sondern vor allem nach Größe und Beschaffenheit der Umkleidekabine aus: »Mama, die ist gut, hier bleiben wir. Gute Auswahl, und die Umkleide hat sogar einen Sessel und Zeitschriften und eine kleine Tischlampe…« Ich suche also Kleider raus, und nachdem ich sie meinen Töchtern hingehalten habe und sie abgenickt wurden, geht es in die Umkleide. Antonias Bemerkungen lauten dann so: »Nee, das schlabbert zu sehr an den Hüften.« Oder: »Die Farbe ist gut, die passt, aber oben sitzt es irgendwie komisch.« Oder: »Nee, Mama, da sieht man deine Beine ja gar nicht, du bist doch keine Oma!« Aber auch: »Also, das sieht jetzt echt komisch aus! Nee, geht gar nicht.«

Helen reicht derweil an uns alle Knabbereien oder gibt ebenfalls einen Kommentar ab. Bei ihr heißt es oft noch: »Das sieht sehr schön aus, Mama!« Ich werde das demnächst aufzeichnen und mir immer dann vorspielen, wenn es später heißt: »Mensch, Mama, wie siehst *du* denn aus? Du bist echt peinlich!« Aber noch ist es nicht so weit, noch genießen wir unsere Frauentage und haben viel Spaß. Wir setzen Hüte auf und probieren Schuhe an und Handtaschen.

Danach gehen wir alle noch etwas essen, und wir haben einen so netten Abend, dass wir völlig die Zeit vergessen. Als wir später nach Hause wollen, zu unserem Campi, der auf dem Platz direkt am Highway One steht, für 85 Dollar die Nacht, ist es dunkel, und uns ist kalt vor Müdigkeit.

Weil wir natürlich keine Weicheier sein wollen, beschließen wir den Bus zu nehmen, um zu unserem Platz an der Autobahn zu kommen. Antonia und Helen sind fertig, total müde, ich auch, will nur ins Bett, lesen, aber: Wir wären verrückt, ein Taxi zu nehmen. Viel zu teuer. Und: Wir sind ja keine W... (siehe oben). Wir überschlagen kurz: Mit dem Bus fahren, das heißt in dem Fall zur Bushaltestelle laufen, die mehrere Straßen entfernt ist, auf den Bus warten, von dem wir nicht wissen, wie oft er um diese späte Uhrzeit fährt, dann zum nächsten Bus laufen und warten, um nochmals eine gute Viertelstunde in der Dunkelheit in der Nähe der Autobahn entlangzulaufen.

Ich sage zu meiner Reisegruppe, zu unserer Kernfamilie also: »Wir fragen nur so zum Spaß mal ein Taxi an.« Die Mädchen jubeln. Der Bus kostet für alle 22 Dollar. Und so beschließt der Familienrat: »Wenn das Taxi mehr als 35 Dollar kostet, fahren wir Bus. Okay?« Alle nicken.

Frank hält ein Taxi an. Der Taxifahrer, nach dem Preis gefragt: »Die Fahrt kostet um die 40 Dollar, dazu noch die Kosten für die Golden Gate Bridge...«

Ich rufe: »Danke! Wir fahren mit!« Wie herrlich kann Inkonsequenz sein! Und wie herrlich eine Taxifahrt, an die müden, aber glücklichen Mädchen gekuschelt, die sogar über die Golden Gate Bridge führt.

Der Taxifahrer erzählt von seiner Flucht aus Indien. Großartige Geschichte. Das Taxameter tackert, wir lauschen ergriffen. Es wird eine dieser unvergesslichen Taxifahrten, eine, die das Reisebudget ziemlich strapaziert, die man aber sein Leben lang nicht vergisst.

In den nächsten Tagen fahren wir ausschließlich mit dem Campervan in die Stadt, so sind wir flexibler und können bei Tage noch mal über die Golden Gate Bridge fahren und in die sehenswerten Außenbezirke. Und wir finden nach einigem Suchen immer irgendwo einen regulären Parkplatz.

Am Abend essen wir in Sausalito bei einem vor Ort anscheinend sehr beliebten Italiener. Der Laden ist knallvoll. Die

Kellner trällern ein Liedchen. Im Restaurant: Männer mit Hüten und schöne Frauen. Die Tischdecken rot-weiß kariert, das Essen rustikal, aber famos, und als Begleitung spielen drei ältere Herren großartigen Jazz.

Beim Warten vor der Toilette kommt Antonia ins Gespräch mit einem Mann, der sie fragt, ob wir beim Taj Mahal gewesen seien. Sie bejaht, doch durchaus, da seien wir schon gewesen. (Antonia freut sich immer, wenn sie Englisch reden kann, und verbessert sich von Tag zu Tag.) Als sie zu unserem Tisch zurückkommt, erzählt sie ganz aufgeregt, dass der Mann um dieselbe Zeit wie wir beim Taj Mahal gewesen sei. Warum sollte er sonst fragen, ob wir da waren?

Ich bin perplex. Das gibt's doch nicht! Den Mann habe ich tatsächlich dort gesehen, vorm Taj Mahal in Indien. Ich bin mir ganz sicher. Und jetzt hier, in diesem kleinen, sympathischen und charmanten Restaurant im weltoffenen San Francisco, trifft man sich wieder! Wie nett! Die Welt ist ein Dorf, und das ist doch Schicksal, dass man sich hier wieder begegnet, und jeder Mensch kennt jeden über sechs Ecken, ach, ist das schön! Ich gerate ins Schwelgen.

Der Mann, den ich meine, aus Indien zu kennen, kommt an unseren Tisch und bittet uns, mit ihm nach draußen zu gehen. Er will uns das Taj Mahal zeigen. Wir sind verwirrt. Und folgen ihm schweigend. Er wirkt eigentlich ganz normal. Wir gehen Richtung Wasser auf einen Bootssteg. Der Mond scheint hell, es ist Vollmond, und in der Ferne taucht plötzlich ein Gebäude auf, das aussieht wie… das Taj Mahal! Ein riesiges Hausboot. Von einem, nun ja, Indienfan. Der Mann, von dem ich mir so sicher war, ihn in Indien gesehen zu haben, verabschiedet sich freundlich von uns. Beim echten Taj Mahal ist er nie gewesen.

Tags drauf geht es weiter. Wenn nur diese Ausblicke nicht wären! Wir schaffen nicht mehr als 20 Meilen in der Stunde. Dieses Immerzu-glotzen-Müssen auf das Krachen der Wellen gegen die schroffen Felsen im Meer. Auf die Brandung, die meterhoch spritzt. Auf das Rollen und Tosen der Wellen, auf die kreisenden und kreischenden Möwen, auf das ständig wechselnde Licht. Die Küste nördlich von San Francisco ist schroff, wild und fantastisch. Wir halten immer wieder an und liegen deutlich hinter unserer Routenplanung. Geht nicht anders.

Was soll man machen, wenn die Natur lockt und brüllt: Guck mich an! Bleib stehen! Hier passiert's! Und wir halten an, wie in Neuseeland schon, und gucken und schießen zwischendurch Fotos. Auch die Mädchen staunen. Und knipsen. So kommen wir natürlich nicht voran.

Dafür sind wir wie gedopt mit Natur. Die schroffe, aufregende Küste ist schon zum Staunen, doch es gibt ein Naturereignis, das fast noch imposanter ist. Nördlich von San Francisco stehen die größten Bäume der Erde, die Redwoods. Die Giganten des Waldes. Von denen allerdings rund 95 Prozent gerodet wurden! Das, was wir jetzt noch sehen können von diesen einzigartigen Bäumen, ist der klägliche Restbestand, der von Naturschützern gerettet werden konnte. Wir fahren also an der Küste hoch, zum Redwood National Park, zu den Baumriesen, die so alt sind wie die Bibel, und als wir inmitten der riesigen Küstenmammutbäume aussteigen, die so hoch sind, dass wir den Kopf in den Nacken legen müssen, um die Baumkrone zu sehen, sitzt mir ein Kloß im Hals. Die Redwoods sind über 100 Meter hoch und ihre Stämme so gewaltig, dass man sich sofort geborgen fühlt. Es ist jedoch nicht der einzelne Baum mit einem Stamm so breit wie ein Haus, der einen staunen lässt, sondern die Bäume in ihrer Gesamtheit. Als wir mittendrin stehen im blaugrünen Licht des schattigen Waldes und von den Giganten umgeben sind, werden wir selbst zu Kobolden, zu menschlichen Winzlingen.

Die Bäume strahlen eine Magie aus und eine eigenartige Ruhe. Vielleicht, weil sie schon so viel gesehen haben, einige von ihnen sind 3000 Jahre alt. Da war Jesus noch nicht mal geboren. Aber diese Bäume, die waren schon da. Haben alles überlebt, bis auf die Holzfäller, die sie Anfang des vergangenen Jahrtausends bis Ende der Neunzigerjahre fast ausgerottet hätten. Dass dennoch einige überlebten und wir diese heute bewundern dürfen, ist engagierten Umweltaktivisten zu verdanken. Eine von ihnen, Julia Butterfly Hill, lebte zwei Jahre in der Baumkrone eines Redwoods und rettete ihn so vor der Abholzung.

In Wäldern wie diesen habe ich tatsächlich das Gefühl, Teil des Ganzen zu sein, ein Teil der Natur. T. C. Boyle, der in Montecito bei Santa Barbara lebt und sich regelmäßig zum Schreiben in ein Haus von Freunden in den Wäldern der Redwoods zurückzieht, sagte einmal: »In der Natur zu sein, schafft eine Verbindung zu unseren Ursprüngen.« Ich glaube, ich verstehe, was er meint. Leider treffen wir T. C. Boyle nicht, obwohl er zurzeit da sein soll, in dem Haus im Wald. Aber vielleicht schreibt er gerade oder untersucht die Spuren von Berglöwen. Auch John Steinbeck war fasziniert von den Riesenbäumen: »Wenn man die Mammutbäume einmal gesehen hat, lassen sie einen nicht mehr los, sie rufen eine Vision hervor, die einen ständig begleitet.«

Die Amerikaner schaffen es, Autos sogar mit einem Redwood in Beziehung zu stellen, denn durch einen der dicken Stämme fahren sie einfach durch und schießen Fotos, von sich, ihrem Auto und dem Baum. Doch selbst die dicksten Karren wirken wie Ameisen gegenüber diesen Giganten. Die Natur ist mächtiger als der Mensch. Das machen Orte wie dieser deutlich, sodass wir nur leise um die Stämme herumschleichen – und schweigen.

Kurz darauf sind wir im Bundesstaat Oregon. Die Landschaft auf dem nördlichen Highway One ist so gewaltig, dass man nur schleichen kann. Die Strömung ist zu gefährlich und auch die Temperatur des Pazifiks lädt, je weiter man sich gen Norden bewegt, nicht unbedingt zum Baden ein, aber nicht nur das Klima ist im Bundesstaat Oregon anders als in Kalifornien, auch die Menschen mit ihren vom Wetter zerfurchten Gesichtern sind es. Sie sind bodenständig, mit dem Lifestyle Kaliforniens können sie nichts anfangen. Die Bäume sind windzerzaust und die Häuser aus Holz. Nordkalifornien, Oregon und Washington sind gefühlt eine Ewigkeit entfernt von der Surf-, Strand- und Sonnenkultur Kaliforniens. Nördlich von San Francisco und vor allem in den Bundesstaaten Oregon und Washington lebten einst Fischer, Farmer und Waldarbeiter, und das spürt man noch heute, denn die Menschen, denen wir begegnen, wirken auf eine angenehme Art geerdet, sprechen nicht zu viel, sind dabei aber sehr freundlich, jedoch ohne diese übertriebene Freundlichkeit, wie wir sie in den Cafés und Restaurants Kaliforniens erlebt haben.

Häuser aus Holz, genau wie die Zäune, falls überhaupt vorhanden – man plaudert miteinander. Wir werden oft angesprochen, und Antonia und Helen nehmen wahlweise einen Hund an die Leine oder eine Katze auf den Arm. Die Ortschaften in der mächtigen Landschaft sehen aus wie die düstere Kulisse eines Thrillers. Kein Wunder. In Bodega Bay zum Beispiel wurde Hitchcocks »Die Vögel« gedreht, und wir sehen sie tatsächlich überall, die schwarzen Krähen, genauso wie die Schule aus dem Film, die steht noch. Im Radio läuft Pop-Country, und wir halten immer wieder an, um in die unendliche Weite des tosenden Pazifiks zu blicken. Wellen klatschen an steil aus dem Meer aufragende Felsen, Möwen kreischen, und einige wenige Menschen verlieren sich am endlosen Sandstrand.

In einem anderen Ort, Mendocino, der aussieht, als seien hier »Die Waltons« oder »Unsere kleine Farm« gedreht worden, kommt ein Ladenbesitzer mit einem Zettel in der Hand auf uns zu, zeigt uns einen Songtext und fängt an zu singen: »Mendocino, Mendocino...« Und zwar auf Deutsch. Er singt alle Strophen des Liedes von Michael Holm aus den Siebzigerjahren. Wir sind begeistert. Und nicht nur wir, andere Kunden im Laden summen nacheinander mit. Großes Kino!

Weiter nördlich im Bundesstaat Washington wurden alle Folgen der »Twilight«-Vampirfilme gedreht. Außerdem der Gruselschocker mit Jack Nicholson, »Shining«. Ist ja auch eine fantastische Filmkulisse: dichte Kiefernwälder, schneebedeckte Berge, tosendes Meer, krachende Wellen, schroffe Felsen, davor immer mal wieder ein Meer aus Blumen zur Stimmungsaufhellung. Und für uns ideal: Campgrounds direkt am Ozean. Meeresrauschen, Sternenhimmel, Lagerfeuer. Wir fahren unweit des ehemaligen Elternhauses von Kurt Cobain in Aberdeen vorbei, einem Kaff im Bundesstaat Washington. Die Gegend wird immer finsterer, morgens hängt dichter Nebel über der Bucht, und es wird von Tag zu Tag, je weiter wir nach Norden kommen, kälter. Leider müssen wir den Olympic-Nationalpark mit seinen Regenwäldern und gigantischen Wasserfällen sausen lassen, er liegt zu weit abseits von unserer Route, denn in drei Tagen müssen wir den Camper abgeben.

Wir fahren also weiter Richtung Seattle. Meilen um Meilen. Kinder beruhigen. Bald haben wir's geschafft, dann sind wir an der kanadischen Grenze. Den Campervan können wir glücklicherweise einen Tag länger behalten, und trotzdem: Die Strecke zieht sich. Nach der aufregenden Küste zuvor fahren wir jetzt durch Wälder und immer wieder Wälder. Wollen irgendwann nur noch ankommen in Seattle, wo wir in einem Kaff im äußersten Norden der USA den Camper abgeben werden, denn über die Grenze dürfen wir damit nicht fahren. Zwischendurch atmen wir immer wieder die Weite des Pazifiks, die Frühlingsdüfte und saugen uns mit den Blicken an der untergehenden Sonne am Horizont fest. Aber wir müssen weiter, wir haben einfach zu wenig Zeit und die Entfernungen unterschätzt, und ich versuche, gelassen zu bleiben und denke an den Busfahrer der Cook Islands, Mr. Hopeless, der vor jedem Schlagloch rief: »Breathe in, breathe out!«

Meine völlig subjektiven Buch- und Filmtipps

T. C. Boyle: *America*. München 1995. Ein Klassiker, der immer noch hochaktuell ist.

Wolfgang Büscher: *Hartland: Zu Fuß durch Amerika*. Reinbek 2011

Matthias Baxmann, Matthias Eckoldt: *Woanders ist auch Alltag. Auslandskorrespondenten über die Tücken in der Fremde*. Köln 2014

Dieses Buch entspringt der Hörfunkserie aus Deutschlandradio Kultur. Man erfährt darin sehr viel über den Alltag und das Leben in für uns fremden Ländern.

»Die Vögel«. Regie: Alfred Hitchcock, 1963
»Falling Down«. Regie: Joel Schumacher, 1993
»Oceans eleven«. Regie: Steven Soderbergh, 2001
Wir waren mehrfach an den Drehorten; in Bodega Bay (»Die Vögel«) steht sogar noch die alte Schule aus dem Film.

Kapitel 10: Kanada: Vancouver Island und Vancouver

Das Haus am See * Angeln ohne Fische * Traurige Nachrichten

Aus den rechten Reihen fährt ein Auto nach dem anderen auf die Fähre. Wir verfolgen sie mit Argusaugen. Und seufzen bei jedem Wagen: »Haben die's gut. Die kommen mit.«

Wir sind zu spät, unsere Reservierung sei verfallen, sagte uns die Dame am Fährschalter. Unser Shuttle von Seattle über die Grenze nach Kanada war nicht rechtzeitig da gewesen, weshalb wir unseren Mietwagen in Vancouver erst sehr spät abholen konnten und demzufolge jetzt in letzter Minute hier am Terminal stehen.

Jetzt hätte unsere Reihe dran sein sollen. Doch ein Mann sperrt ab. Ich bin fix und fertig. Wenn wir wirklich nicht mehr auf die Fähre kommen, werden wir erst spätabends im Dunkeln das Haus auf Vancouver Island erreichen. Vor allem: Wir könnten nichts mehr zu essen einkaufen und müssten erst mal drei lange Stunden auf einem windigen Parkplatz warten. Kein Café in Sicht, nichts. In unserem Auto herrscht Stille, ein Gefühl von Machtlosigkeit, Niedergeschlagenheit. Klar, in so einem Fall muss man sich zum Mantra machen: Es kommt, wie es kommt. Oder: Man muss die Dinge so nehmen, wie sie sind. Oder: Es gibt Schlimmeres. Stimmt alles, aber die Fähre vor Augen zu haben, die einen zum ersehnten Ziel bringen würde, zum Supermarkt und ins Holzhaus am See, wo wir ausruhen und eine schöne Zeit zusammen haben könnten, und diese dann ohne uns abfahren zu sehen, das ist Mist.

Vor uns bewegen sich einige Autos. Und fahren auf einer unteren Ebene auf die Fähre. Haben die ein Glück! Wir schweigen immer noch. Starren nach draußen, alle vier.

Und rollen langsam weiter. Und weiter. Antonia und Helen ballen die Fäuste und rufen: »Lieber Gott, mach, dass wir auf dieses Schiff kommen, dann können wir zu unserem Haus!«

Ich hatte das Haus ausgesucht, weil es direkt an einem See liegt, mit eigenem Bootssteg, großem Holzdeck, einer Feuerstelle, einem Grill, Kuschelsofa, Spielen und mitten in der Natur. Wir hatten uns ausdrücklich für die ersten Tage gegen Vancouver-Stadt entschieden und für die Insel. Die City kommt später. Wir wollen in die Natur. Der letzte Tag im Campervan ist immer anstrengend, da kann man machen, was man will: Schränke leer räumen, dumpen, Müll entsorgen, tanken, sauber machen, Betten abziehen. Es ist eine Arbeit, die keinem Spaß bringt, die aber gemacht werden muss. Und in den letzten Tagen durch Washington ging es vor allem ums Meilen-Abreißen. Strecke machen bis nach Seattle. Wir sind reif für die Insel, reif für Vancouver Island.

Das nächste Auto rollt auf die Fähre. Wir beobachten die uniformierten Männer. Wann werden sie den Arm heben, um unsere Reihe zu stoppen? Wir rollen vorwärts, Zentimeter für Zentimeter, noch ein Auto vor uns darf durch, jetzt kommen wir, und – wir dürfen weiter! Wir sind drauf! Hinter uns wird nur noch ein einziges Auto durchgelassen, dann wird die Klappe der Fähre geschlossen. Wir jubeln vor Freude und singen, nein, grölen das Lied von Peter Fox vom »Haus am See«, Antonia kann es auswendig.

Und dann sind wir endlich da, in einem alten Haus aus Holz, mit zwei kleinen Schlafzimmern unterm Dach, von denen das eine bodentiefe Fenster hat, die auf den See ausgerichtet sind. Mit einer offenen Küche, ebenfalls mit Blick zum See. Mit

Kajaks und einem Ruderboot nebst Rettungswesten und einer Angelausrüstung. Frank hat sofort beschlossen: »Und morgen früh wird geangelt.« Klar. Wird gemacht. Was aber mit dem Fisch tun, der an der Angel hängt? Wer nimmt die Bierflasche und... Also, das werden wir noch diskutieren.

Der Schlüssel zum Haus lag unter einem Blumenkübel auf der Terrasse. Das Vertrauen in Fremde scheint ähnlich wie in Neuseeland auch in Kanada recht groß zu sein. Auf der Schiefertafel in der offenen Küche finden wir eine nette Begrüßung und die Telefonnummern der Familie für den Notfall, und auf dem Küchentresen liegt ein von Hand geschriebener Brief: Wir könnten die Gummistiefel und Regenjacken benutzen, die in der Abseite stehen, falls es regnen würde, natürlich auch die Kajaks und die Angelausrüstung sowie sämtliche Vorräte und Kräuter aus der Küche und ob wir netterweise bei Trockenheit die Beete gießen könnten, sie hätten Blumensamen ausgesät? – Klar, das übernehmen wir gerne.

Dann tut Frank das, was ein Mann eben tun muss, wenn er an einem Haus ankommt, das in freier Natur und an einem großen See liegt: Er sammelt Holz und macht ein Feuer. Kurz darauf kommt er freudig strahlend ins Wohnzimmer. Das Feuer sei fertig. Keine Reaktion.

Frank hakt noch mal nach: »Wer kommt mit raus?«

»Ich nicht«, grummelt Antonia. »Ich hab zu tun.«

Helen hockt auf dem Fußboden und beugt sich über die Holzfiguren: »Ich auch nicht. Muss den Stall zu Ende bauen.«

Antonia und Helen haben Holzbauklötze entdeckt, außerdem Spiele wie Monopoly, Jenga und einige Comics. Sie sind beschäftigt. Und ich will mir eigentlich in Ruhe die Fotos der Familie angucken, die an der Wand hängen, um zu wissen, wer dieses Haus normalerweise bewohnt. Frank seufzt: »Würdet ihr jetzt Anton, Hans und Bernd heißen, dann würdet ihr begeistert aufschreien: Toll, er hat ein Feuer gemacht, wir kommen. Geh ich eben alleine ...«

Natürlich folgen wir ihm dann doch alle ins Freie. Gucken

Sterne, starren ins Feuer, sitzen auf dem Bootssteg und blicken aufs behaglich beleuchtete Haus. Welch ein Glück, mitten in der Natur zu sein! Männer haben ja doch manchmal recht.

Wir essen anschließend Bio-Lachs von quasi vor der Haustür gefischt. Dann fällt uns ein, dass wir noch schnell unsere Chips reinholen müssen, denn man darf wegen der Bären keinerlei Lebensmittel draußen lassen. Wir haben uns gut eingedeckt, auch wenn sich das Einkaufen zunächst als kleine Herausforderung erwies, denn auf dem 50 Kilometer langen Weg vom Fähranleger bis zu unserem Haus am See kamen wir an keinem einzigen Laden vorbei. Irgendwann fragten wir einen Passanten, wo man in dieser Gegend einkauft. Der Mann deutete die Straße hinunter, wir müssten noch einige Kilometer weiterfahren, dann kämen wir in einen Ort mit Supermarkt. Ein winziger Ort, der aus einem Kinderfilm hätte sein können: mit entzückenden Holzhäusern, kleinen Tante-Emma-Läden und Cafés.

Im Gegensatz zu den Bikini-Barista-Coffeeshops im Nordwesten der USA, deren Angestellte die männlichen Autofahrer im Bikini oder in Dessous bedienen, hatten die Verkäufer des schicken Supermarkts auf Vancouver Island alle etwas an. Sie waren sogar vorbildlich gekleidet. Uns bedienten perfekt geföhnte, fröhliche Herren in grüner Schürze, mit weißem Hemd, schwarzer Krawatte (!) und in blank geputzten schwarzen Schuhen. Sie sahen aus wie aus einem Werbespot für teuren Whiskey oder Bio-Food. Auch die Kassiererinnen waren so fröhlich, als hätten sie Drogen genommen. Und es wirkte nicht aufgesetzt. Man plauderte, kicherte, lachte miteinander. Das Spannendste aber waren die vielen Regale mit Schubladen und kleinen Schaufeln, mit denen man sich Schokolinsen, Bonbons, Nüsse, getrocknete Mangos, Pralinen, Lakritz und Gummitiere in kleine Beutel abfüllen kann.

»Ich helfe euch«, entschied Helen. War klar. Wir fuhren kauend und gut gelaunt weiter zu unserem Haus am See.

Am nächsten Morgen wachen wir mit der Sonne auf. Als geborener Frühaufsteher macht sonst immer Frank den ersten Kaffee und bringt ihn mir ans Bett. An diesem Morgen bin ich es, die um Viertel nach sieben Frank einen Kaffee hinstellt. Er reibt sich verwundert die Augen. Kurz darauf stehen wir beide auf der großen Terrasse, genießen die ersten warmen Sonnenstrahlen und sind ziemlich zufrieden. Beim Yoga auf dem warmen Holzdeck überm See kommt die Gelassenheit von ganz alleine. Diese Stille, herrlich! Auch beim Joggen durch den Wald begegnen wir niemandem. Scheint hier nicht so üblich zu sein, das Laufen. Was wir zu dem Zeitpunkt nicht wissen, weil wir es einfach nicht gelesen hatten: Auf Vancouver Island gibt es nicht nur Schwarzbären, sondern eine große Anzahl von Pumas! Die sich vor allem im Spätfrühjahr Häusern und Menschen nähern, weil sie ausgehungert sind oder ihre Jungen versorgen müssen. In den letzten Jahren kam es immer wieder zu Übergriffen auf Menschen durch die bis zu 70 Kilo schweren Raubtiere, weshalb man nicht allein im Wald spazieren soll. Und Kinder am Abend nicht ohne Aufsicht im Garten spielen sollen. Wir haben alles falsch gemacht. Naiv haben wir gedacht, was für ein Quatsch, wir befinden uns auf einer Insel, warum sollte es in der Nähe von Häusern Bären oder gar Pumas geben. Dass die Insel 450 Kilometer lang, 100 Kilometer breit und somit die größte nordamerikanische Pazifikinsel ist, haben wir einfach übersehen. Zum Glück sind wir weder Puma noch Bär begegnet auf unseren einsamen Streifzügen. Hätten wir jedoch vorher von der Gefahr gewusst, wären wir niemals alleine und so unbedarft durch die Wälder Kanadas gejoggt.

Es ist ähnlich wie in dem Haus in Neuseeland, wir haben Zeit, wir müssen nicht von A nach B fahren, und so können wir mit Antonia endlich den durch die letzten Reisetage versäumten Unterrichtsstoff nachholen. Und sie kann das Praktische mit dem Schönen verbinden, setzt sich barfuß aufs Deck und löst über dem See ihre Matheaufgaben.

Dieser Platz erinnert uns entfernt an das Haus in Neusee-land, man möchte nie mehr Lärm und Großstadt und Hektik haben, wenn man so wohnen kann. Direkt am Wasser, mit Blick auf den See und inmitten der Natur. Von den Nachbarn ist nichts zu sehen, weil die Grundstücke so weitläufig sind. Das ist »Schöner Wohnen« in Reinkultur.

Am Nachmittag holt Frank die Angelausrüstung raus, sagt siegessicher: »Ich hol jetzt mal das Essen für die Familie aus dem Wasser!«, und stapft mit Schnur und Ködern zum Deck. Antonia greift sich ebenfalls eine Angel, während Helen sich aus der Küche ein Messer organisiert hat, zu allem bereit, wenn der Fisch denn an der Angel hängt. Doch er hängt nicht. Kein Fisch nirgends zu sehen. Nicht mal ein Fischlein. In Kanada sagt man, jeder Tag sei ein guter Tag zum Angeln. Irgendwie scheint Frank jedoch einen eher schlechten Tag er-wischt zu haben. Im Haus hängen Fotos von riesigen Hechten, Lachsen und Forellen, die Familienangehörige aus diesem und den umliegenden Gewässern geangelt haben. Doch bei Frank will der Funke nicht so recht überspringen beziehungsweise der Fisch.

Viele Kanadier angeln, wie die Neuseeländer auch, nach dem Catch-and-release-Prinzip, das heißt, sie lassen die Fische wieder »schonend zurück«, nachdem sie angebissen haben. Das Prinzip ist in Deutschland verboten und wird hart be-straft, lesen wir, aber in Kanada und auch Neuseeland wird dieses Prinzip angewendet, wenn man genug Fische zum Ver-speisen gefangen hat, und keine töten will, die man gar nicht verzehrt. So weit kommen wir nicht. Nach drei Stunden gibt Frank leicht genervt auf. Morgen ist auch noch ein Tag.

Am nächsten Morgen ist der Himmel wolkenverhangen, und es ist deutlich kühler. Frank bleibt beinhart, stellt sich ent-schlossen abermals auf das Holzdeck und wirft die Angel aus. Antonia übt das Auswerfen ebenfalls und zeigt mir die Tech-nik. Ihre Bewegungen sehen mittlerweile schon richtig pro-fessionell aus, das Auswerfen, das langsame Durchs-Wasser-

Ziehen und Wiedereinholen. Während ich das Frühstück vorbereite, beobachte ich sie von der Küche aus und bin gerührt. Mit welcher Ernsthaftigkeit unsere Große das Angeln lernen will und nicht aufgibt, obwohl auch sie noch keinen Fisch gefangen hat. Frank kommt schließlich zu der Überzeugung: Die spinnen, die Kanadier. Hier gibt es keinen einzigen Fisch im See.

Das Haus am See
(von Antonia)

Wir sind hier in einem wunderschönen Haus am See. Das Haus ist groß und gemütlich. Hier gibt es auch Kajaks, ein Ruderboot und Kricket, und im Wohnzimmer steht ein ganzes Regal voller Spiele und Comics. Ich würde mir wünschen, dass wir auch in so einem Haus am See wohnen.
Wir haben hier ein winziges Mietauto, das knallgrün ist, und wir sind die ersten, die mit dem Auto fahren, deshalb riecht es noch sehr neu, aber man gewöhnt sich dran. Im Vergleich zum Campervan rappelt es jetzt nicht mehr, und wir haben hier mehr Platz zum Spielen. Im Campervan war es sehr schön, aber die langen Autofahrten zum Schluss waren blöd.
Papa angelt gerade zum dritten Mal und hat noch immer keinen Fisch gefangen. Wir Frauen spielen jetzt lieber Monopoly.
Doch morgen früh werfe ich wieder die Angel aus und versuche es noch einmal. Und dann singe ich noch einmal das Lied von Peter Fox vom Haus am See.

Am letzten Morgen beim Frühstück beobachten wir, wie sich ein kleines Boot unserem Haus nähert und direkt vor unserem Deck hält. Ein Mann wirft seine Angel aus. Frank lacht: »Kannst nach Hause gehen, Alter. Hier gibt's nichts zu fischen. Der See ist tot.«

Zwei Sekunden später zieht der Mann an der Angelschnur

und holt einen riesigen Fisch heraus. Danach das gleiche Spiel. Wieder ein fetter Fisch, direkt vor unseren Augen.

Frank bleibt das Brötchen fast im Hals stecken. Er rennt barfuß und im Regen raus auf den Bootssteg. Will sehen, wie der Typ es schafft, aus einem See ohne Fische einen nach dem anderen rauszuholen. Wir hinterher. Der Typ, ein junger Mann, lacht freundlich und zeigt uns seine Angelausrüstung. Und schnell wird klar: Es liegt anscheinend am Köder. Seiner ist filigraner, und außerdem glitzert und blinkt er. Die Frage ist nur, warum die Familie unseres Hauses Köder benutzt, die offenbar nichts taugen? Oder ob es doch nicht am Köder liegt? Ich spreche die Gedanken lieber nicht aus.

Anschließend bekommen wir eine kleine Lektion zum Thema Angeln. Leider müssen wir los, unsere Fähre nach Vancouver legt bald ab, und diesmal wollen wir pünktlich sein.

Als wir Vancouver Island verlassen, gießt es in Strömen. Und es ist saukalt. Wir haben dennoch eine Gute-Wetter-Phase erwischt, denn angeblich soll es auf Vancouver Island um diese Jahreszeit jeden Tag regnen, wurde uns gesagt. Es regnete jedoch nur an drei Tagen von vieren.

In Vancouver wohnen wir dann mittendrin im Gewühl, in einem sehr coolen Gebiet, dem East End, gleich um die Ecke vom Commercial Drive, von den Einheimischen nur »Drive« genannt – einer hippen Ausgeh- und Food-Area mit veganen Läden, Coffee-Shops und Vintage Stores. Unser privates Appartement, in dem sonst eine Familie mit ebenfalls zwei Kindern lebt, liegt in einer ruhigen Seitenstraße und ist komplett im Stil der Sixties gehalten. In den Regalen diverse Design-Bildbände, Kochbücher, es gibt eine Kinderküche, ebenfalls im Stil der Wohnung, eine Schaukel auf der Terrasse und unzählige Spiele. Das nächste Paradies für die Mädchen!

Nachdem wir unser Viertel erkundet haben, wandern wir am nächsten Tag durch Gastown, ein weiteres relativ neues und sehr schickes Hipsterviertel am Hafen. Wir sitzen in der

Sonne, beobachten die vorbeiflanierenden Leute und fahren schließlich weiter zu einem der Strände Vancouvers, von wo aus man einen herrlichen Blick über die Bucht hat.

Und dann erfahren wir vom Erdbeben in Nepal. Die Nachricht schockt uns, auch die Mädchen. Als ich am nächsten Morgen die ersten Bilder sehe, muss ich kurz rausgehen auf die Schaukel und nach Luft schnappen. Danach kommen uns allen die Tränen. Wir haben so viele nette, hilfreiche und aufgeschlossene Menschen dort kennengelernt. Was mag aus ihnen geworden sein?

Frank versucht sofort, den Fotografen zu erreichen, dem wir in Nagarkot begegnet sind, doch natürlich ist kein Kontakt möglich. Das gesamte mobile Netz vor Ort ist zusammengebrochen. Nepal war ein Höhepunkt unserer Reise, wir denken sehr oft daran zurück. Und nun noch mehr – mit traurigen Gedanken. Die Mädchen wollen partout ihre Hosen aus Kathmandu und Pokhara tragen und fragen immer wieder: »Aber was ist aus unserem netten Hostelbesitzer geworden? Geht es ihm gut? Und aus dem Taxifahrer, der uns so viel erzählt hat?«

Die meisten von ihnen leben an jenem Ort, der am heftigsten vom Beben getroffen wurde. Wir sitzen also in der Sonne, trinken Kaffee und schweigen. Unsere Gedanken sind immer wieder in Nepal, wir verfolgen die traurigen Nachrichten, und deshalb sind die Erinnerungen und der Blick auf die Stadt getrübt. Wir können Vancouver nicht so recht würdigen, wie diese lebens- und liebenswerte Stadt es verdient hätte.

Meine völlig subjektiven Buchtipps

Alice Munroe: sämtliche Kurzgeschichten

Kapitel 11: New York

Wohnungsodyssee * George, oh Clooney * Abschiedsschmerz

Ich habe zwei Lieblingsstädte – in der einen habe ich zwei Jahre gelebt: Paris, und in der anderen würde ich gerne mal eine Zeit lang leben: New York.

New York empfängt uns mit fettem Frühling und Sonne. Wir können die Sommerkleider wieder rausholen. Es ist Ende April, und die letzten beiden Wochen unserer Weltreise sind angebrochen – Vorfreude auf New York, aber auch ein Hauch von Wehmut, weil dies die letzte Station unserer Reise ist. Wir verbringen die ersten vier Tage in Brooklyn, wollen danach für ein paar Tage nach Long Island in die berühmten Hamptons fahren, um dann die letzte Woche in Manhattan zu wohnen. Das heißt: zweimal Sachen packen und umziehen. Man muss es positiv sehen, so bleiben wir im Reisegroove.

Zunächst in Brooklyn. Unsere Unterkunft ist ein Brownstone House in Bedford Styvesant und haut uns erst mal um: Parkettboden, große Betten mit vielen Kissen, Kamin, Samtvorhänge, dicke Teppiche, Ohrensessel, Kunst an den Wänden und Bildbände auf den Tischen. Die Hausbesitzer, David und Jane, ein älteres, gut gelauntes Ehepaar, wohnen eine Etage über uns und winken uns sofort in ihre Wohnung. David ist Künstler, er malt und baut skurrile Objekte, Jane zeigt mir ihre neue Küche. Wir plaudern ein wenig über Brooklyn und unsere Reise, und sie überlassen uns netterweise ihre Dauerkarten für das MoMa. So fühlen wir uns sofort willkommen und wie zu Hause, und ich spüre wieder dieses Kribbeln, wie ich es immer tue, wenn ich in New York bin, und freue mich auf den nächsten Tag.

Der ist erfreulicherweise sehr warm, schon morgens zeigt das Thermometer 25 Grad. Wir setzen uns als Erstes mit einem Kaffeebecher auf die Treppe vorm Haus. In einem Brownstone House in New York mit passender Filmtreppe muss ich einfach meinen Kaffee auf ebendieser trinken, das wollte ich immer schon mal machen. Es sind Dinge, die mich absolut glücklich machen.

Danach laufen wir einfach drauflos, immer in westlicher Richtung, Richtung Brooklyn Bridge. In einem Café entdecke ich vier junge Männer hinter ihren Apple-Computern nebeneinander an der Fensterscheibe sitzend, eine junge Schwarze vor dem Café lacht, als ich ein Foto von den vier Typen mache: »This is the new Brooklyn! Welcome to the new world!« Hip, Hip, Hipster.

Zwischendurch legen wir einen Stopp auf einem Spielplatz ein, und kurz darauf sind wir am East River. Laufen am begrünten Ufer von Brooklyn Heights durch den Brooklyn Park mit grandiosen Ausblicken auf Manhattan und schlendern langsam nach DUMBO, dem In-Viertel *Down Under the Manhattan Bridge Overpass* unterhalb der imposanten Manhattan Bridge. Den Spielplatz unweit der Brücke gibt es noch immer, Nannys sitzen auf den Bänken in der Sonne und lässig gekleidete Youngster verschwinden in den Lofts. Vor uns die Skyline von Manhattan, neben uns die Manhattan Bridge und ein fernes Donnern, Rattern, Tosen von Trucks, Zügen und Autos.

Wir ruhen uns am Ufer des East River aus und genießen das New-York-Feeling. Als wir in einem Lokal draußen einen Mittagssnack mit Blick auf die Brücke nehmen, halten immer wieder junge Leute an, um den Laden zu fotografieren oder Selfies davor zu schießen. Das Essen ist okay, die Typen cool, der Blick wow, aber so toll, dass man es fotografieren muss? Vielleicht ist es das Stammlokal von Leonardo DiCaprio oder einem anderen der unzähligen Promis der Stadt? In New York weiß man ja nie so genau, wer gerade in der Limousine an einem vorbeifährt oder wer sich hinter der dunklen Brille verbirgt, bei der Anzahl an VIPs, die dort leben oder zumindest ein Apartment ihr Eigen nennen. In den nächsten Tagen finden sowohl ein großer Fashion Event am Central Park statt als auch die Einweihung des Whitney Museum of Modern Art im Meatpacking District, außerdem dreht George Clooney gerade einen Film in der Upper West Side, also bin ich wachsam wie ein Schießhund. Andere finden den Gedanken völlig unspektakulär, dass George Clooney neben einem seinen Kaffee schlürft (»Ist doch auch nur ein Mensch«), nicht so ich. Ich habe sogar bei meinem letzten Trip nach New York eine Schauspielerin aus »Sex and the City« verfolgt, meine Lieblingsfigur der Serie, Miranda, nachdem sie gerade an der Upper Westside zusammen mit einer älteren Frau, vermutlich ihrer Mutter, aus einem Wohnhaus trat. Was war ich aufgeregt! Okay, das muss man nicht unbedingt nachvollziehen können…

George Clooney habe ich in meiner Funktion als Radiofrau zweimal für ein Interview kennenlernen dürfen, und der Mann ist in echt noch smarter und vor allem witziger, als erwartet. Jetzt ist er also in der Stadt, und jeden Tag kann man in der Zeitung lesen, wo er und Amal gespeist haben, in welcher Bar sie waren, wo seine Frau sich ein Kleid gekauft hat und sich die Haare hat machen lassen.

Am beeindruckendsten jedoch war Philip Seymour Hofman, mein Schauspielgigant. Ich hatte ihn am Broadway in dem Stück »Tod eines Handlungsreisenden« gesehen. Er spielte so ergreifend den Verzweifelten, dass ich mir die Augen ausheulte und vor lauter Tränen die Bühne kaum noch erkennen konnte. Nach dem Stück wartete ich noch am Bühnenausgang des Theaters; alle Zuschauer waren längst fort, ich wollte ihm nur kurz sagen, wie bewegend er in dem Stück gewesen war und wie glücklich ich mich schätzte, ihn auf der Bühne gesehen zu haben. Dann wurde mir klar, dass ich den Mann, der als schüchtern galt, nur belästigen würde, und so reihte ich mich wieder ein in den Strom der Menschen auf dem Broadway. Ein Jahr später war er tot. Und ich fassungslos. Bis heute.

Jetzt stehen wir vier unter der berühmten Brooklyn Bridge. Am besten ist es tatsächlich, von Brooklyn aus rüberzugehen, denn dann hat man die Skyline von Manhattan immer vor Augen. Auf der anderen Seite der Brücke spielen und tanzen Jugendliche Hip Hip, in den umliegenden Parkanlagen knallen die Farben, eine Blütenpracht vor Hochhäusern. Frank gegenüber hatte ich bereits den Wunsch geäußert, kurz in den Outletstore »Century 21« reinzuspringen. »Reinspringen« ist etwas untertrieben, denn dieses Kaufhaus besteht aus mehreren Etagen, und egal wo, es herrscht ein Greifen und Schieben, ein Wühlen und Wuseln. Hier hängen Kreationen von Vivienne Westwood neben Kleidern von Donna Karan, die meisten sind um 70 Prozent ermäßigt und trotzdem noch absurd teuer, es gibt edle Kinderkleidung genauso wie sündhaft teure Dessous, Hutkreationen und Lederhandtaschen in allen Variationen, aber am aufregendsten finde ich die Schuhabteilung. Antonia, Helen und ich wühlen uns von oben nach unten. Schließlich bestaunen wir ehrfürchtig High Heels von Jimmi Choo, Manolo Blahnik und die berühmten Louboutin-Stelzen mit der roten Sohle, Designerschuhe mit Fünfzehn-Zentimeter-Absätzen.

»Zieh mal an, Mama!«, bittet mich Antonia, und wir haben großen Spaß, die verrücktesten Schuhe anzuprobieren und darauf herumzustolzieren. Nirgends eine Verkäuferin, die pikiert guckt. Wir wühlen, tasten, gucken, aber ich kaufe nichts. Es ist mir einfach zu voll hier, und außerdem wartet Frank draußen und wundert sich wahrscheinlich, wo wir bleiben. Als wir wieder ins Freie treten, ist Frank nicht da. Fünf Minuten später kommt er aus dem Laden. Er hat sich mal eben eine neue Sonnenbrille gekauft…

New York macht es einem leicht, die Stadt zu mögen. Es gibt immer mehr Grünflächen, viel Wasser drum herum, Dachgärten und Einwohner, die hilfsbereit sind. Open minded. Vielleicht liegt das daran, dass es »den New Yorker« nicht wirklich gibt, dass in dieser Metropole Menschen aus der ganzen Welt leben und dass es hier so viele Geschichten gibt von Neu-New-Yorkern, die eine Idee hatten und denen gesagt wurde: »Do it, go for it!« Frank und mir schenkt diese Stadt jedenfalls einen ungeheuren Energieschub. Doch nach vier Tagen in Brooklyn mit kurzem Abstecher nach Manhattan fahren wir erst mal wieder aufs Land, an einen Ort, an dem viele berühmte Romane entstanden, »Der große Gatsby« zum Beispiel von F. Scott Fitzgerald, aber auch viele Werke von John Steinbeck. Außerdem wurden in dieser Gegend zahlreiche Filme gedreht, und so umweht die Hamptons für mich ein magischer Mythos, sodass ich bei der Planung der Weltreise bereits gesagt hatte: »Da muss ich hin! Einmal im Leben muss ich in die Hamptons!«

Wir verabschieden uns herzlich von David und Jane, und als wir gerade losfahren wollen, kommt David aus dem Haus gerannt und winkt mit einem schwarzen Heft. Mein Notizheft! Zwei Moleskines habe ich bereits vollgeschrieben, das ist das dritte und letzte unserer Reise! Ich hatte es neben dem Bett liegen lassen. Thank you, David! Ihr wart großartig, und, ach, gern wären wir noch in Brooklyn geblieben, aber ich freue mich auf das, was kommt, auf einen breiten Strand, erhabene Häuser und High Society, einen kleinen Eindruck von dieser so anderen Welt. Long Island ist für den New Yorker das, was für den Pariser Deauville ist. Ein Wochenendrefugium, eine kleine, edle Oase zum Aufatmen und Meeresbrise tanken.

Wir haben für die nächsten vier Tage ein Auto gemietet und fahren von Brooklyn aus guter Stimmung los. Unser Ziel auf Long Island ist Montauk, auch »The End« genannt. Der Ort liegt an der äußersten Spitze der Halbinsel und ist nicht so überkandidelt wie die Hamptons selbst. Ein Ort, von dem sich viele Künstler haben inspirieren lassen: Andy Warhol hatte dort ein Anwesen, Julian Schnabel heute ein Studio, Max

Frisch hielt sich hier einige Zeit zum Schreiben auf, und Robert De Niro verbringt gerne den Sommer in seinem Landsitz in Montauk. Also genau die angemessene Gesellschaft für uns.

Frank hat auf die Karte geguckt, 120 Kilometer sind es bis nach Montauk, das sollten wir in zweieinhalb Stunden schaffen. Doch dann stehen wir bereits in Queens in einem gewaltigen Stau und kommen irgendwie nicht voran. Eigentlich wollen wir auf Long Island an der Küste entlangfahren, doch aufgrund der vielen Ampeln geht es nur stop-and-go vorwärts. Außerdem ist von Seeluft und Strandatmosphäre absolut nichts zu spüren. Das soll die Insel der Schönen und Reichen sein? Sind wir hier richtig? Wir passieren lang gestreckte Industriewüsten. Grau reiht sich an Grau reiht sich an Grau. Abgase an Abgase.

Ich sage laut zu Frank: »Und hier quält sich Sarah Jessica Parker am Wochenende mit Matthew und Kindern durch den Stau? Vielleicht fliegt sie mit einem Helikopter ein, verrückt.« Frank brummt nur irgendwas.

Auch eine Stunde später – nein, es wird nicht schöner. Also, wo bitte, geht's hier nach Long Island? Wir werden allmählich unruhig, die Mädchen und ich. Franks Gesichtszüge verhärten sich. Ich krame nach der Karte. Mein Mann knurrt, als er das sieht: »Stau ist Stau, da kann ich auch nichts machen, wir sind richtig, keine Sorge.« Die Stimmung sinkt in den Kühlschrankbereich. Ich sage lieber nix. Die Karte lasse ich auf dem Schoß liegen.

Offiziell braucht man zweieinhalb Stunden nach East Hampton, aber wir sitzen bereits seit fast drei Stunden im Auto und befinden uns noch immer in irgendwelchen abgrundtief hässlichen Vororten.

Ich werde allmählich nervös und schlage vorsichtig vor, weiter nördlich auf den Highway zu fahren, um schneller voranzukommen. Das war keine gute Idee und offensichtlich noch dazu eine falsche, denn Frank wird jetzt richtig wütend: »Das hier IST der Highway. Hier ist halt Stau, kann ich nun mal auch nicht ändern.« Und es stimmt, die Straße heißt tatsächlich »Highway«, aber es ist die 27 und nicht die 495, die ich fahren wollte, denn die 495 ist blau, und blau in den USA heißt für mich immer: schnell.

Ich frage trotzdem, warum es auf einem Highway eine Ampel nach der anderen gibt. Kurz darauf nimmt das Gespräch recht absurde Züge an, und Frank brüllt etwas von bebrillten, oberschlauen Typen, die aber Weicheier seien, und fragt mich, ob mir so ein Fachidiot etwa lieber sei, der die Karte samt Straßennamen vorher auswendig gelernt hat. Da muss ich fast schon wieder lachen, weil ich denke: Hey, das wäre ein prima Filmdialog jetzt. Doch das ist leider nur ein kurzer Gedanke, denn dann höre ich mich sagen: »Ja, genau, ein Schlauberger, der wäre gar nicht so schlecht, denn dann würden wir jetzt nicht hier auf der 27 im Stau stehen, anstatt auf der 495 zu FAHREN!«

Da fährt Frank plötzlich rechts ran und steigt aus: »Dann mach's doch besser!«

Die Nerven liegen blank, die Mädchen weinen. Obergau! (In einem apokalyptischen Science-Fiction-Film würden jetzt irgendwelche Lämpchen leuchten und fiese Geräusche machen…) Ich steige aus, setze mich leicht zittrig ans Lenkrad, fummele am Sitz rum, schieße damit nach vorn. Und wieder zurück. Dann atme ich einmal tief durch. Scheißsituation. Scheiß-Long-Island. Scheißidee!

Frank bittet mich, wieder auszusteigen, also setze ich mich zurück auf den Beifahrersitz, und wir rollen weiter. Schweigend. Die Karte knülle ich unauffällig zusammen. Unsere Mädchen kennen solche Situationen. Sie sind selten, aber sie kommen vor, und dann kann es laut werden. Irgendwann wird es auch wieder leise. So wie irgendwann auch das Grau verschwindet auf der Strecke und die Häuser weiß werden und strahlend. Sobald es auf Long Island schön wird, hörten wir, ist man in den Hamptons. Wir sehen die ersten Veranden und irgendwann Säulen vor den Portalen, Bäume am Rand der

Straßen, die in Alleen münden, und üppige Pflanzen in den Vorgärten. Im Straßenbild tauchen erste Lamborghinis auf, Jaguars, Porsches und Bentleys. Wir scheinen da zu sein, und dann sehen wir auch einen herrlichen Strand. Steigen aus und laufen barfuß über den feinen weißen Sand. Die Seeluft tut gut. Frank und ich nehmen uns kurz in den Arm, und unsere Mädels grinsen. Antonia sagt, was sie in so einem Fall gerne mal zum Besten gibt: »Ja, ja, die Eltern…«

Kurz darauf entdecken wir einen Supermarkt und praktischerweise gleich daneben einen Weinladen und hauen erst einmal das letzte Geld auf den Kopf.

Montauk sieht ganz reizend aus, ein verschlafenes Örtchen an der Spitze Long Islands, und ich bin froh, dass sie auch an die Touristen denken und man hier relativ preiswert unterkommen kann. Wir werden die nächsten vier Tage in einer Art Motel mit Ausklappsofa verbringen. Dafür liegt die Unterkunft am Strand. Kleines Handicap: Die Straße ist dazwischen. Die ist jedoch kaum befahren, denn es ist noch keine Hauptsaison. Sarah Jessica Parker und Donna Karan haben ihre Wochenendhütten etwas weiter westlich. Ab zwei Millionen kann man hier fündig werden. Ohne Meerblick. Ein Häuschen mit Blick auf den Atlantik ist ab zwanzig Millionen zu haben, für das doppelte Geld ist mit Glück ein Gästehaus von 500 Quadratmetern im Preis mit drin, wie beim Ferienhaus von Billionär Gerald J. Ford in Southampton.

Wir joggen am nächsten Morgen an den Villen der Locals vorbei und am Häuschen von Robert De Niro, der unweit von unserem Ausklappsofa seine 280 Quadratmeter große Sommerresidenz hat. Wenn ich er wäre, hätte ich hier auch ein Ferienhäuschen, kann ihn verstehen, denn die Strände der Hamptons sind breit, die Häuser stehen in gebührendem Abstand zueinander, und lange Holztreppen führen von den hoch gelegenen Terrassen an den Strand. Der fast menschenleer ist, denn die Saison beginnt erst Ende Mai. Die Strände hier erinnern an Amrum oder Sylt, sie sind breit, feinsandig und vor allem leer, und das Wasser ist sauber, seit einigen Jahren werden sogar wieder Austern gezüchtet.

Zwei Männer kommen mir beim Joggen entgegen, beide tragen Sonnenbrille, Cap und einen lässigen Schal. Beide grüßen freundlich, und der Mann mit der Cap sagt, er müsse auch mal wieder joggen, das Wetter jetzt sei ideal dafür, und wünscht einen schönen Tag. Wer auch immer einem entgegenkommt am Strand, grüßt freundlich, und mit einigen kommen wir ins Gespräch. Es sind offensichtlich keine Touristen, sondern New Yorker, die hier ihre Wochenenden verbringen. Manche sprechen einfach nur über das Wetter und wünschen uns einen sonnigen Tag. Mit anderen reden wir länger, erzählen kurz von den Erlebnissen unserer Weltreise, und das Interesse ist jedes Mal groß. Dass man mit Kindern zusammen die Welt entdeckt und sich einen Traum erfüllt, das scheint für Amerikaner ein faszinierendes Thema zu sein. Bei manchen Begegnungen stellen wir fest, dass die Menschen in Long Island ins Träumen kommen, wenn wir von der Weltreise erzählen, dass sie überlegen, wo sie selbst gerne noch hinwollen und was sie sich erhoffen vom Leben. New York wird sicher nicht umsonst »City of Dreams« genannt. Auf eine Art ist der Aufenthalt auf Long Island für uns also auch philosophischer Natur, die Begegnungen bringen uns zum Nachdenken.

Vielleicht ist es das, diese Lust aufs Leben, gepaart mit der Natur, was die Künstler hier so anzieht, auf jeden Fall tut der Aufenthalt gut, rundet unsere Reise irgendwie ab, macht sie noch essenzieller, gewichtiger, in gewisser Weise.

Es erscheint uns in dem Moment selbst wie ein Traum, zu viert durch die Hamptons zu schlendern. Obwohl sie zu den reichsten Gegenden der USA gehören, entdecken wir niemanden, der Champagner schlürfend vor einem Café sitzt und sich selbst feiert. Zwar ist die Porsche-, Bugatti-, Maserati- und Ferrari-Dichte extrem hoch, und wir mit unserem Ford Fiesta dürften da etwas aus dem Rahmen fallen, aber keiner schert sich drum. Man trägt Shorts, Schlabbershirt und Sandalen und scheint meilenweit weg zu sein von dem hippen Manhattan.

Wir spazieren zum Leuchtturm von Montauk und lassen uns den Wind vom Atlantik um die Nase wehen, laufen an den vielen Bays vorbei und fahren zu idyllischen Buchten. Wir besuchen East- und Southampton und bewundern Windmühlen vor blühenden Apfelbäumen und weiße Villen mit imposanten Säuleneingängen, vor denen Chauffeure die Bugattis polieren und Heerscharen von weiteren Arbeitern die meterhohen Hecken in Schach halten. Wir holen uns Delikatessen aus einem gut besuchten Edelladen, in dem die Angestellten für die High Society einkaufen und die Minderbemittelten ihre Sachen selbst zu ihrem Porsche schleppen müssen. Wir verzehren das leckere Mittagsmahl in der Sonne auf einer Holzbank. Und was machen die Leute, die vor uns in ihre Bugattis steigen? Sie lächeln uns zu und wünschen einen guten Appetit.

Und dann ist irgendwann die letzte Woche angebrochen. Die letzten sieben Tage, bevor es nach insgesamt 154 Tagen zurück in die Heimat geht. Von New York werden wir direkt nach Hamburg geschossen. Ich will noch gar nicht daran denken und freue mich erst einmal auf Manhattan. Für die Rückfahrt brauchen wir tatsächlich nur zweieinhalb Stunden. Irgendwann taucht in der Ferne das Empire State Building auf. Bauchkribbeln. Es ist 25 Grad warm, die Außentische der Cafés sind fast alle besetzt, und wir fahren durch Downtown Manhattan Richtung Chelsea zu unserer Unterkunft, weil wir unser Mietauto erst am nächsten Morgen zurückgeben müssen. Vorbei an Basketball spielenden Jungs, vorbei an flanierenden, telefonierenden, quatschenden Menschen, vorbei an den Auslagen der vielen Book Shops, an Theatern, Restaurants und kleinen Grocery Stores, und in der Ferne leuchtet bereits das Dach des Chrysler Building. Da ist es wieder, das Frohlocken, das New York jedes Mal bei mir auslöst.

Eigentlich wollten wir im YMCA unterkommen, doch es

gab keine Familienzimmer. Also ein Apartment gemietet. Es liegt in meiner favorisierten Gegend in der Nähe der High Line im Südwesten von Manhattan. Das Viertel mag ich sehr, wie überhaupt den gesamten südlichen Teil Manhattans. Die Wohnung, die so gute Bewertungen beim Internet-Anbieter hatte, war plötzlich nicht mehr frei. Stattdessen wurde uns vom Vermieter diese angeboten, die noch keine Bewertung hatte und neu im Netz war. Jon, ein Freund des Vermieters, würde zur Schlüsselübergabe in die Wohnung kommen, weil der Vermieter selbst leider »out of town« sei.

Besagter Jon öffnet uns tatsächlich die Tür und empfängt uns mit noch feuchten Haaren und ein paar Plastiktüten mit seinen Sachen. Jon hat bis eben noch in der Bude gewohnt und es weder geschafft aufzuräumen noch den Kühlschrank zu leeren, geschweige denn seine dreckigen Socken zu entfernen. Nun wird er für sechs Nächte ausziehen und bei seinem Kumpel pennen. Der Vermieter kassiert derweil unsere Kohle, das Vielfache der üblichen Miete, Jon kriegt seinen Anteil und fertig. Nicht für uns. Die Vermieter sind anscheinend Brüder, die für teures Geld Fake-Wohnungen anbieten. Die Gegend stimmt, die Fotos auf der Anbieterseite auf den ersten Blick auch. Doch jedes Bild war eine Lüge. In jeder Ecke, einfach überall, liegt der Krempel von Jon rum. Nicht nur der Kühlschrank ist randvoll, in der Spüle liegen Käserinden, unter dem Bett Verhütungsmittel, und die Schränke sind allesamt vollgestopft mit seinem Privatzeugs. Es gibt keine Vorhänge, aber dafür allerorten fingerdicken Staub und Dreck. Im Bad fallen die Kacheln von der Wand, und in der Wanne wurden Zigaretten ausgedrückt.

Wir haben in Indien auf dem Boden geschlafen und in Nepal bei Minusgraden ohne Heizung, aber das ist zu viel. Zumal für den Preis. Die Bude kostet 200 Euro pro Tag. Wir fühlen uns verarscht. Auf der ganzen Reise haben wir nur gute Erfahrungen gemacht, in New York bisher auch, und nun, ausgerechnet bei der letzten Unterkunft der Weltreise, so eine Enttäuschung. Der Vermieter hatte Fotos von einem »Roof Top« ins Netz gestellt, mit Blick aufs Empire State Building, meinem Lieblingsgebäude von New York, doch das Dach ist erstaunlicherweise gesperrt. Wie wir vom Nachbarn erfahren, ist es – Überraschung! – gar nicht zugänglich. Er wundert sich über unsere Anwesenheit, denn die Wohnungen dürften eigentlich gar nicht an Touristen vermietet werden.

Antonia, die nie gemeckert hat auf der Reise, schon gar nicht über Unterkünfte, sagt, nachdem sie mit Helen getuschelt hat, leise, aber bestimmt: »Wir wollen hier nicht bleiben.« Ich schlucke. Frank und ich beschließen, dass wir alle zusammen am Abend das Mietauto zurückbringen, um am nächsten Morgen mehr Zeit für die Suche nach einer neuen Bleibe zu haben. Auf dem Rückweg gehen wir zu Fuß, hören Jazzmusikern im Washington Square zu und essen spontan bei einem sehr netten Italiener inmitten von New Yorker Stammgästen, so scheint es, denn jeder begrüßt den Wirt mit Küsschen. Es ist laut, es wird viel geredet und gestikuliert, es ist New York. Wir bekommen den letzten Platz am offenen Fenster. Die Luft ist noch sehr mild, sommerlich warm, und wir beobachten die Menschen, die vorbeiflanieren. Irgendwann legt Helen den Kopf auf meinen Schoß und schläft ein. So könnte es bleiben, es ist einer jener Momente, in denen man sich sagt: Das Leben ist schön, unberechenbar, aber schön. Mehr davon bitte! Könnte ich noch ein klein bisschen von diesem köstlichen Dessert haben, das sich Leben nennt?

Zurück im Appartement überlegen Frank und ich, wie wir die Situation retten können. Die Unterkunft ist bereits in voller Höhe bezahlt. Die Mädchen schlafen, die Kuscheltiere fest im Arm, in ihrer Staubhölle. Wir beschließen, am nächsten Tag in der Agentur anzurufen und ihnen mitzuteilen, dass wir umziehen wollen. Wohin, wissen wir natürlich nicht. Ich möchte gern im Süden von Manhattan bleiben, ich will nicht in den Norden und schon gar nicht in die Nähe der Touristenhölle Times Square, dann ziehe ich lieber wieder nach Brooklyn.

Ich will ein New-York-Feeling haben! Im Geiste stampfe ich mit dem Fuß auf.

Am nächsten Morgen melde ich mich bei dem Vermieter und sage ihm, dass wir kündigen wollen und dies der Agentur jetzt mitteilen werden. Die Kündigung muss innerhalb von 24 Stunden erfolgen, sonst muss man den vollen Preis zahlen. Deshalb haben Frank und ich uns früh morgens den Wecker gestellt. Der Besitzer des Apartments schickt mir kurz darauf eine Nachricht, er sei wütend, er will Beweise sehen, er behauptet, ich würde lügen, ein Reinigungsunternehmen sei kurz zuvor da gewesen. Toller Witz. Seit Monaten (Jahren?) hat die Bude keinen Lappen mehr gesehen.

Draußen klettert das Thermometer auf 28 Grad, es wird wieder ein fantastischer Tag in Manhattan, die Sonne ruft und lockt, und wir hocken in einer versifften Bude und bald ganz ohne Unterkunft in Manhattan. Wir rufen als Nächstes bei der Agentur an, über die wir die Wohnung gebucht haben. Vor lauter Wut und Verzweiflung und Tränen kann ich kaum noch Englisch reden. Doch die Amerikanerin am anderen Ende der Leitung ist sehr geduldig. Ich solle sofort Fotos schicken, sie würden das Ganze prüfen. Wir machen also Beweisfotos und schicken sie los.

Die Mädchen sind großartig, sie quengeln nicht, sie sind ganz ruhig, sie verstehen den Ernst der Lage und haben sich in eine Ecke zurückgezogen, um zu malen. Es wird immer heißer in der Bude. Dann bekomme ich eine Mail: Die Agentur hat die Fotos überprüft und entschieden. Ich bekomme fast das gesamte Geld zurück, sie haben es bereits auf mein Konto überwiesen, und außerdem einen Gutschein über 500 Euro für eine nächste Buchung und die erste Hotelübernachtung, falls wir so schnell keine alternative Wohnung fänden.

Unsere Laune steigt wieder, wir können also umziehen. Doch noch haben wir keine Unterkunft. Wir suchen im Süden Manhattans, aber entweder ist alles belegt oder absurd teuer. Wir setzen uns ein zeitliches Limit: Wenn wir binnen zwei Stunden nichts gefunden haben, müssen wir notgedrungen nach Hotels gucken. Auf der gesamten Reise, mit Ausnahme von einigen Städten, haben wir Hotels gemieden und wohnen seit fünf Monaten privat, entweder in einem Apartment, einer Hütte, einem Haus oder Backpacker-Hostel, und nun sollen wir in ein steriles und anonymes Hotelzimmer ziehen? Für uns eine grauenvolle Vorstellung. Doch es hilft nichts. Wir finden auf die Schnelle kein bezahlbares Apartment in den von uns bevorzugten Gegenden und buchen deshalb ein Hotel in der Upper West Side. Für mich ist das ein herber Schlag, den ich erst einmal verdauen muss. Das mag verrückt klingen für jene, die New York kennen, denn die Upper West liegt direkt am Central Park, aber ich finde sie langweilig. Battery Park, East Village, Lower East Side, West Village, Chelsea, Meatpacking District sind eben im Süden, Downtown. Und wir ziehen nach Uptown, also in die entgegengesetzte Richtung.

Franks Wunsch war es, als wir in Hamburg kurz über New York redeten, einmal in seinem Leben im Central Park joggen zu können. Das wäre von diesem Apartment aus natürlich nicht möglich gewesen. Ich habe bereits bei meinem letzten New-York-Besuch morgens im Central Park gejoggt, und ja, es ist großartig, ganz fantastisch, auch das die Erfüllung eines Traums. Nun können wir also jeden Morgen dort unsere Runden ziehen. Man muss es positiv sehen, denke ich, und wir packen unsere Sachen. Stellen uns mit all dem Krempel vors Haus und rufen ein Taxi. Die zwei Tüten mit Lebensmitteln geben wir einem Obdachlosen, der nebenan in einer Mülltonne wühlt. Kochen können wir ja nun nicht mehr.

Als wir Chelsea verlassen und gen Norden fahren, Richtung Central Park, erleben wir die typische New Yorker Reaktion eines Taxifahrers, der vor zwölf Jahren von Indien nach New York gezogen ist: Er möchte uns näher kennenlernen. Wo kommt ihr her, ach wirklich? Weltreise? Wie aufregend, was habt ihr erlebt bisher? Wo war es am schönsten? Frank, der vorne sitzt, beginnt eine lebhafte Unterhaltung, während ich mit halbem Ohr zuhöre, und stattdessen die Umgebung aufsauge, durch die wir fahren. Tschüss, tolle Gegend, bis zum nächsten Mal! Und: Hallo, Hotelzimmer.

Das Hotel ist teuer, schick und steril. Dafür liegt es nur zwei Blocks vom Central Park entfernt. Wir werden uns in der Gegend nicht lange aufhalten, nur am Morgen, zum Laufen, und vielleicht zum anschließenden Frühstück, denn es gibt einen sehr netten Grocery Store ums Eck. Der Laden ist sogar so nett, dass wir jeden Morgen dorthin gehen, uns die vier Stühle des benachbarten französischen Cafés zurechtrücken, die ungeordnet auf dem Bürgersteig stehen, und uns dann Kakao, Kaffee und Croissants holen und andere Leckereien in dem kleinen, feinen Grocery Store. Wo man uns bereits am zweiten Tag wiedererkennt. Diese morgendlichen Frühstücke, das Essen auf den Knien, in der Sonne auf dem breiten Bürgersteig, sind herrlich! Am dritten Tag grüßen uns bereits die Nachbarn, und wir kennen einige der Stammgäste des Cafés. Am vierten Tag rücken zwei New Yorker ebenfalls Stühle in die Sonne und setzen sich dazu. Ich liebe New York, hatte ich das schon erwähnt?

Wir schlendern durchs Viertel, vorbei an Schulen, kleinen Handwerksbetrieben und an Plätzen, auf denen Basketball gespielt wird, und ich fange an, die Upper West Side mit anderen Augen zu sehen. Es ist auf angenehme Art unaufgeregt.

Im Central Park leihen wir uns Fahrräder und radeln vorbei an Filmkulissen. Der Frühling zeigt gerade sein bestes Gesicht, wir können uns kaum sattsehen an der knallrosa Kirschblütenexplosion. Wir sind auf den Geschmack gekommen und leihen uns am nächsten Tag unten am Hudson Ecke Christopher Street erneut Fahrräder in einem Laden, den ich von meinem letzten New-York-Besuch kenne. Dann radeln wir den Hudson hoch, die Sonne scheint, das Empire State Building winkt, der Hudson glitzert, und mein Herz hüpft. Am Central Park machen wir kehrt, rasten kurz darauf in einem Café am Ufer und sehen Manhattan aus einer anderen Blickrichtung. Helen, die kleine Heldin, strampelt die gesamte Strecke auf ihrem Bike tapfer mit. New York auf dem Fahrrad? Auf breiten Fahrradwegen? Vor einigen Jahren undenkbar gewesen, heute ein echtes Highlight.

Die High Line ist ein weiteres, auch sie wurde als Park auf der Hochbahntrasse im Meatpacking District erst 2006 angelegt und danach immer weiter ausgebaut. Wir legen uns auf eine der breiten Holzliegen, und Antonia sammelt Ideen für den letzten ihrer drei Aufsätze. Sie hatte am Ende der Reise noch einmal ordentlich was zu tun bekommen, und glücklicherweise konnte sie vieles davon im Camper und in unserem Haus auf Vancouver Island erledigen.

Was die Highlights angeht: Obwohl damaliger Fan der Serie, müssen wir keine »Sex and the City«-Tour machen, dafür ist die Serie zu alt, und äh, ich bin es auch. Obwohl die Hauptfigur »Carrie« sogar älter ist als ich, zumindest ihre Schauspielerin, Sarah Jessica Parker. Trotzdem. Aber gegen Zitronen-Cupcakes aus der Magnolia Bakery hat auch meine Familie nichts einzuwenden. Wir verzehren sie gleich gegenüber auf dem Spielplatz an der Perry Street und trinken auf Bänken sitzend mit den Nannys und anderen Eltern Kaffee, während unsere Mädchen die frei verfügbaren Roller und Kettcars mit anderen Kindern tauschen. Und da ist er wieder, der Gedanke: Eine Zeit lang in New York leben! Das wär was.

An einem Abend fahren wir ins Rockefeller Center und nehmen den Aufzug, um New York von oben zu sehen. Ich war auch schon auf dem Empire State Building, gegen ein Uhr nachts, kurz bevor es schloss, und wurde dort Zeuge eines Heiratsantrags eines Paares. Den Moment vergesse ich nie, vor allem, weil der Fahrstuhlfahrer beim Runterfahren fragte: »Did she say yes?« (Und ja, sie hat den Antrag angenommen.) Ich bevorzuge das Rockefeller Center, weil man von dort aus das Empire State Building sieht und weil es in einer wunderbaren Linie zu den anderen bekannten Gebäuden steht. Und weil man drei Terrassen auf unterschiedlichen Ebenen hat, auf denen man sich aufhalten kann.

Als wir in der Schlange vor dem Fahrstuhl stehen, ruft jemand meinen Namen. Und dann noch einmal. Ich drehe mich irritiert um und sehe zwei ehemalige Kollegen vom ZDF. Herzliche Begrüßung. Einige Jahre haben wir uns nicht gesehen, und dann treffen wir uns hier im Rockefeller Center! Wir quatschen, machen Fotos, irgendwann geht die Sonne unter, und ich nehme mir vor, bald mal wieder im Studio vorbeizukommen. Antonia zeigt meinen Kollegen das Foto von ihrem Kuscheltier, das sie mit auf Weltreise hat und das sie von ihnen damals zur Geburt geschenkt bekommen hatte. Ein lustiger Zufall und ein Ruf der Heimat irgendwie.

Helen ist mit dem Kopf bereits in Hamburg. Während die Sonne glutrot über dem Empire State Building und der Südspitze Manhattans untergeht, zupft sie mich am Ärmel und sagt: »In Hamburg gehen wir dann wieder zum Bäcker und kaufen Franzbrötchen, ja, Mami?«

Ich nicke stumm und blicke innerlich seufzend auf die Skyline, in die große weite Welt, während Helen gedanklich mit ihrer kleinen Hamburg-Welt beschäftigt ist. Franzbrötchen gegen New York. New York verliert. Bei Helen zumindest.

Für mich gibt es allerdings kaum eine Stadt, die mich emotional derart packt. Allein diese Skyline, die ein ständiges Staunen auslöst. Und dann die Geräuschkulisse, die Atmo, die man sofort erkennt, weil sie unverwechselbar New York ist: die Sirenen der Feuerwehr, das Hupen der Autos, das Hasten der Menschen, das Quietschen der Subway. Es ist zum einen das Raue und teils Schmutzige, Ehrliche von Vierteln wie Lower East Side, das mich fasziniert. (Obwohl auch dieses Viertel größtenteils unbezahlbar und extrem angesagt ist.) Zum anderen das Protzen, Prahlen und Prunken. Eine Stadt zum Träumen. Oder zum Scheitern, auch dies. Eine Stadt der Schicksale. Was alle New Yorker zu verbinden scheint, ist die Offenheit, die sie Fremden wie uns entgegenbringen. Denn egal in welchem Viertel wir uns aufhalten, man ist aufmerksam. Die Mädchen bekommen einen Stuhl hingestellt, wenn wir vor einem Café stehen; man gibt ihnen etwas zum Malen in einer Bank, obwohl ich am Automaten nur kurz Geld ziehen will, und in der Subway stehen sofort alle auf, um den beiden einen Platz anzubieten. Außerdem werden wir immer wieder gefragt, wenn wir auch nur einen Moment suchend stehen bleiben, wie man uns helfen kann. Dann werden Smartphones rausgekramt und kleine Stadtpläne, um uns den Weg zu zeigen.

Und dann dräut der Abschied. Nur noch zwei Tage zusammen mit der Welt Subway fahren dürfen. Zwei Tage in einer der aufregendsten Städte der Welt Menschen und deren Bewohner beobachten dürfen und schwelgen im Glück, mal wieder in New York zu sein. Als wir am vorletzten Tag auf dem Weg zu unserem Hotel einen Umweg wählen, weil wir noch in einen Schuhladen springen wollen, sehen wir tatsächlich das Filmset von Clooneys neuem Film. Hier ist er also. Ein Filmfahrzeug reiht sich ans andere, Scheinwerfer und Kabel werden geschleppt, doch wir sind zu spät. Die Dreharbeiten für diese Szene sind gerade beendet. Wie wir am nächsten Tag erfahren, speiste George an jenem Abend mit seiner Frau nebst Schwiegereltern in einem italienischen Restaurant in der Upper East Side; wir haben uns Nudeln aus einem Deli geholt.

In zwei Tagen geht es zurück in die Heimat. Im Alltag wird die Zeit schneller vergehen, zumindest in jenen Tagen, in denen nichts aufregend Neues passiert. Wir hoffen, das tritt nicht so schnell ein. Natürlich freuen wir uns sehr auf unsere Freunde und werden von einigen schon sehnsüchtig erwartet. Erste Verabredungen und Einladungen stehen bereits. Das macht es auf jeden Fall leichter zurückzukommen. Ansonsten ist unsere Freude über die Rückkehr und das Ende der Weltreise eher gedämpft. Ganz anders bei Antonia und Helen. Helen redet in diesen letzten Tagen fast ununterbrochen von Hamburg und ihrem Zuhause: »Können wir als Erstes den Kaufmannsladen vom Boden holen? Oder nee, doch lieber die Küche? Dann können wir wieder Restaurant spielen.« Und: »Ich werde zuerst mit meinem Fahrrad fahren. Oder nein, lieber mit dem Roller, einmal um den Block, und dann mit dem Fahrrad…«

Antonia und Helen sind aufgeregt, nach mehr als fünf Monaten wieder nach Hause zu kommen, und sie freuen sich auf alles, was sie dort erwarten wird: die Freunde, die Kuscheltiere, die Fahrräder, die Roller, die Kita, die Schule, die Spielsachen.

Frank und ich freuen uns weniger. Und dennoch: Hamburg ist nicht New York und schon gar nicht die Welt, auch nicht das Tor dazu, aber seit langer Zeit und bis jetzt unsere Heimat. Und deshalb ein guter Ort. Und was New York angeht – wir kehren zurück. Und nehmen erst einmal ein großes Stück von dir mit, in unserem Herzen. Die weite Welt, wie wir sie erlebt haben, die ist eh schon drin. Muss jetzt nur noch etwas sortiert werden.

Meine völlig subjektiven Buch- und Filmtipps

Ulrike von Bülow: *Good morning, New York.* Berlin 2014
Nadine Sieger: *Ein Jahr in New York.* Freiburg 2010
Lily Brett: *Immer noch New York.* München 2014
Alle drei sind neuere Bücher, die einen in das aktuelle Leben von NY eintauchen lassen. Deshalb fehlen hier Perlen wie zum Beispiel *Die New-York-Trilogie* von Paul Auster.

»Smoke«. Regie: Wayne Wang, 1995
»Beziehungsweise New York«. Regie: Cédric Klapisch, 2013
»Das erstaunliche Leben des Walter Mitty«. Regie: Ben Stiller, 2013
Daneben gibt es noch so viele andere Filme, wie »Frühstück bei Tiffany«, »Taxi Driver« ... natürlich die TV-Serie »Sex and the City«. Die hier aufgeführten aktuellen Filme sind meine Favoriten, wobei »Das erstaunliche Leben des Walter Mitty« von New York aus immer wieder ins Ausland führt – aber umso mehr Sehnsüchte weckt.

Nach der Reise

Nazilieder * Der Kopf in Neuseeland, der Körper an der Kasse

»Du strahlst so, lange nicht gesehen! Wann geht es denn nun los auf Weltreise?« Die Besitzerin des Stehrestaurants, meiner »Kantine«, wenn ich von zu Hause aus arbeite, guckt mich fragend an. Eine Millisekunde später wird sie bleich und ruft: »Ja, ist denn etwa schon wieder ein halbes Jahr um? Das kann doch nicht wahr sein!« Dann denke ich, dieses Strahlen kann nur die großartige Welt sein, die ich in den vergangenen Monaten eingesogen habe.

Hamburg empfing uns bei unserer Rückkehr wie immer, wenn wir in Hamburg landen, egal ob im Dezember, Mai oder August, mit Nieselregen und 15 Grad. Bei Nieselregen und 15 Grad hatten wir die Stadt Anfang Dezember verlassen, bei Nieselregen und exakt 15 Grad kamen wir Mitte Mai wieder an. Die Mädchen waren begeistert. Wieder zu Hause! Freunde empfingen uns gleich nach der Landung zum Frühstück. Andere hatten Blumen und kleine Geschenke für uns abgegeben. Große Wiedersehensfreude, die Mädels stürzten sich auf ihre Freundinnen. Kurze Frage: »Wie war's?« Ebenso kurze Antwort der Mädchen: »Toll. Was wollen wir spielen?« Gemeinsam tauchten sie ab. Wie immer. Schalter umlegen und weitermachen. Beneidenswert. Wir Großen taten uns damit wesentlich schwerer. Mit diesem Ankommen und Einleben und Einfühlen.

Kurz nach der Rückkehr wollte ich ein paar Besorgungen machen und rief Frank zu: »Bis später!«

Frank erstaunt: »Komisch. Das habe ich seit fünf Monaten nicht mehr gehört.«

Stimmt. Fünf Monate lang haben wir die ganze Zeit aufeinandergehockt. Dafür ging es erstaunlich gut. Sehr gut sogar.

Der Berg an Post zu Hause war riesig. Musste warten. Unzählige Kartons mit Privatdingen und Klamotten warteten ebenfalls auf dem Boden und mussten ausgepackt werden. Darin unter anderem: unsere Winterkleidung. Beim Einräumen damals dachte ich noch: Wie schön, die werden wir lange nicht brauchen. Doch auch Mitte Mai blieb es tagsüber kühl, und nachts sank das Thermometer auf drei Grad. Willkommen in Hamburg.

In New York lagen wir noch einen Tag zuvor bei 28 Grad und knallblauem Himmel auf dem Rasen im Central Park. In Hamburg zog Eiseskälte durch die Straßen, die Menschen liefen genauso dick vermummt herum, wie wir sie verlassen hatten. Haben ihre Winterklamotten anscheinend durchgehend fünf Monate getragen. Das Wetter, okay, kennt man in diesen Breitengraden, kann man nicht ändern, war schon immer so. Aber warum guckten alle so verdammt ernst? Warum wurde gemeckert, gedrängelt, geraunzt? Warum stand keiner auf, als wir mit den Mädchen eine längere Strecke U-Bahn fuhren? War nicht schlimm, wir stehen gerne, kein Problem. Aber in New York haben sich jedes Mal gleich mehrere Menschen erhoben, lächelnd, sobald wir die Subway betraten, und boten uns ihren Platz an. Normal? Normal. Dort. In der Welt, die wir gesehen haben. Hier irgendwie nicht. Oder kam uns das jetzt nur so vor?

Sosehr wir Hamburg mögen als Stadt, sosehr vermissten wir die Natur nach der Weltreise. Wir wollten wieder barfuß laufen. Im Meer baden. Die Frösche im Teich beobachten. Eine Woche nach der Rückkehr fuhren wir in unsere Datsche an der Ostsee und freuten uns wie Bolle. Nach der Rückkehr hatten

wir uns tatsächlich mehr auf die Datsche als auf Hamburg gefreut. Auf den Garten und das Meer, auf die Natur. Denn wir
waren auf der Weltreise meistens draußen, und kaum angekommen in Hamburg, fiel uns erst auf, wie oft wir eigentlich
drinnen hocken.

Wir holten sofort die Hängematte raus, schmissen uns rein,
ein kleiner Frühlingsmoment, als die Sonnenstrahlen uns kit-
zelten. Stopften uns Kirschen und Brombeeren in den Mund
und ernteten Kartoffeln. Am Abend saßen wir auf der Terrasse,
die Vögel zwitscherten, die Bäume grünten, es war idyllisch.
Ich lehnte mich entspannt zurück und hörte mich zu Frank sagen: »Die Datsche und der Garten machen das Zurückkommen
irgendwie einfacher, finde ich. Was für ein Wahnsinns-Glück,
dass wir das hier haben.«

In dem Moment fingen einige Nachbarn an zu singen. Ein
Gartenfest, dachten wir. Die Mädels freuten sich: »Die singen
alle. Und jemand spielt Gitarre. Schön!«

Ich näherte mich dem Gartentor und lauschte, was gesungen wurde. Hörte etwas von »alten Weibern« und »es ihnen
zeigen«. Die Gesänge wurden lauter. Schließlich wurde ge-
grölt. »Deutschland den Deutschen, Ausländer raus!« So kra-
keelte es aus mehreren Kehlen. Und dann hörten wir den Hit-
lergruß. Ich versuchte mich irgendwie zu beherrschen, nicht
zu weinen, es gelang mir nicht, und ich hoffte, die Mädchen
würden nichts davon mitbekommen. Dachte an Nepal. An
Südafrika, an Kambodscha, an Neuseeland. Tausend Bilder
kamen hoch. Wo waren wir gelandet? Hier leben wir? Das ist
unsere Heimat? All das ging uns in den ersten Tagen nach der
Rückkehr durch den Kopf. Wir waren sehr still in diesen ersten
Wochen in Norddeutschland.

Doch es gab auch echte Highlights. Unsere Freunde wiederzusehen. Unsere Familien. Das war jedes Mal eine große
Freude. Heimatgefühle haben. Auf den Hafen blicken. Sich
austauschen. Eintauchen in das Leben der Freunde, deren Geschichten hören. Und in das eigene, und dabei unseren Freun-

den und uns selbst immer wieder die Frage beantworten zu müssen: Wie geht es uns denn jetzt eigentlich? Sind wir erleichtert, wieder hier zu sein? Glücklich? Frustriert?

Als Erstes war und ist da eine große Dankbarkeit, gepaart mit Demut, dass wir diese große Reise machen durften. Ein Geschenk, das wir uns selbst gemacht haben. In den ersten Tagen nach der Rückkehr spürten wir auch eine diffuse Angst, dass der Alltag alles überdecken würde und die Erinnerungen schnell verblassen ließe. An unserer Arbeit liegt es nicht, sie ist für uns beide eher Leidenschaft als Broterwerb, aber einen Alltagstrott als Familie kennen wir natürlich auch. Dennoch – nach so einer Weltreise, wie wir sie gemacht haben, war der Abschiedsschmerz besonders heftig. Auch bei Frank. Sosehr sich die Mädchen auf zu Hause freuten, so still wurden wir Eltern. Im regelmäßigen Wechsel seufzte einer von uns beiden leise vor sich hin: »Das war's jetzt also. Vorbei.« Wir mussten uns erst einmal innerlich sortieren, denn die Gedanken schlugen Purzelbaum.

Für einige Freunde und Bekannte zu Hause rauschte die Zeit unserer Abwesenheit irgendwie durch, sagten sie. Puff, weg. Für uns hingegen vergingen die letzten fünf Monate sehr langsam, wie eine sehr intensive Ewigkeit der Abwesenheit von zu Hause. Weil wir so viel erlebt haben, weil kein Tag war wie der andere.

Wir hoffen, dass die Zeit für uns weiterhin so intensiv und langsam vergeht wie auf der Weltreise.

Zunächst war da der Versuch, Dinge vielleicht in Zukunft mal anders anzugehen und aus einem neuen Blickwinkel heraus zu betrachten. Einfach mal zurücktreten und das Ganze von außen angucken. Zuallererst sich selbst

Und deshalb ist das jetzt unser Credo: Sei freundlich und geduldig. Und grüße erst einmal jeden, auch den Nachbarn, der immer so böse guckt. Vielleicht hat er seine Kontaktlinsen nicht eingesetzt. Beginne einen kleinen Plausch und ärgere dich nicht über Warteschlangen an der Kasse. Es ist nicht wichtig und schlimm schon gar nicht. Im Sterben werde ich wahrscheinlich nicht daran denken, wie oft ich schon in einer Schlange gestanden und mich über jemanden geärgert habe, sondern an die Dinge, die wirklich bedeutsam waren: intensive Begegnungen mit Freunden, die sich freuen, dass wir wieder da sind, das Spielen mit den Kindern, die Erfahrungen in fernen Ländern. Aber eben auch: kurze Kontakte direkt vor der Haustür. Diese kleinen Momente, ein paar freundliche Worte... es könnte alles so einfach sein, aber leider, na ja, ist es das nicht immer. Einige Tage nach unserer Rückkehr kam ein älterer Herr mit schlohweißen Haaren an unserem Haus vorbei, der seine Einkaufstasche schleppte. Ich fragte, ob ich seine Tüte nach Hause tragen könne, doch er winkte lachend ab: »Nee, Mädchen, geht schon. Sonst komm ich noch in Versuchung, dich zu tragen.« Ach ja, der Hamburger Humor. Da war doch was...

Es ist trotzdem Arbeit. Für mich zumindest, zumal ich keine lustige Rheinländerin, sondern Hanseatin bin mit Vorfahren bis ins achtzehnte Jahrhundert – allesamt preußisch und hanseatisch. Wie soll man da bitte locker flockig sein? Hanseaten sagt man ja vieles nach, aber lockere Aufgeschlossenheit, nun ja, ist zumindest nicht das Erste was einem einfällt. Ich versuche zu grüßen, wenn's angebracht ist, in die Runde zu lächeln und den Menschen dabei in die Augen zu schauen. Ob ich das lange durchhalte, weiß ich noch nicht. Aber erst mal bleibe ich dran.

Frank und ich waren nach der Rückkehr geistig oft in Nepal. Ob die Menschen, die wir dort kennengelernt hatten, noch lebten? Zu einigen hatten wir Kontakt, und das Guesthouse, in dem wir gewohnt hatten, fungierte nach dem Erdbeben als Ersatzunterkunft und Schule. Denn es ist tatsächlich eines der wenigen Häuser, die in Nagarkot das Erdbeben heil überstanden habe. So viel konnte ich per Mail herausfinden. Und der

Fotograf, den wir in Nagarkot kennengelernt hatten, arbeitet seit einiger Zeit in Kathmandu, dokumentiert das Geschehen und hilft gleichzeitig beim Wiederaufbau.

Das Paket, das wir in Kathmandu abgeschickt hatten, war offensichtlich nicht in Franks Büro angekommen. Wir verdächtigten sogar die Frau auf der Post, es niemals abgeschickt zu haben.

Zwei Tage nach unserer Rückkehr kam Frank aufgeregt nach Hause, er hielt einen Zettel in der Hand. Vom Zoll.

»Ich komme gerade aus meinem Büro. Das Paket war in Hamburg! Es lag beim Zoll! Der Zettel hier ging an meine Büroadresse, dass wir das Paket innerhalb von zwei Wochen abholen müssten.« Das Paket wurde in unserer Abwesenheit also wieder zurückgeschickt. Antonia, Helen und ich waren sprachlos. Dann sagte Antonia das einzig Richtige: »Also war die Frau ja gar nicht fies! Wir haben sie falsch eingeschätzt.« Und Helen rief ganz aufgeregt: »Genau, sie hat das Paket doch abgeschickt! Sie war also doch nett. Aber wo ist das Paket denn jetzt?«

Frank meinte: »Es wurde nach Nepal zurückgeschickt. Und da liegt ja gerade alles in Trümmern. Wahrscheinlich steht das kleine Postamt gar nicht mehr.«

Keiner sagte etwas. So hatten wir zumindest die Hoffnung, dass die Schals und Pullover, Helens Stoffteddy und Antonias Plüschkatze vielleicht jemandem dort ein bisschen Trost spendeten.

Die anderen Souvenirs, darunter auch drei aus Nepal, lagen noch längere Zeit auf dem Esstisch. Nach und nach ließ ich die Bilder aus Südafrika, von den Cook Islands und aus New York rahmen, und wir verteilten die Mitbringsel an unsere Freunde. Der Schaf-Topflappen aus Neuseeland bekam in der Küche einen Ehrenplatz.

Kurz nach der Rückkehr brach immer mal wieder eine Art Kulturschock über uns herein. Als wir an einem Sonntagnachmittag bei prächtigem Wetter durch eine deutsche Klein-stadt spazierten, sahen wir – niemanden. Stattdessen: akku-rat bepflanzte Betonkübel, die im Rund angeordnet waren. Die Bänke davor allesamt leer. Okay, wir gingen durch eine Fußgängerzone, und deutsche Fußgängerzonen (Fuß-gänger-zonen, allein das Wort!) können einen schon mal depressiv machen. Wo sind all die Menschen, fragten wir uns? Wo ist es, das öffentliche Leben? Diese Leere in den Straßen war un-heimlich. Und machte uns ziemlich nachdenklich. Nun gut, es war Sonntag. Das hieße aber im Umkehrschluss, dass man in Deutschland nur innerhalb der Ladenöffnungszeiten auf die Straße geht, wenn man konsumieren kann.

Uns fiel ein weiteres Phänomen auf, das wir woanders nie oder kaum gesehen hatten: Hierzulande werden Türen abge-schlossen, Autos zusätzlich mit einer Art Bewegungsmelder beim Nähern des Vehikels gesichert, Fenster mit Rollos ver-sehen, die abends runtergelassen werden, Gärten mit Zäunen. In vielen Ländern auf unserer Reise gab es weder Zäune noch Schlösser. Das war denn auch der unnötigste Gegenstand, den wir mitgenommen hatten: zwei Vorhängeschlösser.

Sechs Monate später hat sich der Frust der ersten Tage, vor allem nach den Naziliedern nahe der Datsche, gelegt. Und Er-freuliches ist in dieser Sache passiert: Nachdem wir deutlich zum Ausdruck gebracht hatten, dass wir solche Lieder nicht hören wollen, haben sich andere Datschenbesitzer zusammen-getan und ebenfalls gegen diese Form des Liedguts protestiert. Und still ist's seitdem, vom Nachbarn sehen wir kaum noch etwas.

Haben wir uns rückblickend verändert nach der Reise? Wäre ja toll. Man reist ins Ausland, guckt mal, wie andere so mit-einander umgehen, und kommt geläutert zurück. Doch man selbst schleppt sich ja überallhin mit, es ist eher der Blick, der sich verändert hat.

Wenn jemand vor uns an der Kasse jeden Cent einzeln raus-

kramt und meditativ beguckt, um nach gefühlten zehn Minuten festzustellen, dass das Geld nicht reicht, und mit Karte bezahlt, bemühen wir uns, die Aktion als amüsant und nicht als
ärgerlich zu empfinden, so wie viele Menschen weltweit, die
sich über solche Banalitäten nicht aufregen würden.

Wir versuchen, es nicht persönlich zu nehmen, wenn wir
angeraunzt werden, und Menschen, die uns nicht wohlgeson-
nen sind und aus eigener Unzufriedenheit heraus persönliche
Grenzen überschreiten, mit Distanz zu behandeln, aber nicht
mehr mit Gegenwehr. Sich nicht mehr daran abzuarbeiten und
etwas ändern zu wollen, sondern sich wichtigeren Dingen zu-
zuwenden.

Und noch etwas hat sich verändert: Antonia und Helen
reden jetzt häufiger von der Weltreise, nachdem das Thema
in den ersten Wochen nach der Rückkehr komplett tabu für
sie war. Die Erzieherinnen in Helens Kita berichten uns, Helen
würde immer mal wieder Erlebnisse der Reise zum Besten geben. Man merke, dass viel in ihr vor sich gehe. Sie habe sich
verändert, im Positiven glücklicherweise, und das anscheinend
so sehr, dass die Erzieher dachten, sie hätten sie immer falsch
gesehen und unterschätzt, Dinge an ihr vorher nicht wahrgenommen. Vielleicht ist es so, dass Helen den Input, den sie
durch die Reise bekommen hat, zu verarbeiten und zu ordnen
versucht. Neulich meinte sie: »Wenn man mich fragt, wo ich
es am schönsten fand, dann würde ich sagen, auf den Cook
Islands. Aber das Tipi in Neuseeland war auch toll. Und die
Tiere in Afrika.« Und dann, nach einer kleinen Pause: »Also,
jetzt würde ich gerne noch einmal auf Weltreise gehen. Ich
wollte nach Hause, wir waren ja lange weg, aber jetzt ist es
auch gut, ich habe alle wiedergesehen, jetzt könnte ich noch
mal wegfahren.«

Wir auch, wir könnten jetzt auch noch mal losziehen…

Zu Hause
(von Antonia)

Wenn ich jetzt sechs Monate nach der Rückkehr an die Weltreise zurückdenke, denke ich vor allem an die Menschen und die Tiere, die wir gesehen haben. Ganz oft denke ich an Jay Jay, ein ganz tolles Pferd, das wir in Neuseeland getroffen hatten. Jay Jay hat immer seinen Kopf durch unser Autofenster gestreckt, es war ein sehr liebes und hübsches Pferd.

Ich denke aber auch an die vielen Menschen, die wir kennengelernt haben, so wie die eine Frau in Kambodscha, ich glaube, das war eine Buddhistin, die trug eine orangene Robe, sie hatte ganz kurze Haare und lächelte so nett. Und an Reet, der uns immer gefahren hat. Und überhaupt, ich vermisse das Tuk-Tuk-Fahren.

Was ich nicht vermisse, ist der Unterricht von Mama und Papa. Ich habe mich sehr auf die Schule gefreut, weil die Lehrer es einfach besser machen. Und in der Klasse macht Lernen einfach mehr Spaß.

Antonia hat inzwischen die Schule gewechselt, sie geht jetzt aufs Gymnasium in eine Klasse, in der sie niemanden kannte. Sie ist sehr glücklich an der Schule, stürzt sich ins Leben, in ihren Alltag, hat nachmittags viele Kurse belegt, singt im Chor, spielt wieder mit großer Lust Klavier, arbeitet bei der Schüler-zeitung mit – sie saugt gerade alles auf wie ein Schwamm. Und sie spricht mittlerweile richtig gut Englisch. Das fällt ihr leicht, die Sprache hat sie quasi nebenbei gelernt.

Und wir? Wir haben uns gut wieder eingefunden, und ich versuche nach wie vor, gelassener zu agieren.

Mittlerweile bin ich zu der Überzeugung gekommen, dass ich mich nicht »selbst optimieren« möchte, ich möchte nicht ständig achtsam sein und im Herbst jedem Blatt beim Fallen zuschauen müssen. Was aber wirklich Spaß bringt und wo-für man sich nicht anstrengen muss, ist, einfach mal nichts zu

tun. Gar nichts. Nur da zu sein. Nur so vor sich hin zu drö-
meln. Die echte Kunst ist, dabei den Dreck auf der Fensterscheibe zu sehen, weil die Sonne diesen gerade so schön plas-
tisch hervorbringt, und weiterhin gepflegt nichts zu tun.

Wenn wir uns zwischendurch dann auch noch kurz nach
Neuseeland beamen könnten, wir würden es sofort tun. Auch
die Mädchen sprechen oft davon. Natur einsaugen, von der
Nettigkeit der Menschen ein bisschen abzapfen, sich Neuseeland intravenös verabreichen sozusagen, und dann wieder zurück. Oder mal kurz nach New York… in den Central Park
zum Joggen, nach Brooklyn oder zu dem netten Koch nach
Varkala in Indien. Zu den Redwoods. Oder…

Einige Erinnerungen an die Weltreise haben wir nach wie vor
nicht nur im Kopf, sondern auch am Körper. In Südafrika hatte
Frank sich zu Beginn der Reise von einem Schmuckhersteller
ein geflochtenes Armband mit einer kleinen Muschel gekauft,
und er meinte zu mir, als ich mich nicht gleich für ein Armband entscheiden konnte: »Kauf dir doch das gleiche, passt
doch.« Jeder von uns wollte die Weltreise-Armbänder so lange
tragen, bis sie von alleine abfielen. Obwohl wir oft im Meer
gebadet haben, getaucht sind und die Armbänder schon viel
mitgemacht haben – noch halten sie.

Nebenbei träume ich vom nächsten großen Ding. Diesmal
habe ich Frank von Anfang an eingeweiht, und er ist genauso
interessiert. Aber – es ist erst einmal nur ein Traum. Wir könnten uns vorstellen, irgendwann für ein Jahr als Familie ins Ausland zu gehen. Nach New York oder Neuseeland. Und später
im Alter dann nach Südfrankreich. Wir würden die Mädchen
dann vor Ort zur Schule gehen lassen. Ein paar klitzekleine
Haken gibt es allerdings noch: Irgendwoher muss das Geld
kommen. Aber: Ich arbeite dran.

Helen hat unlängst, als es mal wieder regnete, gesagt: »In
NU Jork, oder wie heißt das noch mal, da wär ich jetzt gern.
Da gab es diese hohen Häuser, und die Menschen waren so

nett, und das Fahrradfahren war lustig.« Also, wir bleiben dran.

Seitdem wir zurück sind, hat Deutschland sich verändert – und die Welt. Auch die Mädchen bekommen das natürlich mit, und wir versuchen ihnen Unerklärliches zu erklären, warum junge Menschen sich in die Luft sprengen zum Beispiel oder warum sie andere wahllos niedermetzeln und wie wir uns schützen können. Obwohl man selbst völlig ratlos und erschüttert davorsteht und es nicht begreift. Genauso wie einige Szenen, die sich hierzulande gegenüber Flüchtlingen abspielen.

Manchmal frage ich mich seit der Weltreise: Ist das noch mein Land?

Um dann sofort zu antworten: Ja, auf jeden Fall. Ich bin gerne in Deutschland, es ist ein unverschämtes Glück, hier geboren zu sein und hier leben zu dürfen. Aber damit es so bleibt, muss ich mich auch bereiterklären, persönlichen Einsatz zu zeigen, mit anzupacken und mein Leben den Gegebenheiten anzupassen. Anders kann es nicht funktionieren.

Antonia hat zusammen mit ihrer Klasse und ihren Freunden mehrfach geholfen, Kleidung und andere Spenden zu sortieren und an Flüchtlinge zu verteilen. Antonia und Helen suchten zusammen Spielsachen raus, die sie verschenken wollten, und als wir mit unseren vollgestopften Rucksäcken das erste Mal bei einer Flüchtlingsunterkunft ankamen und die vielen Menschen sahen, die irgendwo saßen und warteten, auf das Nichts, auf irgendwas, auf ein neues Leben, auf das alte Leben, die mit leeren Augen vor sich hin starrten, die weinten, froren oder mit einem Ball spielten, in Badelatschen, und uns freundlich zunickten, fragte Helen: »Und die haben alle kein Zuhause mehr? Und Oma und Opa? Ist ihnen denn nicht kalt?« Dann, nach einer Weile sagte sie ganz ernst: »Also, ich bin froh, dass ich kein Flüchtling bin, denn ich habe ja mein Zuhause.« Seitdem geht Helen von alleine an ihre Schränke und wühlt darin. Wenn man sie dann fragt, was sie sucht, sagt sie, dass sie nach Blöcken sucht, die noch nicht von ihr bemalt sind, und Spielzeug für die Flüchtlingskinder.

Kinder haben einen ganz klaren Blick auf die Welt. Vielleicht hat die Weltreise ein kleines bisschen mehr dazu beigetragen, dass Antonia und Helen mit offenen Augen durch ihre Lebenswelt gehen und neben der Empathie, die sie bei solchen Situationen spontan empfinden, vor allem eins wollen: irgendwie helfen.

Und noch etwas ist geschehen seit der Weltreise und meiner neuen Liebe, Neuseeland. Wenn man sich verliebt hat in irgendwen oder irgendwas, verändert sich zwangsläufig der Fokus. Ich achte also seit Neuestem auf Weltkarten. Und habe bei einem öffentlich-rechtlichen Sender Neuseeland neulich nicht entdecken können. Einfach deshalb, weil es nicht abgebildet war. Die Karte war kurz vorher abgeschnitten. Es ging in dem Beitrag um die Klimaveränderung der Erde. Eine Erde ohne Neuseeland – denn die Weltkarte, die immer wieder gezeigt wurde, hörte östlich von Australien im Pazifik auf. Ich musste zweimal blinzeln, aber tatsächlich: Neuseeland kam nicht vor. Vielleicht war der Bildschirm falsch eingestellt. Vielleicht ist Neuseeland einfach zu weit unten und über den Rand gefallen. Ach, Neuseeland ...

Und die anderen Länder, die wir besucht haben, sind ebenfalls fest abgespeichert. Um vielleicht noch einmal bereist zu werden. Doch zunächst sagen wir: Danke, Welt! Für alles.

Vor ein paar Tagen fuhr ein blitzblankes schwarzes Auto einer neuen Marke mit einer fetten Werbebotschaft an uns vorbei. Darauf stand zu lesen: »Der neue XY – schon ab 64.989 Euro!«

Wir glotzten und staunten. Die Summe muss man sich noch mal laut und deutlich auf der Zunge zergehen lassen: Vierundsechzigtausendneunhundertachtundneunzig Euro. Am meisten beeindruckte uns der Zusatz: »Schon ab ...« Ein echtes Schnäppchen also.

Frank rief Antonia und Helen zu: »Für dieses Geld, stellt

euch das mal vor, könnten wir alle, wir vier, ein Jahr lang um die Welt reisen. Ein ganzes Jahr! Und es gibt Menschen, die sich lieber so eine Karre kaufen, einen Haufen Blech, als die Welt zu sehen. Und die das dann ganz, ganz toll finden, mit so einem Wagen rumzukacheln.«

Antonia fragte verdutzt: »Aber warum kaufen sich Menschen denn ein so teures Auto, obwohl es doch viel toller ist, die Welt zu sehen?«

Kleiner Reiseguide

Zum Schluss noch ein kleiner Reiseguide mit Dingen, die für uns wichtig waren.

Flugticket und Reisekosten

Wir sind mit einem Round-the-world-Ticket geflogen. Es gibt mehrere Anbieter, die Preise variieren stark, vor allem die Anzahl der Stopps und die Streckennetze, die oft vorgegeben sind. Ab 1500 Euro kann man einmal die Erde umrunden. Unser Ticket mit Star Alliance hat rund 3000 Euro pro Erwachsenem gekostet, dafür waren unsere Wunschziele Südafrika, die Cook Islands und New York in der Route mit drin, was bei anderen Anbietern nicht möglich oder teuer gewesen wäre. Außerdem war der Service auf den Langstreckenflügen sehr gut, was nicht nur für die Mädchen, sondern auch für uns eine große Erleichterung war. Die restlichen Flüge habe ich über die Suchmaschine »Skyscanner« bei Billig-Airlines gebucht.

Je nach Land variieren die täglichen Kosten immens. Am günstigsten waren auf unserer Reise Nepal und Indien (im Schnitt 80 Euro pro Tag für uns vier, inklusive Unterkunft, Fahrtkosten, Verpflegung, Safaris vor Ort), am teuersten die Cook Islands (200 Euro), gefolgt von Australien (180 Euro) und Neuseeland (170 Euro). Allerdings haben wir uns regelmäßig eine gute Verpflegung und abends einen Wein gegönnt.

Genauso wie bei den Unterkünften variieren auch bei den Campern die Preisunterschiede erheblich. Da wir die große Campervariante mit zwei getrennten Schlafplätzen hatten, zahlten wir inklusive Versicherung und zusätzlicher Ausstattung (Gasfüllung, Wäschepakete, Tisch, Stühle, Küchenausstattung) 120 Euro pro Tag in den USA und 165 Euro in Australien für den Van. Camper sind nicht unbedingt günstiger als ein Mietwagen nebst Unterkunft, denn neben der Miete, Verpflegung und Benzinkosten kommen noch Gebühren für den Campground dazu, die zum Beispiel in Australien pro Person berechnet werden (und bei einer Familie von vieren entsprechend ins Geld gehen können). In Neuseeland hatten wir einen kleinen Mietwagen, wohnten größtenteils in Backpacker-Hostels und in Cabins auf Campgrounds.

Spartipps

- In Neuseeland hatte ich mich über »Tourism New Zealand« als Autorin akkreditiert, dadurch zahlten wir für Fähren und manche Touren nur die Hälfte. Nach erfolgreicher Prüfung der Unterlagen bekommt man die Zugangsdaten zu den Angeboten und ein Passwort und kann anschließend mit der Akkreditierungsnummer buchen. Gilt auch für Blogger, sofern man in irgendeiner Form offiziell über die Reise berichtet.
- In Neuseeland von Süden nach Norden reisen, dann spart man bei einigen Mietwagen-Anbietern die Fährkosten, da die meisten Touristen von der Nord- zur Südinsel fahren und die Autos wieder zurückgebracht werden müssen.
- Untervermietung der Wohnung. Es gibt Agenturen, die ausschließlich an Firmenmitarbeiter vermieten und die Untermieter genau prüfen – ebenso wie die Wohnungen und deren Vermieter (zum Beispiel »City Wohnen«). Die Miete zahlt dann nicht der Untermieter, sondern dessen jeweilige Firma.

Dies wird von Bundesland zu Bundesland unterschiedlich geregelt. Fakt ist jedoch: In ganz Deutschland herrscht durchgehende Schulpflicht. Aus drei Gründen kann man sich im Ausnahmefall von dieser zeitweilig befreien lassen. 1. Ein Elternteil arbeitet als Lehrer. 2. Ein wichtiges Familienereignis steht an (für eine Weltreise würde diese Begründung eher nicht ausreichen). 3. Ein Elternteil arbeitet zeitweilig im Ausland.

Bei uns lief es so: Wir lasen im Internet die Bedingungen durch, die für eine zeitweilige Schulbefreiung erfüllt sein müssen. Das Ergebnis war ernüchternd. Wird nie klappen, dachten wir, denn weder ist einer von uns Lehrer, noch würden wir monatelang im Ausland arbeiten oder die Reise aus familiären Gründen antreten.

Da ich jedoch das Fach »Deutsch als Fremdsprache« studiert und jahrelang an Akademien die Fächer »Redaktion« und »Dramaturgie« gelehrt hatte, kramte ich vom Dachboden meine alten Uni-Unterlagen hervor. Dann setzte ich mich hin und schrieb ein zehnseitiges Bewerbungs- und Begründungsschreiben an die Schulbehörde.

Welcher dieser drei Gründe auch immer zutrifft, es muss zunächst mit der jeweiligen Schule geklärt werden, wie das Kind im Ausland unterrichtet werden kann, ob es dort zur Schule gehen oder von den Eltern während der Reise unterrichtet werden soll und ob es nach der Rückkehr gegebenenfalls eine Klasse wiederholen sollte. Bevor man sich an die Behörden wendet, würden wir empfehlen, zuerst das Gespräch mit den Lehrern zu suchen.

Ideal, um eine Weltreise als Familie zu machen, ist die Zeit vor Schuleintritt. Kurz nach der Geburt des Kindes hilft unter Umständen das Elterngeld, die Reise zu finanzieren. Helen war zum Zeitpunkt unserer Weltreise vier Jahre alt, und sie hatte weder mit den Langstreckenflügen noch mit den vielen neuen Eindrücken Probleme. Im Gegenteil: Sie spricht noch immer viel von dem Erlebten.

Geld

Es gibt immer mehr Banken, die ein Girokonto nebst Kredit-karte anbieten, mit dem man während der gesamten Reise weltweit kostenfrei Geld abheben kann. Ich hatte mein Konto bei comdirect Visa und ein weiteres Tagesgeldkonto. Ansons-ten hatten wir zwei Kreditkarten, wovon eine als Back-up im-mer in der Unterkunft oder im Camper geblieben ist, und ein paar Hundert neue Dollarscheine in bar.

In vielen Ländern, vor allem in Asien, kann man häufig nur bar bezahlen. Aber auch in den USA braucht man Dollar-scheine, allein schon für die Campgrounds in den National-parks, wenn man abends eincheckt, und nicht jeder kleine Shop akzeptiert Kreditkarten. Auch im Supermarkt haben wir sehr oft bar bezahlt, um die Gebühren für die Kreditkarten zu sparen und einen besseren Überblick über unsere Ausgaben zu haben. Deshalb galt der erste Blick nach Ankunft in einem neuen Land einem ATM, die es mittlerweile fast überall gibt.

Kindergeld wird übrigens auch bei einem längeren Aus-landsaufenthalt weiterhin bezahlt, sofern man den Wohnsitz beibehält.

Unterkünfte

Wir wohnten entweder in Privatunterkünften (gebucht über die gängigen Anbieter wie AirBnB, HomeAway, House Trip, Holiday Houses), in Backpacker-Unterkünften (Empfehlung für Neuseeland: »BBH«-Hostels, nicht zu verwechseln mit B&B – diese Backpacker-Hostels liegen meist sehr schön, sind persönlich und gut geführt, oft mit Extras wie kostenlosem Kajakverleih, Haustieren, gemeinsamem Essen oder Muscheltouren und ein bisschen »Familienanschluss«; die Familienzimmer sind schnell ausgebucht). Privatunterkünfte oder Guesthouses habe ich über booking.com reserviert, da man dort oft bis einen Tag vor Reiseantritt kostenfrei stornieren oder umbuchen kann. Einige Unterkünfte, vor allem die Häuser, in denen wir länger waren, hatte ich bereits von zu Hause aus gebucht, die meisten jedoch erst ein bis zwei Wochen vorher von unterwegs, wenn unsere weitere Route feststand.

Praktisches

- Kompressionsbeutel: Für einen Rollrucksack, wie ich ihn hatte, waren sie praktisch, weil sie tatsächlich das Volumen verkleinern. Das Gewicht bleibt allerdings dasselbe. Und das Packen ist zeitaufwendiger.
- Stuffbags (aus Nylon): Ich hatte sie in verschiedenen Größen und Farben dabei. Für Kosmetikartikel, Technik (Kabel, Akkus, Adapter), Schuhe und Kleinkram.
- Spielzeug: Wir hatten Mini-Reisememories, die wirklich klein und trotzdem sehr gut waren, Pixi-Bücher und einige andere Spiele im Reiseformat dabei (Story Cubes, Black Stories, Kartenspiele). Und meistens die Natur vor Ort…
- Taschenlampen: Unverzichtbar beim Campen und in Ländern, die kaum Wegbeleuchtung und/oder Stromausfälle haben.
- Leatherman oder Schweizer Messer
- Funktionskleidung: Im Dschungel, in den Bergen und auf Wanderungen praktisch, ansonsten oft überbewertet. Wir hatten für die Mädchen Westen dabei, ansonsten hatte jeder von uns eine warme Fleecejacke und eine Outdoorhose mit abnehmbaren Beinen. Die Regenjacken haben wir kaum gebraucht, in Asien zieht man selten welche an, und am güns-

tigsten kann man sie meist vor Ort kaufen, vor allem natürlich in Ländern wie Nepal.

- Schuhe: Ich hatte mich gegen Wanderstiefel und für einen flachen, extrem leichten Allroundschuh aus Leder von Scarpa entschieden. Diese Schuhe erwiesen sich als echte Alternative zum Trekkingschuh, ich trug sie auf sämtlichen Ausflügen und zum Joggen! Unsere Mädchen hatten ähnliche Treckingschuhe und Frank halbhohe Wanderstiefel, mit denen er sogar gejoggt ist.

- Dünne Baumwoll- oder Seidenschlafsäcke: Sie nehmen kaum Platz weg und waren praktisch in Asien, wenn die Betten mal nicht so vertrauenerweckend waren.

- Reise-Apotheke: Wir hatten viele Medikamente dabei und haben bis auf die Nasentropfen jede Arznei unbenutzt wieder mitgebracht. Um Platz zu sparen, Verpackungen entfernen und Beipackzettel abfotografieren oder mit Gummiband befestigen. Viele der Medikamente gibt es auch im Ausland.

- Visa: In vielen Ländern kann man ein »Visa on arrival« beantragen, das etwas teurer als ein herkömmliches Visum ist, aber man ist flexibler. Wir hatten für diesen Fall je nach Land neue Dollarscheine in der entsprechenden Stückelung parat (zum Beispiel für Vietnam), die meisten Visa (auch für Australien!) allerdings im Voraus beantragt.

- Zusätzliche Passbilder: Wir hatten mehrere dabei, die wir für die Visa vor Ort brauchten.

Technik

- Laptop: Anders als Frank hatte ich ein iPad mitgenommen und auf einen Laptop verzichtet. Ein iPad ist jedoch kein Computer, da kann man noch so viele Apps laden und Clouds kaufen, das wurde mir erst auf der Reise bewusst. Obwohl ich eine externe Festplatte mit Wi-Fi-Funktion hatte, funktionierte diese so gut wie nie, da man dafür extrem schnelles Internet braucht. Das Schreiben größerer Texte war trotz externer Tastatur eine Qual, da die Prozessorgeschwindigkeit nicht mehr hinterherkam. Kurz: Wer unterwegs einen Blog mit viel Text bearbeitet, viel schreiben will, große Dateien wie Bilder, Filme und Dokumente hochladen und diese verwalten möchte und ein schulpflichtiges Kind dabeihat, das zwischendurch Klassenarbeiten schreibt, sollte einen Laptop mitnehmen. Das iPad war allerdings praktisch für die abendliche Lektüre.

- Kamera: Frank hatte zwei Kameras dabei, eine kleine, handliche für zwischendurch und eine extrem hochauflösende nebst Stativ für Landschaftsaufnahmen. Ich hatte mir eine Spiegelreflexkamera zugelegt, die für meine Zwecke ausreichend hochauflösende Bilder und gute Filmaufnahmen machte. Antonia und Helen hatten jeweils ihre eigenen kleinen Compact-Digitalkameras und haben diese viel genutzt, außerdem jeweils einen MP4-Player für die Fahrten (sie haben allerdings oft von einem Gerät mit zwei Kopfhörern die gleiche Musik gehört – deshalb Zweifachstecker einpacken!), und Antonia hatte ein Tablet dabei – darauf haben wir Bücher geladen, sie hat ihre E-Mails damit geschrieben und ab und zu mit Helen Spiele darauf gespielt.
- Ladegeräte und Adapter: Kann man notfalls auch im Land besorgen, wir hatten sie alle von Anfang an dabei und immer im Einsatz.

Überflüssiges

Die folgende Auflistung von überflüssigen Reisebegleitern ist rein subjektiv. Das sollte jeder für sich entscheiden.

Pacsave (Hüftgeldbörse): Wer greift sich beim Bezahlen unter das T-Shirt, den Sari oder das Kleid, um nach Geld oder Kreditkarte zu kramen? Kurz: Eine Hüftgeldbörse fällt auf, trägt auf, lässt einen schwitzen, kann zu Hause bleiben. Ich hatte ein kleines wetterfestes Portemonnaie mit Klettverschluss und trug dieses in meinem Beutel.

Bauchtasche statt Beutel oder Daypack: Braucht man höchstens, um anderen zu zeigen: Guckt mal, hier vorne ist alles drin, was mir wichtig und teuer ist! (Und ich bin ein Tourist und möchte das noch mal deutlich machen.)

Sicherheitsschloss: Hatten wir dabei, aber nie gebraucht. (Wir haben keine Schließfächer in den Hostels benutzt, für die man sein eigenes Schloss mitbringen muss, und auch Reißverschlüsse des Gepäcks nicht extra gesichert.)

Travel-Towel: Ebenfalls dabei und nie gebraucht. Soll rasend schnell trocknen. In den meisten Unterkünften gibt es jedoch Handtücher. Es sei denn, man schläft im Schlafsack in der Wildnis. Aber dann gibt es auch keine Dusche…

Blogs

Es gibt unzählige Weltreiseblogs, immer häufiger auch für Familien. Drei seien hier genannt: www.kidsaway.de, www.weltreisemitkind.de, www.weltreiseforum.de und unser Reiseblog www.viersindmalwelt.com.

Danksagung

Meine persönliche Heldin heißt Lisbeth Körbelin. Denn sie hat als toughe Agentin dafür gesorgt, dass um dieses Buch bereits gepitcht wurde, obwohl noch keine einzige Zeile davon geschrieben war.

Dann gibt es die privaten Helden, die echten heroes, die ihre freie Zeit opferten, um seitenweise Gedrucktes und erste Buchstabenergüsse zu lesen. Danke für das Gegenlesen, für die vielen wertvollen Kritiken, Hinweise, Anregungen, Nachfragen, Verbesserungs- und Kürzungsvorschläge, genauso wie für die vielen Aufmunterungen: Daggi, Henryk, Dani, Corinna, Hubert, Vivian und Frank. Und Danke all den anderen Freunden, vor allem Katrin und Caren, die geistig und emotional beteiligt und eine wertvolle Stütze waren, genauso wie Susanne, die immer ansprechbar war und unsere Schaltzentrale nach Hause war.

Ohne den Einsatz der Lehrerinnen Melanie Hansen und Katja von Cisewski vor und vor allem während der Reise wäre keine zeitweilige Schulbefreiung möglich gewesen – tausend Dank! Auch den Erzieherinnen Ute und Elke aus der Kita Emilienstraße für ihren Einsatz.

Die Lektorin Angela Kuepper hat das Manuskript liebevoll, sensibel und aufmerksam lektoriert und viele Denkanstöße gegeben, die Zusammenarbeit hat große Freude gemacht! Und Danke ebenfalls Nicole Geismann vom Verlag Random House für den Einsatz, das Bestmögliche rauszuholen.

Ohne diese Drei hätte es jedoch weder die Weltreise noch dieses Buch gegeben:

Antonia, Helen und Frank.

Antonia und Helen, Ihr seid wahrlich kleine, große Reise-Heldinnen! Frank wiederum hatte nach der Rückkehr zu Hause lange Zeit einen Anblick vor sich: die Rückenansicht seiner Frau, gebeugt über die Tastatur. Danke für die Geduld, die Anmerkungen und Bestärkung in dieser Sache – denn als die Idee zu diesem Buch entstand, kam zunächst die berechtigte Frage: »Wer sollte sich für eine stinknormale Familie interessieren, die eine Weltreise macht?«

Hm, tja, wer sollte …

Insofern: Danke allen Lesern!

blanvalet

www.blanvalet.de

facebook.com/blanvalet

twitter.com/BlanvaletVerlag